Hernandes Dias Lopes

1CORÍNTIOS

Como resolver conflitos na igreja

hagnos

© 2008 Hernandes Dias Lopes

1ª edição: março de 2008
13ª reimpressão: março de 2024

Revisão
João Guimarães

Diagramação
Sandra Oliveira

Capa
Claudio Souto (layout)
Atis Design (adaptação)

Editor
Aldo Menezes

Coordenador de produção
Mauro Terrengui

Impressão e acabamento
Imprensa da Fé

As opiniões, as interpretações e os conceitos emitidos nesta obra são de responsabilidade do autor e não refletem necessariamente o ponto de vista da Hagnos.

Todos os direitos desta edição reservados à
Editora Hagnos Ltda.
Rua Geraldo Flausino Gomes, 42, conj. 41
CEP 04575-060 — São Paulo, SP
Tel.: (11) 5990-3308

E-mail: hagnos@hagnos.com.br
Home page: www.hagnos.com.br

Editora associada à:

Dados Internacionais de Catalogação na Publicação (CIP)
(Câmara Brasileira do Livro, SP, Brasil)

Lopes, Hernandes Dias
   1Coríntios: como resolver conflitos na igreja / Hernandes Dias Lopes. -- São Paulo: Hagnos, 20088. (Comentários Expositivos Hagnos)

   ISBN 978-85-7742-023-0

   1. Bíblia. N.T. Coríntios, 1. Comentários
   2. Igreja - Disciplina
   3. Igreja - Ministérios
   4. Vida cristã
   I. Título

08-00351   CDD 248.4

Índices para catálogo sistemático:
1. Conflitos na Igreja: Solução: Ensino bíblico: Prática de vida cristã   248.4

Dedicatória

Dedico este livro ao presbítero Hudson Peyneau e sua querida esposa Lelis Marisa Boechat Peyneau, irmãos amados, amigos preciosos, companheiros de caminhada. Esse casal hospitaleiro tem sido uma bênção em minha vida, família e ministério.

Sumário

Prefácio 7

1. Igreja, o povo chamado por Deus
   (1Coríntios 1.1-31) 9

2. As glórias do evangelho
   (1Co 2.1-16) 35

3. As imagens da igreja
   (1Coríntios 3.1-23) 53

4. As marcas do ministro da igreja
   (1Coríntios 4.1-21) 69

5. O exercício da disciplina na igreja
   (1Coríntios 5.1-13) 87

6. Como lidar com as demandas interpessoais e as paixões intrapessoais
   (1Coríntios 6.1-20) 107

7. Princípios de Deus para o casamento
   (1Coríntios 7.1-40) 125

8. Como lidar com a liberdade cristã
   (1Coríntios 8.1-13) 147

9. A liberdade da graça
(1Coríntios 9.1-27) 167

10. O uso sábio da liberdade cristã
(1Coríntios 10.1-33) 185

11. A postura da igreja no culto
(1Coríntios 11.1-34) 201

12. O propósito de Deus para os dons espirituais
(1Coríntios 12.1-31) 223

13. A superioridade do amor em relação aos dons
(1Coríntios 13.1-13) 239

14. Variedade de línguas e profecias na igreja
(1Coríntios 14.1-40) 255

15. A suprema importância da ressurreição de Cristo
(1Coríntios 15.1-58) 273

16. Como usar sabiamente a mordomia cristã
(1Coríntios 16.1-24) 291

Prefácio

SINTO-ME GRANDEMENTE HONRADO em prefaciar esta obra do Rev. Hernandes, pastor de nossa igreja. Em primeiro lugar, por ser o comentário da Primeira Carta de Paulo aos Coríntios, pois sou apaixonado pelos escritos do abnegado apóstolo. Em segundo lugar, porque tenho pelo nosso pastor uma grande admiração por sua capacidade didática em expor a Palavra de Deus, com sabedoria e fidelidade, não só em seus livros, mas também em seus sermões.

Nesta obra, o Rev. Hernandes, como um cirurgião zeloso que respeita as técnicas cirúrgicas, disseca a carta e nos apresenta a riqueza do conhecimento divino, a certeza da inspiração do

Espírito Santo dada ao apóstolo Paulo e o zelo de Deus com a harmonia doutrinária e social de Sua Igreja. Vemos a relevância para os nossos dias, a eficácia e aplicabilidade em problemas que a Igreja tem enfrentado, como a falta de zelo pela ordem no culto, a secularização da vida cristã e o liberalismo, dentre outros. A Igreja de Cristo precisa voltar às suas origens e ser guiada pela Palavra de Deus, para não cometer os mesmos erros, tanto do passado quanto do presente, onde as opiniões pessoais estavam e estão acima das verdades bíblicas.

Finalmente, este é um livro elaborado pelo pregador e pastor Hernandes Dias Lopes, e só depois editado pelo estudioso Hernandes Dias Lopes. Explico melhor: a Primeira Carta de Paulo aos Coríntios foi pregada no púlpito da nossa igreja nos cultos de quarta-feira, durante aproximadamente um semestre. Isso torna esta obra peculiar, pois apresenta características pastorais de alguém que tem grande experiência não só no púlpito de uma igreja, mas também em todo o território nacional e, ainda, pela Graça de Deus, no exterior. Posteriormente o Rev. Hernandes resolveu revisar esses sermões, e por intermédio de um trabalho de digitação e diagramação, o livro chega às suas mãos.

Que o Senhor possa abençoar grandemente a você, prezado amigo, na leitura deste livro, do mesmo modo que Ele abençoou a minha vida e a vida da minha família. E que possamos colocar em prática as verdades bíblicas apresentadas neste livro.

José Tadeu Carvalho Martins
Médico urologista, e Presbítero da Primeira
Igreja Presbiteriana de Vitória.

Capítulo 1

Igreja, o povo chamado por Deus
(1Co 1.1-31)

PETER WAGNER DIZ QUE 1Coríntios provavelmente tem mais conselhos práticos para os cristãos do nosso tempo do que qualquer livro da Bíblia.[1] Estudar essa carta é fazer um diagnóstico da igreja contemporânea, é ver suas vísceras e entranhas. É colocar um grande espelho diante de nós mesmos.

O apóstolo Paulo plantou a igreja de Corinto no final de sua segunda viagem missionária. Ele passou um ano e seis meses pregando a Palavra de Deus naquela grande cidade (At 18.11) e, nesse tempo, ele gerou esses crentes em Cristo (4.15). Depois, Paulo foi para a cidade de Éfeso, na Ásia Menor. De lá mandou essa carta para a igreja de Corinto.

Essa primeira carta, certamente, não foi a primeira carta que Paulo escreveu aos coríntios. Ele escreveu outra carta, porém, não temos conhecimento do seu paradeiro. Paulo faz referência a essa primeira carta que escrevera: "Já em carta vos escrevi que não vos associásseis com os impuros" (5.9).

Essa carta que temos, 1Coríntios, é a resposta de Paulo a uma consulta que a igreja fizera a ele. "Quanto ao que me escrevestes, é bom que o homem não toque em mulher" (7.1).

A problemática que a igreja estava vivendo chegou ao conhecimento de Paulo em Éfeso, por intermédio de uma irmã da igreja de Corinto chamada Cloe. E quando Cloe visitou Paulo em Éfeso, ela levou a ele a informação de que, na igreja de Corinto, havia muita coisa que estava em desacordo com o que ele ensinara, pois havia divisões e contendas na igreja. Então, Paulo, escreve esta carta, como que trazendo resposta e solução de Deus para os problemas que a igreja estava vivenciando.

Por que Paulo resolveu plantar uma igreja em Corinto?

Paulo era um missionário estrategista. Ele escolhia as cidades para as quais se dirigia com muito critério e cuidado. Corinto era uma das maiores e mais importantes cidades do mundo como também Roma, Éfeso e Alexandria. Por que Paulo escolheu Corinto? Por que ele permaneceu dezoito meses nessa cidade? Levantarei aqui algumas razões pelas quais o apóstolo Paulo escolheu a cidade de Corinto, para plantar uma igreja.

Em primeiro lugar, *a razão geográfica*. Corinto era uma cidade grega, de grande importância. Ela ficava bem próxima de Atenas, a grande capital da Grécia, e a capital intelectual do mundo. Corinto era uma cidade banhada por dois mares, o mar Egeu e o mar Jônico. Em Corinto, ficava um dos mais importantes portos da época, o porto de Cencreia. Portanto, a cidade de Corinto recebia gente de várias partes do mundo todos os dias. Era uma cidade onde pessoas de diversas culturas fervilhavam pelas ruas e praças diariamente; uma cidade de intenso intercâmbio cultural. Corinto era uma cidade cosmopolita. O mundo inteiro estava dentro dela. Evangelizar Corinto era um plano estratégico, pois o evangelho a partir de Corinto poderia se espalhar e alcançar o mundo inteiro. Essa foi uma das razões por que Paulo se concentrou nessa cidade.

Em segundo lugar, *a razão social*. Corinto era uma grande e importante cidade. Era riquíssima, em virtude do seu intercâmbio comercial com outras cidades importantes do mundo. William Barclay diz que todo o tráfego da Grécia passava por ela. A maior parte do comércio entre o Oriente e o Ocidente do Mediterrâneo optava passar por Corinto.[2] Não apenas o comércio era robusto, mas, também, Corinto era uma cidade florescente com respeito à cultura. Havia um grande auditório musical (*odeon*) localizado em Corinto, com capacidade para dezoito mil pessoas sentadas.[3]

A cidade de Corinto fora destruída e totalmente arrasada pelos romanos no ano 146 a.C. Ficou coberta pelas cinzas do opróbrio e do abandono por cem anos. Somente por volta do ano 46 a.C. é que César Augusto a reconstruiu.[4] David Prior diz que a partir de 46 a.C., Corinto emergiu para uma nova prosperidade, adquirindo um caráter cada vez mais cosmopolita.[5] Quando Paulo chegou a Corinto, ela já era uma cidade nova. A psicologia da religião sinaliza que uma igreja numa cidade nova e florescente tem mais probabilidade de crescimento do que em uma cidade antiga, onde a tradição religiosa já esteja arraigada. Paulo entendeu que o florescimento da cidade favorecia a semeadura do evangelho e pavimentava o caminho para a plantação de uma nova igreja.

Em terceiro lugar, *a razão cultural*. Corinto era uma das cidades mais importantes do mundo, naquela época, e isso por três razões:

Pelo seu comércio. Corinto, por ser uma cidade marítima tinha um porto, e, naquela época, era uma rota comercial importante e o comércio do mundo passava por ali. Isso foi visto por Paulo como uma porta aberta para a pregação. Plantar uma igreja em Corinto era abrir janelas de evangelização para o mundo. Pessoas entravam e saíam de Corinto todos os dias. Essa cidade fazia conexão com o mundo inteiro. Paulo entendia que o maior "produto" a ser exportado daquela cidade cosmopolita era o evangelho de Cristo.

Pela sua tradição esportiva. Corinto era, também, uma cidade importantíssima na área dos esportes. A prática dos jogos ístmicos de Corinto só era superada pelos jogos olímpicos de Atenas.[6] Corinto era uma cidade que atraía gente do mundo inteiro para a prática esportiva. Ali a juventude fervilhava e a cidade pulsava vida. E, então, Paulo entendeu que aquela era uma cidade que precisava ser alcançada pelo evangelho da graça de Deus. Na sua visão missionária, Paulo não subestimou a importância dos jovens. Se Paulo vivesse hoje, certamente ele encontraria meios de influenciar a juventude que vibra com o esporte. Ele buscaria meios de entrar com a boa-nova da salvação nos estádios, nas quadras, nos autódromos. Paulo construía pontes entre a verdade revelada de Deus e a cultura. Ele lia o texto das Escrituras e estudava o povo. Ele fazia exegese tanto da Bíblia quanto da cidade. A contextualização de Paulo, porém, não era para enfraquecer o sentido da verdade, mas para aplicá-la com mais pertinência. A verdade de Deus é imutável, mas os métodos de apresentá-la podem variar.

Pela sua abertura a novas ideias. Corinto era uma cidade altamente intelectual. O principal *hobby* da cidade era ir para as praças e ouvir os grandes filósofos e pensadores exporem suas ideias. Era uma cidade que transpirava cultura e conhecimento. Paulo entendia que o evangelho poderia chegar ali e mudar a cosmovisão da cidade. O evangelho não é anti-intelectualista, ao contrário, ele é dirigido à razão. Concordamos com John Stott, quando disse que crer é também pensar. O evangelho precisa entrar nas universidades, influenciar a imprensa e alcançar os formadores de opinião da sociedade. Precisamos orar para Deus levantar escritores evangélicos cheios do Espírito Santo, com talento e conhecimento. Precisamos rogar a Deus que desperte pessoas para usar os recursos modernos da tecnologia disponíveis para tornar mais eficiente o processo da evangelização.

Em quarto lugar, *a razão moral.* Embora Corinto fosse uma cidade acentuadamente intelectual, era ao mesmo tempo profundamente depravada moralmente. David Prior diz que, como a maioria dos portos marítimos, Corinto se tornou tão próspera quanto licenciosa.[7] Talvez Corinto tenha ganhado a fama de ser uma das cidades mais depravadas da história antiga. A palavra *korinthiazesthai*, viver como um coríntio, chegou a ser parte do idioma grego, e significava viver bêbado e na corrupção moral.[8] A nova moralidade que estamos vendo hoje nada mais é do que a velha moralidade travestida com roupagem um pouquinho diferente. A cidade de Corinto era corrompida por algumas razões:

A prostituição. Em Corinto se confundia religião com prática sexual. Naquela cidade, a deusa Afrodite era adorada e tinha o seu templo sede na Acrópole, uma montanha com mais de 560 metros de altura, na parte mais alta da cidade.[9] Afrodite era considerada a deusa do amor. Peter Wagner afirma que aproximadamente mil sacerdotisas trabalhavam como prostitutas cultuais nesse templo de Afrodite. Milhares de coríntios adoravam seus deuses "visitando" essas "sacerdotisas".[10] Se não bastasse isso, essas prostitutas cultuais, à noite, desciam para a cidade de Corinto e se entregavam aos muitos marinheiros e turistas que ali chegavam de todos os cantos do mundo. E, então, o clima da cidade era profundamente marcado pela promiscuidade sexual.

A homossexualidade. Corinto era a cidade onde ficavam os principais monumentos de Apolo. Esse deus grego representava o ideal da beleza masculina.[11] A adoração a Apolo induzia a juventude de Corinto bem como a juventude grega em geral a se entregar à homossexualidade. Talvez Corinto fosse o centro homossexual do mundo na época. Se você quer ter uma vaga ideia do que significava Corinto, lembre-se que Paulo escreveu sua carta aos romanos dessa cidade. Parece que Paulo escreveu Romanos 1.24-28 abrindo a janela da sua casa e olhando para a cidade de Corinto. A cidade estava entregue às práticas homossexuais sem nenhum pudor. Muitos membros da igreja de Corinto, antes da sua conversão, tinham vivido na prática da homossexualidade (1Co 6.9-11).

A carnalidade. Havia na igreja de Corinto divisões e práticas sexuais desregradas. Os próprios crentes estavam entrando em contendas e levando suas querelas aos tribunais do mundo. Havia sinais de confusão a respeito do casamento e incompreensão a respeito da liberdade cristã. Os crentes ricos se embriagavam na ceia e os pobres passavam fome. Havia confusão com respeito aos dons espirituais, à ressurreição dos mortos e às ofertas. Tudo isso foi diagnosticado por Paulo naquela igreja. A igreja tinha conhecimento, mas não amor; tinha carisma, mas não caráter. Na verdade, era uma igreja infantil e carnal.

Em quinto lugar, *a razão espiritual*. Corinto era uma cidade com muitos deuses e muitos ídolos. Até hoje, quando se visita Corinto, pode se visualizar enormes estátuas e monumentos que foram dedicados aos deuses. Por ver a cidade perdida no cipoal de uma infinidade de deuses, Paulo entendeu que eles estavam precisando do Deus verdadeiro. Paulo sempre esteve atento à cultura do povo que queria alcançar. Onde ele encontrava uma sinagoga, aí ele iniciava o seu trabalho de evangelização. Peter Wagner diz que, como em todo o império romano, havia na sinagoga três tipos de pessoas: judeus, prosélitos, e tementes a Deus.[12] A sinagoga era uma ponte. Paulo usou essa ponte para levar o evangelho para toda a cidade.

Paulo precisou trabalhar em Corinto para o próprio sustento, pois a igreja não estava disposta a sustentá-lo. Logo que chegou a Corinto, Paulo começou a fabricar tendas com a ajuda dos irmãos Priscila e Áquila, deixando de investir totalmente seu tempo na pregação do evangelho. Mais tarde, Paulo exortou os crentes de Corinto, dizendo que precisou despojar outras igrejas para poder servi-los (2Co 11.8,9) e nesse particular a igreja de Corinto foi inferior a todas as demais igrejas (2Co 12.13). Paulo chegou mesmo a usar uma linguagem de ironia, dizendo: Perdoem-me por ter sido injusto com vocês, não exigindo o que era dever de vocês, o meu sustento (2Co 12.13).

Paulo começa essa carta como um pastor sensível, fazendo elogios à igreja. Talvez se não fossem os primeiros versículos do capítulo 1, caberia ao leitor a seguinte pergunta: será que os crentes de Corinto eram verdadeiramente crentes? Será que a igreja de Corinto era mesmo cristã?

Warren Wiersbe afirma que no capítulo 1, Paulo está falando sobre a vocação do cristão. Paulo fala sobre três chamados: 1) Chamado à santidade (1.2); 2) Chamado à comunhão (1.9); 3) Chamado para glorificar a Deus (1.29).[13]

A igreja é um povo chamado à santidade (1.1-9)

O apóstolo Paulo nos apresenta dois retratos da igreja: Primeiro, a igreja como Deus a vê (1.1-9); segundo, a igreja como nós a vemos (1.10-31). No primeiro retrato, Paulo descreve o que nós somos em Cristo, a santificação posicional. No segundo retrato, Paulo descreve o que nós somos existencialmente, a santificação progressiva. O que nós somos em Cristo deve ser evidenciado pelo que praticamos na vida diária.[14] Abramos esse álbum da igreja e vejamos sua beleza aos olhos do próprio Deus, em alguns pontos:

Em primeiro lugar, *a igreja é um povo separado por Deus e para Deus* (1.1-3). A palavra grega *ekklesia*, igreja, significa um "povo chamado para fora". A igreja é o povo tirado do mundo e separado para Deus para uso e propósitos sagrados.[15] Cada igreja tem dois endereços: um endereço geográfico (em Corinto) e outro endereço espiritual (em Cristo).[16] A igreja é uma assembleia local, mas, também, está ligada à Igreja universal, o corpo de Cristo. A igreja se move nessas duas dimensões. Somos cidadãos de dois mundos. Ao mesmo tempo em que temos um endereço na terra e somos pessoas que têm sonhos, lutas, dores, e frustrações; somos também pessoas que vivem numa dimensão espiritual gloriosa. Estamos assentados com Cristo nas regiões celestes, acima de todo principado e potestade (Ef 2.6).

Em segundo lugar, *a igreja tem um dono*. A igreja é de Deus. Ela não é minha, não é sua, nem nossa; ela é de Deus. Paulo chega a dizer aos presbíteros da igreja em Éfeso que a igreja é de Deus porque ele a comprou com o sangue do Seu Filho (At 20.28). Não se trata, portanto, da igreja de Corinto, mas da Igreja de Deus em Corinto. Deus nunca passou procuração para nós, transferindo-nos o direito de posse da igreja. A igreja só tem um dono, Jesus!

Em terceiro lugar, *a igreja é chamada para a santidade*. A santificação tem dois aspectos importantes:

Santificação posicional. Todo crente é santificado em Cristo. "[...] à igreja de Deus que está em Corinto, aos santificados em Cristo Jesus" (1.2). Toda pessoa que crê em Jesus é santa. Essa é a santificação posicional. A teologia católica diz que uma pessoa santa é aquela que depois de morta é canonizada. Não é isso o que a Bíblia nos ensina. A canonização eclesiástica não tem poder de fazer uma pessoa santa. Ser santo é estar em Cristo. Esta é a santificação posicional. É um ato e não um processo. Santificação em Cristo é posicional. Você está em Cristo, e foi separado para Deus, para sempre. Fritz Rienecker diz que os cristãos compartilham uma santidade comum porque eles têm um Senhor comum.[17]

Santificação processual. Paulo prossegue: "[...] aos santificados em Cristo Jesus, chamados para ser santos..." (1.2). Parece contraditório, pois se já é santo, então por que ser chamado para ser santo? É que a primeira santificação é posicional e a segunda é processual. Quem está em Cristo é chamado para andar com Cristo. Quem está em Cristo precisa ser transformado contínua e progressivamente à imagem de Cristo. Essa é a santificação processual. Essa santificação é progressiva e só terminará com a glorificação.

Em quarto lugar, *a igreja é uma família universal*. Pertencer à Igreja de Deus é um fato maravilhoso. Diz o apóstolo Paulo: "[...] com todos os que em todo lugar invocam o nome de nosso Senhor..." (1.2). É um grave erro teológico olharmos para o nosso grupo, para a nossa denominação ou para a nossa igreja local e ter a pretensão, a vaidade, a petulância de acharmos que nós somos os únicos salvos e os únicos que herdarão o céu. Fomos chamados para ser santos com todos os que em todo lugar invocam o nome do Senhor. A Igreja de Deus é maior do que a nossa denominação, maior do que a nossa igreja local. Ela é composta por todos aqueles que invocam o nome do Senhor em todo lugar, e em todo o tempo. A Igreja de Deus é universal. Se você está em Cristo, pertence a uma família que está espalhada por todo o mundo. Jesus não é propriedade exclusiva de nenhuma igreja local. Paulo está dizendo ainda no versículo 2 o seguinte: "[...] Senhor deles (os que invocam o nome do Senhor Jesus Cristo) e nosso", ou seja, Jesus Cristo não é propriedade exclusiva de igreja nenhuma. É Senhor deles e Senhor nosso, é Senhor nosso e é Senhor deles. Nenhuma igreja pode ter a exclusividade na apropriação de Jesus.

Em quinto lugar, *a igreja é um povo enriquecido pela graça de Deus* (1.4-6). A igreja não é apenas separada por Deus e para Deus, mas também é enriquecida pela graça de Deus. Diz o apóstolo Paulo: "Sempre dou graças a [meu] Deus a vosso respeito, a propósito da sua graça, que vos foi dada em Cristo Jesus; porque, em tudo, fostes enriquecidos nele" (1.4,5a). A palavra grega plutocracia, "enriquecido" refere-se a uma pessoa muito rica. O crente não é uma pessoa pobre; ele é uma pessoa muito rica. Paulo diz em Efésios: "Bendito o Deus e Pai de nosso Senhor Jesus Cristo, que nos tem abençoado com toda sorte de bênção espiritual nas regiões celestiais, em Cristo" (Ef 1.3). Agora, Paulo está dizendo que os crentes em Corinto foram enriquecidos em toda palavra, em todo conhecimento, com todos os dons espirituais (1.7; 2Co 8.7). Quando somos salvos recebemos dons espirituais. A igreja de Corinto era uma igreja rica na palavra, no conhecimento e na capacitação dos dons. Tinha todos os recursos para realizar a obra de Deus. Tudo isso deveria motivar a igreja a uma vida de santidade.

Em sexto lugar, *a igreja é um povo que espera a segunda vinda de Cristo* (1.7). O que mais motiva a igreja a ser santa? Paulo diz que é a expectativa da volta de Jesus. A expectativa da volta de Cristo leva a igreja a se santificar. Quando o crente aguarda Jesus, quando ele vive nessa expectativa de que Jesus vai voltar, ele se santifica.

O apóstolo João diz que aquele que tem essa esperança se santifica, se torna puro como Ele (Jesus) é puro (1Jo 3.1-3). Uma pessoa que perde de vista a verdade sobre a segunda vinda de Cristo tem a tendência de cair num marasmo, na mesmice e se descuidar da sua vida espiritual. Nós deveríamos estar com os olhos elevados, aguardando a volta do Senhor Jesus Cristo. Quando o crente aguarda a vinda de Cristo, ele vive uma vida santa (1.7; 3.13; 4.5; 15.23,24,51,52; 16.22; 1Jo 3.1-3).

Em sétimo lugar, *a igreja é um povo que tem dependência da fidelidade de Deus* (1.8,9). Paulo diz que a fidelidade de Deus deve nos levar a uma vida de santidade. Nos versículos 8 e 9, lemos que Jesus Cristo também nos confirmará até o fim para sermos irrepreensíveis no dia de nosso Senhor Jesus Cristo.

A nossa salvação depende da fidelidade de Deus (1.8,9). A perseverança dos santos, a segurança e a certeza da salvação não estão firmadas em nossas mãos. Em última instância, quem persevera é o próprio Deus, pois aquele que começou boa obra em nós há de completá-la até o dia de Cristo Jesus (Fp 1.6). Paulo diz que é o próprio Jesus quem nos confirmará até o fim. Bom é saber que a nossa vida está nas mãos de Cristo Jesus, e das Suas mãos ninguém pode nos tirar (Jo 10.28). É bom saber que os problemas da vida não podem nos tirar das mãos de Deus nem nos afastar do Seu amor (Rm 8.35-39). É o Senhor quem nos confirma até o fim. A nossa salvação é garantida por Deus até o final. A perseverança da salvação é de Deus. Ele já nos chamou à comunhão com Cristo.

A igreja é um povo chamado à comunhão fraternal (9.10-25)

Depois que Paulo elogiou a igreja e falou da sua posição em Cristo, começou a tratar dos problemas de divisão que a afligiam. A igreja lidou desde o início com as tensões provocadas pelas divisões. Estamos vivendo uma época fatídica neste sentido, onde tantas igrejas se dividem. As pessoas não têm mais compromisso com a verdade nem com a aliança de amor. Elas firmam um compromisso hoje e amanhã já estão desfazendo esse pacto. David Prior lamenta que o triste é que os membros insatisfeitos muitas vezes têm o pensamento ingênuo de que outra igreja na região seria uma opção um pouco melhor. Dessa inquietação surge o hábito comum do "troca-troca" de igrejas.[18] William MacDonald assevera que Paulo reprova firmemente o sectarismo em Corinto (1.13) mostrando para a igreja que ele não estava procurando ganhar convertidos para ele ou para exaltar seu nome. Seu único propósito era levar homens e mulheres a Cristo.[19]

Paulo faz três perguntas retóricas no capítulo 1.13. Warren Wiersbe diz que essas perguntas são palavras-chave, para tratar o assunto da divisão dentro da igreja.[20]

Em primeiro lugar, *está Cristo dividido?* (1.10-13a). Paulo não prega um Cristo, Apolo outro e Pedro outro ainda. Existe apenas um Salvador e um evangelho (Gl 1.6-9).[21] "Acaso está Cristo dividido?" Paulo diz que as divisões na igreja são absurdas, porque elas estão levando os crentes a pensar que Paulo está pregando um Cristo, Apolo está pregando outro Cristo e Cefas está pregando ainda outro Cristo. Há somente um Salvador. Há somente um Evangelho. A igreja de Corinto começou a se dividir internamente. Por quê? Porque em vez de a igreja influenciar o mundo, o mundo é que estava influenciando a igreja.

O que estava acontecendo? A sociedade de Corinto estava multifacetada com as suas ideias, líderes, filósofos e pensadores. Quando as pessoas iam às praças e ouviam um pensador ou filósofo, elas diziam: eu sou partidário de fulano de tal; outro afirmava: eu sou seguidor do filósofo tal e outro ainda: eu sou seguidor do pensador tal. E essa influência mundana entrou na igreja. É muito triste quando o mundo invade a igreja. A igreja estava seguindo um modelo mundano. E que modelo era esse? O culto à personalidade! A igreja evangélica brasileira vive o pecado da tietagem. Pregadores e cantores são vistos e tratados como astros, como atores que sobem num palco para dar um show. Essa atitude é um sinal evidente de imaturidade e decadência espiritual.

A primeira carta de Paulo aos coríntios nunca foi tão atual quanto hoje. Muitas igrejas atualmente deixam de olhar para a mensagem para enaltecer o mensageiro. Precisamos ressaltar que o mais importante não é o mensageiro, mas a mensagem. Paulo precisa perguntar à igreja de Corinto: quem é Paulo? Quem foi Apolo? Simplesmente servos por meio de quem vocês creram! Um plantou, o outro regou, mas o crescimento veio de Deus. Paulo diz à igreja: Não coloquem a atenção em vocês, em líderes humanos. Não ponham o pastor de vocês num pedestal. Não coloquem um homem numa posição em que ele não possa estar! Só Jesus Cristo deve ser exaltado na Igreja de Deus. E todas as vezes que a igreja começa a dar mais importância ao pregador, ao pastor, ao mensageiro que à própria mensagem, ela está prestando culto à personalidade, e isto é pecado.

A natureza humana gosta de seguir líderes carismáticos. Os coríntios enfatizaram mais o mensageiro que a mensagem. Por conseguinte, provocaram divisão dentro da igreja. Eles tiraram os olhos do Senhor e os colocaram nos servos do Senhor e isso os levou à competição. Paulo precisou dizer a essa igreja que o culto à personalidade é reflexo de dois pecados: infantilidade espiritual e carnalidade (3.1-3). Paulo enfatiza que eles eram crianças e também carnais, pelo fato de estarem seguindo a homens. O culto à personalidade é um sinal de carnalidade e imaturidade (3.1-3).

Paulo cuida do assunto de forma transparente (1.11). Muitas vezes quando queremos tratar dos problemas da igreja, não tratamos de maneira semelhante. Paulo ficou sabendo das contendas na igreja (1.10; 7.1; 16.10,11,12,17). Ele informou a igreja sobre o problema e deu o nome de quem lhe trouxe o problema.

Hoje, é comum ouvir comentários assim: "Tem alguém dizendo isso ou aquilo na igreja". Outros dizem: "O pessoal anda comentando isso e aquilo". Há ainda aqueles que comentam: "Algumas pessoas estão descontentes". Algumas pessoas, alguém, o pessoal são termos genéricos e indefinidos que não devem ser usados. Paulo agiu diferente. Ele diz que os irmãos da casa de Cloe o informaram que estava acontecendo divisão dentro da igreja. Paulo é específico quanto à informante e quanto à informação. Essa transparência neutraliza a maledicência dentro da igreja. Quando as coisas são trabalhadas em um ambiente de abertura e de transparência, o mal é tratado e resolvido sem deixar feridas, mágoas e ranços.

Depois de apontar o problema, Paulo roga aos irmãos que em nome de Jesus falem a mesma coisa. Que não haja entre eles divisões. A palavra "divisão" é a palavra grega *cisma*, cujo significado é rasgar um tecido. O que Paulo está dizendo é que havia na igreja algo como um tecido rasgado. É isso que eles estavam fazendo: rasgando a igreja! O apóstolo ordena à igreja: "[...] antes, sejais inteiramente unidos, na mesma disposição mental e no mesmo parecer" (1.10b).

Paulo menciona quatro partidos dentro da igreja de Corinto: "Eu sou de Paulo, e eu, de Apolo, e eu, de Cefas, e eu, de Cristo" (1.12). Por que quatro partidos dentro da igreja? Quais eram esses partidos?

Existia o partido liberal de Paulo, o PLP. O partido liberal de Paulo era certamente o partido dos fundadores da igreja. Embora os crentes de Corinto tivessem tido muitos preceptores, foi Paulo quem os levou a Cristo (4.15). Paulo foi o evangelista e o fundador da igreja. Ele ganhou cada um deles para Cristo. Então, certamente aqueles primeiros membros da igreja começaram a dizer: Não! Paulo foi quem começou tudo por aqui. Ele foi o fundador da igreja. Nós fomos os pioneiros desta igreja e nós estamos ligados ele. Nós somos do partido de Paulo. Talvez os que engrossavam esse partido fossem também aqueles indivíduos que seguiam a linha da pregação de Paulo, por exemplo, da liberdade cristã, não ficando atrelados ao legalismo que os judeus queriam impor. É bem provável ainda que os membros desse partido fossem pessoas que controlavam a estrutura da igreja e, possivelmente, não deixavam os novatos participar dela.[22] William Barclay esclarece que esse grupo era um partido formado principalmente por gentios. É muito provável que esse partido quisesse converter a liberdade em libertinagem e utilizasse seu cristianismo como uma desculpa para fazer o que bem queria.[23] Não importa que matiz tenha esse grupo, ele não obedecia ao ensino de Paulo. É interessante que o partido seguidor de Paulo contraria e desobedece aos próprios ensinamentos de Paulo. O apóstolo não havia autorizado aqueles irmãos a colocá-lo numa posição de destaque que ele jamais pedira ou jamais poderia ocupar.

Existia o partido filosófico de Apolo, o PFA. Nós poderíamos chamá-lo de partido filosófico de Apolo. E por que era o partido filosófico de Apolo? Porque Apolo era da cidade de Alexandria, a segunda maior cidade do mundo. Alexandria era o centro da atividade intelectual do mundo. Os alexandrinos eram entusiasmados com as elegâncias literárias. Foram eles que intelectualizaram o cristianismo. Os que diziam pertencer a Apolo eram, sem dúvida, os intelectuais que estavam lutando para que o cristianismo se convertesse rapidamente numa filosofia em lugar de uma religião.[24] Em Alexandria floresceu a grande escola da interpretação alegórica. Ali estava uma das maiores bibliotecas do mundo. Influenciado pelo clima de sua cidade, Apolo tornou-se um grande orador, um homem de fluência na palavra (At 18.24). Mais tarde, Apolo foi discipulado por Áquila e Priscila, os companheiros de Paulo (At 18.26). É muito provável, portanto, que o grupo de Apolo tenha sido o grupo dos intelectuais, daqueles que gostavam de um discurso bem elaborado, eloquente, e cheio de beleza retórica. Aquele grupo formou uma elite cultural dentro da igreja.

Existia o partido conservador de Pedro, o PCP. O partido conservador de Pedro era composto, possivelmente, pelos judeus e pelos prosélitos que se tornaram judeus por meio da circuncisão. Muitos gentios aderiam à fé judia e eram chamados de pessoas tementes a Deus. Essas pessoas iam à sinagoga, estudavam a lei e observavam os ritos judeus. Paulo sempre visitou as sinagogas para ali anunciar o evangelho, pois entendia que essas pessoas já tinham começado um processo de busca espiritual. Os membros da sinagoga, normalmente, eram conservadores e gostavam de observar os ritos e as cerimônias judias. Como o apostolado de Pedro foi direcionado especialmente aos da circuncisão, havia dentro da igreja de Corinto um grupo que seguia sua liderança. David Prior afirma que, de modo geral, todos concordam que "de alguma forma, o grupo de Cefas representava o cristianismo judeu".[25] William Barclay esclarece que os membros do partido de Pedro eram aqueles que ensinavam que o homem devia observar a lei para a salvação. Eram os legalistas que exaltavam a lei, e que ao fazê-lo, apequenavam a graça.[26]

Existia o partido cristão de Jesus, o PCJ. É bem provável que esse partido, com o nome mais bonito, fosse o mais problemático. Talvez esse fosse o partido exclusivista. Os membros desse grupo evidenciavam um orgulho espiritual sutil, dando a entender que eles eram os únicos cristãos verdadeiros.[27] Talvez esse partido dissesse o seguinte: Quem não estiver do nosso lado, está fora. Quem não estiver no nosso grupo não tem salvação. Quem não jogar no nosso time nem defender a nossa bandeira, não pertence à igreja verdadeira. Talvez fosse esse o grupo dos que se consideravam os iluminados, os espirituais, com quem Deus falava diretamente. Esse grupo não se submetia a qualquer líder humano. Nessa mesma linha de pensamento, William Barclay escreve:

> Deve ter existido uma pequena seita rígida e farisaica cujos membros pretendiam ser os únicos cristãos verdadeiros de Corinto. Sua verdadeira falta não estava em dizer que pertenciam a Cristo, mas em agir como se Ele pertencesse somente a eles. Talvez seja esta a descrição de um pequeno grupo intolerante e santarrão.[28]

Você conhece pessoas assim hoje? Pessoas que não se submetem à liderança e que pensam ter um canal de comunicação direto com Deus? Pessoas que julgam não mais precisar da Bíblia, porque agora Deus revela tudo a elas? Paulo mostra, porém, que essa atitude é carnal. Pergunta o apóstolo: "Acaso Cristo está dividido?" Não! Cristo não está dividido. Ele não pode ser dividido.

Em segundo lugar, *vocês foram batizados em nome de Paulo?* (1.13b-17). Paulo trata o problema da divisão na segunda pergunta retórica do versículo 13: Vocês foram batizados em nome de Paulo? Paulo não está diminuindo o valor do batismo, mas colocando-o no seu devido lugar. Os coríntios estavam dando ênfase exagerada ao batismo. O que estava acontecendo na igreja de Corinto é que os irmãos que haviam sido batizados por Paulo se enchiam de vaidade, desprezavam e humilhavam os outros cristãos, se julgando melhor do que eles. No entanto, batizar não foi o principal ministério de Jesus nem de Paulo. Ninguém se torna mais espiritual pelo fato de ter recebido o rito do batismo, por este ou aquele pastor. Essa mentalidade é infantil.

Outros estavam se orgulhando de terem sido batizados em nome de Apolo. Você conhece pessoas que acham que têm mais privilégios espirituais, por terem sido batizadas pelo pastor fulano ou nas águas do rio Jordão? Paulo está dizendo que isso não é importante. É errado você identificar qualquer nome de homem no seu batismo além do nome de Jesus. Assim, em vez de honrar a Jesus e promover a unidade da igreja, essas pessoas exaltavam os homens e criavam a desunião dentro da igreja. Paulo não tinha uma lista de quantos batismos havia feito. O importante é ser batizado em nome de Jesus. O seu batismo não vincula você com a pessoa que o batizou, mas vincula você com Cristo.

Em terceiro lugar, *foi Paulo crucificado por vocês?* (1.13-25). Paulo faz a terceira pergunta: "Foi Paulo crucificado por vós?" Paulo, agora, levanta um dos grandes temas desse capítulo, a cruz de Cristo. A cruz ocupa um lugar central na proclamação do evangelho. É tanto o ponto climático de uma vida de autorrenúncia quanto o instrumento designado de salvação.[29] Paulo introduz um contraste entre o poder do evangelho e a fraqueza da sabedoria humana. Ele mostra que os grupos que existiam dentro da igreja olharam para a cruz em três perspectivas diferentes. Paulo diz: "[...] mas nós pregamos a Cristo crucificado, escândalo para os judeus, loucura para os gentios; mas para os que foram chamados, tanto judeus como gregos, pregamos a Cristo, poder de Deus e sabedoria de Deus" (1.23,24).

Paulo está dizendo que alguns tropeçaram na cruz. Quem é que tropeçou na cruz?

Os judeus (1.23a). Mas por que os judeus tropeçaram na cruz? Porque eles aguardavam um milagre. Nos evangelhos, os judeus estão sempre chegando perto de Jesus pedindo milagres. E Jesus nunca fez milagre para agradar a ninguém. Eles estavam acostumados a uma história de grandes milagres, e eles aguardavam um Messias vencedor que iria quebrar o jugo dos seus inimigos. Na plenitude dos tempos veio o Messias sofredor, aquele que se fez carne e morreu numa cruz. Não era isso que os judeus esperavam. Por isso, eles tropeçaram na cruz. Não viram nela o poder nem a sabedoria de Deus. Os judeus não viram na cruz um instrumento de salvação para eles. A ênfase deles era em milagres poderosos e a cruz era um sinal de fraqueza. Eles aguardavam um Messias vencedor e Jesus veio como o Messias sofredor. Porque os judeus esperavam sinais, eles tropeçaram na cruz. Contudo, a fraqueza de Deus, a cruz, é mais forte do que os homens (1.25).

Os gregos (1.23b). O maior problema dos gentios era em relação à cruz. Para os gregos, a cruz era uma tolice, porque eles enfatizavam a sabedoria. Eles escarneceram da cruz. Mas Paulo pergunta: "Onde está o sábio? Onde, o escriba? Onde, o inquiridor deste século?" (v. 20). Paulo está dizendo que a sabedoria do homem não conseguiu atingir o conhecimento pessoal de Deus, e não levou o homem ao conhecimento da salvação. O tempo áureo dos gregos e dos romanos, e a filosofia de Sócrates, Platão e Aristóteles não lhes trouxeram iluminação espiritual. O apogeu da filosofia grega, na idade de ouro, o século de Péricles, foi considerado por Paulo como tempo de ignorância e cegueira (*veja* At 17.30). A sabedoria deles não os habilitou a conhecer a Deus nem a receber a salvação. Paulo diz que Deus deu um grande zero para a sabedoria humana, pois ela não conseguiu conduzir o homem à salvação.

Charles Hodge menciona quatro razões por que Paulo considerou nula a sabedoria humana como instrumento de salvação: 1) Deus deu o Seu veredicto de que a sabedoria humana não passa de tolice (1.19,20); 2) A experiência provou a insuficiência da sabedoria humana para conduzir as pessoas ao conhecimento de Deus (1.21); 3) Deus estabeleceu o evangelho para ser o grande instrumento da salvação (1.21-25); 4) A experiência dos coríntios revelou que a sabedoria humana não pôde conduzi-los à salvação nem lhes dar certeza dela. Eles estavam em Cristo não porque eram mais sábios do que outros, mas simplesmente porque Deus os havia escolhido e chamado (1.26-30). O plano de Deus em todas essas coisas era humilhar o homem "[...] para que, como está escrito: Aquele que se gloria, glorie-se no Senhor" (1.31).[30]

Alguns, porém, creram e eles experimentaram o poder e a sabedoria da cruz (1.24,25). Quando alguém olha para Jesus, vê nele o poder de Deus. Paulo fala para os judeus e para que aqueles que estão querendo milagres, que Jesus é o maior milagre. Ele é o poder de Deus. Paulo olha para os gregos que estão buscando sabedoria e diz: Jesus é a sabedoria de Deus. Jesus é quem revelou Deus. Jesus é a síntese da sabedoria. Nele estão escondidos todos os tesouros da sabedoria (Cl 2.3). A sabedoria de Deus está no evangelho. Os gregos não olharam para a cruz do ponto de vista de Deus. Paulo pergunta ao sábio, ao escriba e ao filósofo se eles conheceram a Deus por intermédio de seus estudos (1.20,21)? Não! Eles conheceram a Deus por meio do evangelho.

Paulo só tem uma mensagem (1.21,24): Cristo crucificado é o poder de Deus para os judeus e a sabedoria de Deus para os gregos. Nós somos chamados à comunhão por causa da nossa união com Cristo: Ele morreu por nós. Nós fomos batizados em Seu nome. Nós estamos identificados com Sua cruz. Que maravilhosa base para a unidade espiritual!

A igreja é um povo chamado para glorificar a Deus (1.26-31)

O grande problema dos crentes de Corinto é que eles tinham a tendência de ser orgulhosos, e às vezes, se ufanavam de coisas que deveriam fazê-los chorar! Os coríntios tinham a tendência de ficar inchados de orgulho (4.6; 5.2; 8.1). Mas o evangelho não deixa espaço para a soberba ou a vaidade. Como Paulo lida com essa questão?

Em primeiro lugar, *Paulo relembra os crentes de Corinto quem eles haviam sido* (1.26). Eles estavam cheios de vaidade. Paulo corrige o problema da vaidade humana, mudando o foco dessa vaidade para a glorificação do nome de Deus. O Senhor chamou-os não por causa do que eram, mas a despeito disso. Eles eram terríveis pecadores (6.9-10). Paulo os coloca no seu devido lugar (1.26).

Em segundo lugar, *Paulo relembra os crentes de Corinto* o motivo que Deus os chamara. Paulo lembra os coríntios a razão de Deus tê-los chamado. Paulo está dizendo que "Deus escolheu as coisas loucas do mundo para envergonhar os sábios e escolheu as coisas fracas do mundo para envergonhar as fortes; e Deus escolheu as coisas humildes do mundo, e as desprezadas, e aquelas que não são, para reduzir a nada as que são; a fim de que ninguém se vanglorie na presença de Deus" (v. 27-29). Deus escolhe o tolo, o fraco, o humilde e o desprezado para ressaltar o orgulho do mundo e a sua necessidade de graça. O mundo perdido admira o berço de ouro, o *status* social, o sucesso financeiro, o poder político, o reconhecimento social. Mas nenhuma dessas coisas pode nos recomendar Deus ou nos garantir a vida eterna. O que é que as pessoas do mundo dão valor? Elas dão valor ao berço ilustre, ao nome da família, ao lugar onde a pessoa mora, a faculdade que ela cursou, a posição que a pessoa ocupa na sociedade. São essas coisas que o mundo ama e valoriza! E Paulo diz que Deus não dá valor a nada disso. Pois Deus escolhe as coisas que não são, para envergonhar as que são. Deus não permite que ninguém se vanglorie na Sua presença.

Em terceiro lugar, *Paulo relembra os crentes de Corinto a herança deles em Cristo*. Diz o apóstolo: "Mas vós sois dele, em Cristo Jesus" (1.30,31). Jesus se tornou da parte de Deus, sabedoria e justiça e santificação e redenção. A salvação é toda pela graça e por isso não podemos nos gloriar em homens ainda que sejam homens como Paulo, Pedro e Apolo. Jesus é a sabedoria de Deus (1.24) e nossa sabedoria. É Ele quem abre a cortina para entendermos a vida. Se não olharmos para a vida através das lentes de Jesus, não entenderemos seu significado. Jesus nos revela Deus. Ele é a exegese de Deus. De igual forma, Jesus é para você justiça, pois Ele é quem restaura a sua relação com Deus. Por meio da fé em Cristo você é justificado e declarado livre de culpa perante o tribunal de Deus. John Leith afirma que a justificação é o coração da mensagem cristã em todo o tempo e em todo o lugar. É a doutrina pela qual a igreja se mantém em pé ou cai.[31] Jesus é para você, igualmente, santificação, porque é através Dele que você é separado para servir a Deus. Em Cristo você é posicionalmente santo e por Seu poder você é transformado de um degrau de santificação a outro. Finalmente, Jesus é para você redenção porque foi Ele quem pagou o preço para que você fosse salvo e é Ele quem virá em glória para levar você para a Casa do Pai, onde você reinará com Ele para sempre.[32]

Vemos aqui os três tempos da nossa salvação. O tempo passado: Nós fomos salvos, porque Jesus é a nossa justiça. Fomos justificados. O tempo presente: Estamos sendo salvos, porque Jesus é a nossa santificação. O tempo futuro: Nós seremos salvos, porque Jesus é a nossa redenção.[33] Nós aguardamos esse dia, quando o nosso corpo será redimido da presença e do poder do pecado.

Notas do capítulo 1

1. WAGNER, Peter. *Se não tiver amor*. Editora Luz e Vida. Curitiba, PR. 1983: p. 27.
2. BARCLAY, William. *I y II Corintios*. Editorial La Aurora. Buenos Aires. 1973: p. 14.
3. RIENECKER, Fritz, e ROGERS, Cleon. *Chave linguística do Novo Testamento grego*. 1985: p. 321.
4. WAGNER, Peter. *Se não tiver amor*. 1983: p. 13.
5. PRIOR, David. *A mensagem de 1Coríntios*. 1993: p. 12.
6. PRIOR, David. *A mensagem de 1Coríntios*. ABU Editora. São Paulo, SP. 1993: p. 11.
7. PRIOR, David. *A mensagem de 1Coríntios*. 1993: p. 11.
8. BARCLAY, William. *I y II Corintios*. 1973: p. 14.
9. PRIOR, David. *A mensagem de 1Coríntios*. 1993: p. 11.
10. WAGNER, Peter. *Se não tiver amor*. 1983: p. 12.
11. PRIOR, David. *A mensagem de 1Coríntios*. 1993: p. 12.
12. WAGNER, Peter. *Se não tiver amor*. 1983: p. 15.
13. WIERSBE, Warren W. *Comentário bíblico expositivo*. Vol. 5. Geográfica Editora. Santo André, SP. 2006: p. 742-747.
14. WIERSBE, Warren W. *Comentário bíblico expositivo*. 2006: p. 742.
15. RIENECKER, Fritz e ROGERS, Cleon. *Chave linguística do Novo Testamento grego*. Edições Vida Nova. São Paulo, SP. 1985: p. 284.
16. WIERSBE, Warren W. *Comentário bíblico expositivo*. 2006: p. 742.
17. RIENECKER, Fritz, e ROGERS, Cleon. *Chave linguística do Novo Testamento grego*. Edições Vida Nova. São Paulo, SP. 1985: p. 284.
18. PRIOR, David. *A mensagem de 1Coríntios*. 1993: p. 24.
19. MACDONALD, William. *Believer's Bible commentary*. Thomas Nelson Publishers. Nashville, TN. 1995: p. 1749.
20. WIERSBE, Warren W. *Comentário bíblico expositivo*. Vol. 5. 2006: p. 743.
21. WIERSBE, Warren W. *Comentário bíblico expositivo*. Vol. 5. 2006: p. 743.
22. WAGNER, Peter. *Se não tiver amor*. 1983: p. 35.
23. BARCLAY, William. *I y II Corintios*. 1973: p. 26.
24. BARCLAY, William. *I y II Corintios*. 1973: p. 27.
25. PRIOR, David. *A mensagem de 1Coríntios*. 1993: p. 33.
26. BARCLAY, William. *I y II Corintios*. 1973: p. 27.
27. WAGNER, Peter. *Se não tiver amor*. 1983: p. 37.
28. BARCLAY, William. *I y II Corintios*. 1973: p. 28.

[29] RIENECKER, Fritz, e ROGERS, Cleon. *Chave linguística do Novo Testamento grego.* 1985: p. 286.
[30] HODGE, Charles. In *The classic Bible commentary.* Ed. By Owen Collins. Crossway Books. Wheaton, IL. 1999: p. 1219.
[31] LEITH, John H. *Base christian doctrine.* Westminster/John Knox Press. Louisville, Kentucky. 1993: p. 185.
[32] MACDONALD, William. *Believer's Bible commentary.* 1995: p. 1751.
[33] WIERSBE, Warren W. *Comentário bíblico expositivo.* Vol. 5. 2006: p. 747.

Capítulo 2

As glórias do evangelho
(1Co 2.1-16)

A INTEGRIDADE DO EVANGELHO estava sendo atacada em Corinto. O evangelho se misturava com a filosofia. Os coríntios queriam um evangelho híbrido, misturado com a sabedoria humana. Queriam o evangelho e mais alguma coisa.

Estamos vendo essa mesma tendência na igreja contemporânea, a tendência de querer o evangelho e alguma coisa mais, a tendência de rejeitar a simplicidade e a pureza do evangelho. No século 19 houve uma grande tendência de misturar evangelho com a filosofia, com o saber humano, e com as bombásticas descobertas da ciência. Isso desaguou no liberalismo que tem matado muitas igrejas.

No século 20 houve a mistura do evangelho com a ideologia política, sobretudo, na América Latina, desembocando na chamada teologia da libertação. A essência do evangelho foi mudada e o seu eixo se deslocou para um aspecto puramente social, a ponto de Leonardo Boff afirmar que conversão nada mais é do que justiça social. Na teologia da libertação não existe o elemento da relação vertical com Deus, mas apenas da horizontalidade da fé.

Em Corinto o evangelho estava ainda misturado ao experiencialismo subjetivista e heterodoxo. De igual forma, hoje, nos albores do século 21, as pessoas não se satisfazem apenas com o evangelho; elas querem algo mais, elas querem experiências arrebatadoras. Isso desembocou no surgimento de alguns segmentos neopentecostais que se apartaram da doutrina na busca da luz interior ou das experiências intimistas e subjetivas.

Finalmente, em Corinto, o evangelho estava misturado ao pragmatismo. Hoje, também temos a mistura do evangelho com o pragmatismo. Está florescendo um cristianismo de mercado. O evangelho está se transformando num produto de lucro. As igrejas estão agindo como empresas que fazem de tudo para agradar a freguesia. A igreja oferece o que as pessoas querem. A verdade não é mais a referência, mas aquilo que funciona. Os púlpitos estão oferecendo um evangelho ao gosto da freguesia, como se o evangelho fosse um produto que se coloca na prateleira e se oferece ao freguês quando ele deseja.

Para corrigir esse problema, Paulo expõe nesse capítulo os fundamentos básicos da mensagem do evangelho. Ele levanta três colunas que sustentam a verdadeira mensagem do evangelho: O evangelho centraliza-se na morte de

Cristo, é parte do plano eterno de Deus e é revelado pelo Espírito Santo por intermédio da Palavra de Deus.

O evangelho envolve as três pessoas da Santíssima Trindade. Nos versículos 1 a 5, Paulo fala sobre a obra de Cristo na cruz. Dos versículos 6 ao 9, ele fala do eterno plano de Deus Pai. E dos versículos 10 ao 16, ele fala da ação do Espírito Santo.[34]

O evangelho está centralizado na morte de Cristo na cruz (2.1-5)

Paulo relembra quatro grandes verdades à igreja de Corinto:

Em primeiro lugar, *relembra-os acerca do conteúdo do evangelho*. Diz o apóstolo: "Porque decidi nada saber entre vós, senão a Jesus Cristo e este crucificado" (2.2). A cruz aponta para a justiça e para o amor de Deus. O evangelho centraliza-se na morte de Cristo. Na capital da filosofia, Paulo decide pregar a mensagem da cruz de Cristo. A morte de Cristo não é uma doutrina periférica do cristianismo, mas sua própria essência. A cruz não é um apêndice, ela é o núcleo, o centro, o eixo, e a essência do cristianismo. A morte substitutiva de Cristo na cruz é o ponto central e culminante do evangelho. Não há outro evangelho a ser pregado a não ser "Jesus Cristo e este crucificado".

É interessante que Paulo não está pregando Cristo, apresentando-o como um homem perfeito, ou um ilustre mestre da religião, ou mesmo como o supremo exemplo da espiritualidade. Antes, Paulo está pregando "Jesus Cristo e este crucificado".[35] Ou seja, Paulo está anunciando a morte de Cristo. Todas as vezes que a igreja perde de vista a centralidade da morte de Cristo, ela perde a essência do próprio evangelho. A mesma cruz, que era escândalo para os judeus e loucura para os gregos, era o conteúdo da pregação de Paulo. Paulo se gloriava daquilo que os judeus e gregos se envergonhavam.

Paulo escandaliza a cidade de Corinto ao dizer que é no Cristo crucificado que se encarna a verdadeira sabedoria de Deus. Para Paulo o evangelho é absolutamente cristocêntrico. Como nós estamos hoje precisando ouvir isso! A maioria dos programas evangélicos que circulam na mídia está perdendo a centralidade da cruz e centralizando-se no homem. O evangelho, porém, não é antropocêntrico, mas cristocêntrico!

Em segundo lugar, *relembra-os de sua dedicação exclusiva ao evangelho* (2.1,2,4). Paulo relembra aos coríntios a sua resolução de se dedicar exclusivamente ao evangelho. "Eu, irmãos, quando fui ter convosco, anunciando-vos o testemunho de Deus, não o fiz com ostentação de linguagem e de sabedoria" (2.1). Paulo está mostrando que ele não foi a Corinto criar um fã-clube. Ele não foi a Corinto como um filósofo, para apresentar mais uma ideia. Ele foi a Corinto para glorificar a Deus pregando o evangelho de Jesus Cristo. Paulo é categórico quando toma uma firme decisão em Corinto: "Porque decidi nada saber entre vós..." (2.2). Essa decisão é resultado de um pensamento claro, categórico, e amadurecido. É como se Paulo dissesse: "Eu tomei a decisão e não volto atrás. Eu não quero tratar de outra matéria, a não ser 'Jesus Cristo e este crucificado'".

Por que a paixão de Paulo é o evangelho? Porque entendeu que Cristo é tudo e em todos. Não há outra mensagem nem outro evangelho. Política, filosofia nem dinheiro podem ocupar na vida e na pregação de Paulo o lugar da cruz de Cristo. A vida para Paulo era anunciar Cristo. Essa é a grande necessidade dos pregadores. A pregação do evangelho é a maior necessidade da igreja e a maior necessidade do mundo. Precisamos de pregadores que tenham paixão pelo evangelho. Que não tenham outra mensagem a não ser o evangelho. Que não tenham outro sonho a não ser o evangelho. Que não tenham outra bandeira além do evangelho. Que não tenham outra atração a não ser o evangelho. Hoje, a pregação do evangelho tornou-se fonte de lucro. Muitos pregadores pregam não para glorificar a Cristo nem mesmo para a salvação dos perdidos e a edificação dos salvos, mas pregam para auferirem lucro. São indivíduos inescrupulosos que fazem do evangelho um produto, do púlpito um balcão, da igreja uma empresa e dos crentes consumidores.

Muitos pregadores engrandecem a si mesmos e os seus dons de tal maneira que lançam sombra sobre Jesus. Nenhum nome deve ser dado entre os homens pelo qual importa que sejamos salvos (At 4.12). Nenhuma mensagem pode ocupar o lugar da mensagem da cruz.

Havia em certa igreja um pregador muito alto, homem de grande estatura, que dominicalmente se levantava para pregar. Atrás do púlpito ficava um vitral muito bonito, onde tinha uma cruz desenhada. E de repente num culto especial, aquela igreja convidou outro pregador para uma conferência, um homem de altura mediana. Quando o pastor da igreja se levantava as pessoas não conseguiam ver o vitral com a cruz. Mas nesse dia, com o novo pregador, os crentes viram a beleza da cruz estampada no vitral atrás do púlpito. De repente, uma menininha chamou a atenção de sua mãe, dizendo: "Mamãe onde está aquele pregador que quando ele se levanta a gente não pode ver a cruz?"[36] E a pergunta daquela menina representa uma verdade, muitas vezes, em nossos dias. Há um grande perigo do pregador se levantar e impedir que as pessoas vejam a cruz de Jesus;

do pregador se levantar e dar mais ênfase aos seus talentos, aos seus dons, a sua capacidade do que pregar Jesus, e este crucificado. Muitos pregadores engrandecem a si mesmos e os seus dons de tal forma que não podemos ver Jesus. Devemos nos gloriar apenas na cruz de Cristo (Gl 6.14).

Em terceiro lugar, *relembra-os acerca da sua maneira de pregar o evangelho*. Paulo mostra uma terceira coisa à igreja. E observem que no versículo 1 ele diz que ao chegar a Corinto, ele não anunciou o testemunho de Deus com ostentação de linguagem, ou de sabedoria, ou seja, ele não se tornou um filósofo ou um orador, mas chegou a Corinto como uma testemunha. Paulo diz que tem duas maneiras de pregar o evangelho: Primeiro ele menciona o aspecto negativo: "A minha palavra e a minha pregação não consistiram em linguagem persuasiva de sabedoria..." (2.4). É possível o pregador cometer esse grave erro. Dar mais ênfase à forma do que ao conteúdo. E quando a forma passa a ser mais importante do que o conteúdo, cai-se no erro dos filósofos que iam às praças e disputavam quem falava mais bonito. A segunda maneira é positiva: "E foi em fraqueza, temor e grande tremor que eu estive entre vós" (2.3,4; 2Co 11.30). Paulo não está falando aqui de uma fraqueza e debilidade física. O que Paulo está dizendo é que o evangelho é algo tão sublime e maravilhoso que quando ele foi a Corinto, foi na total dependência de Deus. Ele não foi com ufanismo ou com autoconfiança; ele não foi com soberba ou vanglória, mas foi com muita humildade, por entender a grandeza e a majestade da mensagem que ele estava pregando. Essa é a atitude que o pregador deve ter. Ele deve subir ao púlpito com temor e tremor. Embora Paulo fosse um apóstolo, ele veio a Corinto sem presunção, sem autoconfiança, mas com humildade, sabendo da sublimidade do seu ministério e da grandeza da sua mensagem (At 18.9; 2Co 10.10). Sem o poder do Espírito, não há pregação.³⁷ Pregação é lógica e teologia em fogo. Martyn Lloyd-Jones diz claramente: "Pregação é lógica em fogo! Pregação é razão eloquente! Pregação é teologia em fogo, é teologia vinda por intermédio de um homem que está em fogo".³⁸ É conhecida a famosa frase de João Wesley: "Ponha fogo no seu sermão ou ponha o sermão no fogo". Só o Espírito Santo pode acender uma fogueira no púlpito. João Calvino diz: "A Palavra de Deus nunca deve ser separada do Espírito".³⁹ Concordo com E. M. Bounds quando diz: "O Espírito Santo não flui por meio de métodos, mas de homens. Ele não vem sobre máquinas, mas sobre homens. Ele não unge planos, mas homens – homens de oração".⁴⁰ Charles Spurgeon sempre subia os quinze degraus do seu púlpito dizendo: "Eu creio no Espírito Santo".⁴¹

Paulo é enfático: "A minha palavra e a minha pregação não consistiram em linguagem persuasiva de sabedoria, mas em demonstração do Espírito e de poder" (2.4). O que é demonstração do Espírito? A palavra "demonstração", na língua original, *apodeixis,* traz a ideia de uma prova legal apresentada diante de uma corte.⁴² Leon Morris diz que *apodeixis* é a prova mais rigorosa.⁴³ E qual era a prova legal que Paulo trazia? Era apresentar vidas transformadas pela pregação poderosa do evangelho! Sua pregação não era uma peça de oratória, mas era pura demonstração do Espírito e de poder. Ele apresentava diante da corte vidas transformadas, verdadeiros milagres do céu. Paulo não estava preocupado em falar bonito, mas em mostrar o resultado do evangelho. Paulo disse aos coríntios: Meus irmãos quando eu cheguei até vocês, eu não quis ser um filósofo ou um orador, antes eu resolvi anunciar o evangelho que transforma vidas. Eu quis pregar uma mensagem que realiza mudança na vida das pessoas.

Esse é o evangelho que precisamos, não um evangelho besuntado da pretensa sabedoria humana, mas o evangelho da simplicidade, da pureza e do poder do Espírito Santo. Quem transforma o coração do homem não é a beleza da retórica humana, mas o poder do Espírito Santo de Deus. Paulo não está desencorajando o preparo para pregar, mas enfatizando sobre quem os holofotes devem estar. Paulo não está contra o uso da oratória, mas da oratória sem a unção do Espírito. O pregador deve usar sua retórica para apresentar Cristo e não para exaltar a si mesmo.

No século 19, um turista chegou a Londres. De manhã ele foi a uma grande igreja para ouvir um dos mais famosos pregadores daquele século. Quando ele saiu da igreja, exclamou de maneira intensa: que grande pregador nós ouvimos nesta manhã! E à noite ele foi à igreja de Charles Spurgeon, e ao sair daquela igreja, também fez uma grande exclamação: Que grande Deus este pregador pregou nesta noite! Essa é a diferença! Um pregou para impressionar o auditório; o outro pregou para ressaltar a grandeza de Deus e a graça de Jesus. É isso que Paulo queria ensinar para a igreja de Corinto.

Em quarto lugar, *relembra-os do seu propósito de pregar o evangelho*. Paulo deixa claro o propósito para o qual ele pregava o evangelho: "[...] para que a vossa fé não se apoiasse em sabedoria humana e sim no poder de Deus" (2.5). Temos de pregar o evangelho com simplicidade, ressaltando o seu conteúdo para que as pessoas não deem mais importância ao pregador que a mensagem. Esse era o problema da igreja de Corinto. Lembram? Eles estavam dividindo a igreja e por quê? Porque estavam dando mais importância ao pregador do que à mensagem. Paulo precisa ensinar a essa igreja que o vaso, o mensageiro, é de barro (2Co 4.7). O importante não é o vaso de barro, o importante é o poder, é o conteúdo que está dentro do vaso. Esse conteúdo é o poder de Deus. Esse conteúdo é o evangelho. E é esse conteúdo que tem de ser ressaltado. Paulo chega a perguntar à igreja de Corinto: quem é Paulo? Quem é Apolo? Apenas servos por meio de quem vocês creram. Paulo quer que eles confiem em Deus e não no mensageiro. O propósito da pregação não é enaltecer o pregador, mas o Jesus que o pregador anuncia. Todas as vezes que a igreja comete o pecado do culto à personalidade, dando mais ênfase ao pregador que à pregação, conspira contra Jesus, esvazia o evangelho, e torna-se um obstáculo para o pecador vir a Cristo.

O evangelho foi concebido na eternidade e faz parte do plano eterno de Deus (2.6-9)

Três verdades sublimes são aqui destacadas:

Em primeiro lugar, *a origem da verdadeira sabedoria* (2.7). Jesus Cristo crucificado é a sabedoria de Deus. A verdadeira sabedoria, *Sofia,* não é a filosofia, mas o evangelho. A sabedoria de Deus não está na *Sofia,* na filosofia humana, mas no evangelho. A sabedoria de Deus é "Jesus Cristo e este crucificado".

Qual é a origem da verdadeira sabedoria? A sabedoria não procede de homens, procede de Deus. Paulo diz: "[...] mas falamos a sabedoria de Deus em mistério..." (2.7). Essa sabedoria não é produto da lucubração humana, nem do pensamento refinado dos corifeus da filosofia. Essa sabedoria vem de Deus e não dos homens. Paulo chega a dizer: "Entretanto, expomos sabedoria entre os experimentados..." (2.6). O termo "experimentados" é um tanto difícil de entender porque é a palavra *teleios,* de onde vem a palavra maduro. Paulo não está falando de certa categoria de crente, mas está fazendo uma distinção entre os sábios do mundo e aqueles que são convertidos. Esses experimentados são na verdade os que são convertidos, que têm o Espírito Santo e são novas criaturas. Em outras palavras, Paulo está comparando os salvos com os perdidos.

Paulo orienta que essa sabedoria não começou na História, mas na eternidade. Ele diz: "[...] a sabedoria de Deus em mistério, outrora oculta, a qual Deus preordenou desde a eternidade..." (2.7). Outrora escondida, mas agora plenamente aberta, revelada a outras pessoas. A verdadeira sabedoria não procede dos homens, mas de Deus. Nossa salvação foi planejada por Deus na eternidade. Até mesmo a morte de Cristo estava nos planos de Deus (At 2.22,23; 1Pe 1.18-20). O evangelho não é uma ideia tardia, um plano de última hora, mas algo planejado na mente de Deus desde a eternidade.

É nesse sentido que João Calvino chegou a dizer que nós só conhecemos a Deus porque Deus se revelou a nós. O conhecimento de Deus não é produto da investigação humana, mas da revelação divina. Nós não O conhecemos pela sabedoria humana. Antes, O conhecemos porque Ele se revelou a nós. Deus se revelou na natureza, na consciência, nas Escrituras e em Jesus Cristo.

Qual foi o propósito de Deus abrir as cortinas e nos mostrar a verdadeira sabedoria, que é Jesus? Deus preordenou essas cousas para a nossa glória (2.7). O que é que Paulo está querendo dizer com isso? Que a sabedoria de Deus objetiva não apenas a sua própria glória, mas, também, a glória da igreja. A sabedoria de Deus inclui você na medida em que ela objetiva a sua glorificação, a sua entrada no céu, a sua redenção em Jesus Cristo. O propósito dessa sabedoria não é apenas a glória de Deus, mas também a glória dos remidos. O plano de Deus sempre objetiva a plena glória de Deus (Ef 1.6,12,14), mas também culminará em nossa glória, em nossa completa redenção (Jo 17.22-24; Rm 8.28-30).

Em segundo lugar, *o conhecimento da verdadeira sabedoria*. Como é que podemos conhecer essa sabedoria que nasceu na eternidade, que nasceu em Deus? O apóstolo Paulo diz: "[...] sabedoria essa que nenhum dos poderosos deste século conheceu" (2.8). O homem não regenerado não conhece a sabedoria de Deus. Pela sabedoria humana, o homem não conheceu a Deus, mas pela sabedoria de Deus, o homem foi salvo pela cruz. Paulo está dizendo que essa sabedoria, nenhum dos poderosos deste século conheceu. Quem são os poderosos desse século? A palavra grega que aparece aqui descreve as autoridades romanas e judias que crucificaram o Senhor da Glória. E ele diz que eles não a conheceram "[...] porque, se a tivessem conhecido, jamais teriam crucificado o Senhor da glória".

Por que as autoridades judias pediram a crucificação de Jesus? Por que as autoridades romanas O crucificaram? Porque não conheciam a Jesus! Porque se tivessem conhecido de fato quem Jesus Cristo era, jamais teriam crucificado o Senhor da Glória. Os intelectuais do mundo são cegos espiritualmente, eles não têm discernimento espiritual nem entendimento espiritual. Por isso, quando Jesus estava na cruz disse: "Pai, perdoa-lhes, porque não sabem o que fazem" (Lc 23.34).

Preste atenção em um detalhe maravilhoso do evangelho. Paulo está dizendo que a ignorância espiritual é a causa de um imenso mal e também é ocasião de um imenso bem.

É a causa de um imenso mal porque eles crucificaram o Senhor da Glória. Essa foi a mais terrível injustiça, pois Jesus era inocente. Foi a mais profunda ingratidão, porque Jesus andou fazendo o bem. Foi a mais terrível crueldade, porque crucificaram o Senhor da Glória. E ainda, foi a mais perversa impiedade, pois crucificaram o Filho de Deus, o Salvador do mundo. Veja que um ato que causa mal, um imenso mal, pode desaguar em uma ocasião para um imenso bem. Paulo liga o fato de crucificarem o Senhor da Glória com o versículo 9: "[...] mas, como está escrito", ou seja, a crucificação de Jesus vai abrir as portas para algo extremamente glorioso "Nem olhos viram, nem ouvidos ouviram, nem jamais penetrou em coração humano o que Deus tem preparado para aqueles que o amam". Fantástico isso! Foi a crucificação do Senhor da Glória que abriu as comportas da Glória. Foi a crucificação do Senhor da Glória que abriu o caminho para Deus. Foi a crucificação do Senhor da Glória que abriu a porta de entrada para o paraíso, para a bem-aventurança eterna. Porque Jesus foi crucificado em nosso lugar, Deus preparou para nós o céu e a bem-aventurança eterna. Aleluia!

Em terceiro lugar, *os dons da verdadeira sabedoria* (2.9). E agora, Paulo nos mostra os dons da verdadeira sabedoria. Ele diz que essa sabedoria de Deus é Jesus. O Filho de Deus conseguiu para nós dons tão maravilhosos que a percepção humana, através do seu olhar, da sua audição, e do seu sentimento nunca pode entender ou alcançar.

Se o homem pudesse alcançar a Glória pela percepção física do olhar, ouvir, e sentir todas as pessoas abraçariam o evangelho. Mas Paulo diz que o homem não consegue alcançar o dom da graça de Deus, o céu, as bem-aventuranças eternas por aquilo que ele vê, ouve e sente. O homem não pode alcançar a graça de Deus pelos seus sentidos. Ela é uma revelação espiritual. Isso nos leva ao terceiro e último ponto desta exposição. O evangelho é revelado pelo Espírito Santo, por intermédio da Palavra de Deus (2.10-16). A nossa salvação envolve a Trindade. O evangelho inclui a escolha eterna e soberana do Pai (2.7), a morte vicária do Filho (2.2) e a ação regeneradora do Espírito Santo (2.12).

O que a percepção humana não pode alcançar (olhos, ouvidos, sentimento), Deus no-lo revelou pelo Seu Espírito. Deus preparou essas coisas maravilhosas para a nossa glória (2.7). Essa sabedoria só foi descoberta através da revelação de Deus e não da investigação humana.

O evangelho é revelado pelo Espírito Santo por intermédio da Palavra de Deus (2.10-16)

Destacamos quatro preciosas verdades no texto em apreço:

Em primeiro lugar, *o Espírito Santo habita nos salvos*. Afirma o apóstolo Paulo: "Ora, nós não temos recebido o espírito do mundo e sim o Espírito que vem de Deus, para que conheçamos o que por Deus nos foi dado gratuitamente." (2.12). Que coisa maravilhosa! Paulo está dizendo que nós não nos tornamos sábios na medida em que recebemos uma informação de fora para dentro. Nós nos tornamos sábios quando o Espírito Santo, o agente da verdadeira sabedoria vem habitar em nós. É o Espírito Santo quem nos comunica Cristo, a verdadeira sabedoria!

No momento em que você crê em Jesus, o seu corpo é transformado em templo do Espírito Santo (6.19,20). Você é selado pelo Espírito Santo (Ef 1.13,14), batizado pelo Espírito Santo no corpo de Cristo (12.13) e Ele permanece para sempre em você (Jo 14.16).

Em segundo lugar, *o Espírito Santo sonda tanto os salvos quanto as coisas profundas de Deus* (2.10,11). O Espírito Santo não só habita nos crentes, mas o Espírito Santo também sonda os crentes e sonda semelhantemente as profundezas do ser de Deus. Nos versículos 10 e 11, Paulo faz uma comparação muito bonita. Como é que o homem entenderá Deus? Como você pode entender Deus? Paulo diz que ninguém entende o homem a não ser o espírito que está dentro do homem. Eu olho para você, mas eu não saberei dizer o que está dentro do seu coração. Eu não saberei dizer o que está na sua mente. Eu não saberei dizer quais os seus sentimentos. Nenhum de nós tem a capacidade de perscrutar, sondar, e investigar na plenitude o que o outro está sentindo, pensando ou desejando dentro de seu coração. Paulo nega os conceitos de Filo, de que o espírito humano pode conhecer o divino, e afirma que somente o Espírito divino pode tornar conhecidas as coisas de Deus.[44]

Eu não posso saber o que vai dentro do seu coração, mas o seu espírito sabe. Ninguém pode saber realmente o que se passa no interior de um homem. Ninguém, exceto o espírito desse mesmo homem. De fora, os outros homens podem apenas fazer conjecturas. Mas o espírito do homem não faz conjecturas. Ele sabe. De igual maneira, raciocina Paulo, ninguém de fora de Deus pode saber o que acontece dentro de Deus. Só o Espírito Santo, que é Deus, conhece a Deus plenamente e revela Deus para nós por intermédio da Sua Palavra.[45]

Paulo diz que ninguém conhece o homem a não ser o espírito que está dentro do homem. Agora, eu posso cogitar acerca do que você está pensando, mas eu não posso ter certeza. No entanto, você sabe exatamente o que está pensando e sentindo. Alguém fora de você não pode discernir o que você está pensando e sentindo. Paulo explica que assim também é com Deus. Ninguém de fora de Deus consegue sondar o Ser de Deus. Ninguém de fora de Deus consegue conhecer o Ser de Deus a não ser o Espírito Santo de Deus. E ele está dizendo que o Espírito Santo é uma personalidade, porque Ele tem conhecimento para sondar. Paulo está dizendo que o Espírito Santo é onisciente, porque Ele é capaz de sondar as profundezas de Deus. Ele está dizendo que é o Espírito Santo, quem habita em nós, é quem conhece as profundezas de Deus, a pessoa de Deus, os atributos de Deus, a Glória de Deus, e o projeto de Deus. É esse Espírito Santo quem nos revela a pessoa de Deus. É por isso que precisamos depender do Espírito Santo para conhecermos a Bíblia, o evangelho. Eu não posso pregar o evangelho fiado em conhecimento humano, em sabedoria humana, porque é o Espírito Santo quem nos revela essas verdades.

Em terceiro lugar, *o Espírito Santo é quem ensina os salvos*. O apóstolo Paulo escreve: "[...] o Espírito que vem de Deus, para que conheçamos o que por Deus nos foi dado gratuitamente. Disto também falamos, não em palavras ensinadas pela sabedoria humana, mas ensinadas pelo Espírito..." (2.12b,13). De que maneira o Espírito nos ensina? Não é de uma forma subjetiva, mas de uma maneira objetiva. Paulo diz que ele nos ensina conferindo cousas espirituais com espirituais. O que seriam essas cousas espirituais? A própria Palavra de Deus.

Se você quer conhecer a sabedoria de Deus precisa estudar a Palavra de Deus. Paulo está dizendo que a Bíblia interpreta a Bíblia. Você confere cousas espirituais com cousas espirituais. Você lê um texto e o interpreta à luz de outro texto. Você tem de comparar a Palavra de Deus com a Palavra de Deus. Jesus prometeu que o Espírito Santo nos ensinaria (Jo 14.26), nos guiaria (Jo 16.13). Ele nos ensina por intermédio da Palavra (Jo 17.8).

Em quarto lugar, *o Espírito Santo leva os salvos à maturidade espiritual* (2.14-16). No versículo 14, Paulo diz "Ora, o homem natural [não regenerado ou o homem sábio segundo este mundo] não aceita as cousas do Espírito de Deus, porque lhe são loucura; e não pode entendê-las, porque elas se discernem espiritualmente". O homem natural não entende e não aceita as cousas de Deus. Porque sua mente não alcança, ele não aceita. Sua mente e sua vontade estão em oposição às coisas de Deus. Não entende por que elas se discernem espiritualmente e não aceita porque o evangelho parece loucura para ele.

Por que é que o homem natural não entende as cousas de Deus? Porque o evangelho não é entendido pela sabedoria humana. Um cientista pode não entender o evangelho e um analfabeto entendê-lo. Não é uma questão de habilidade ou de ginástica mental. Não se trata de ser uma pessoa arguta, de mente atilada, de uma alta capacidade de perquirição. Paulo está dizendo que o homem natural, o sábio segundo este mundo, não entende as cousas de Deus porque as coisas espirituais se discernem espiritualmente, e ele não as aceita porque os valores do evangelho são loucura para ele.

O que o mundo aplaude, o Reino de Deus rejeita; aquilo que o Reino de Deus enaltece, o mundo não dá valor. O evangelho é loucura para o mundo. E no versículo 15, Paulo diz: "Porém o homem espiritual julga todas as cousas". A palavra "julgar" fica um pouco confusa para nós, sobretudo, quando diz no final do versículo "[...] mas ele mesmo não é julgado por ninguém". Muitas pessoas usam esse versículo para encher o peito e dizer: eu sou crente e não aceito que ninguém me julgue. Não é isso que Paulo está ensinando. A palavra "julgar" pode ser substituída por discernir. O que ele está dizendo é que o homem espiritual, o homem convertido, discerne todas as coisas: as coisas do homem e as de Deus; as coisas desta vida e as da eternidade.

O apóstolo Paulo conclui, perguntando: "Pois quem conheceu a mente do Senhor, que o possa instruir? Nós, porém temos a mente de Cristo" (2.16). A mensagem que Paulo pregou em Corinto é produto da mente de Deus. O evangelho foi elaborado na mente de Deus na eternidade. Paulo diz que nós temos a mente de Cristo, porque nós estamos pregando o produto da mente de Cristo, que é o evangelho. Portanto, quando alguém rejeita o evangelho está rejeitando a própria mente de Cristo. Nessa mesma linha de pensamento, Fritz Rienecker diz que a mente de Cristo são os pensamentos, os conselhos, os planos e o conhecimento de Cristo, conhecidos pelo homem mediante a ação do Espírito Santo.[46]

A mensagem da cruz não é deste mundo. Ela veio de Deus, do céu; não é descoberta humana, é revelação divina.

A mensagem da cruz foi ordenada antes deste mundo. Ela não foi uma mensagem de última hora. Deus não a criou porque o plano "A" fracassou. O evangelho foi preordenado antes dos tempos eternos.

A mensagem da cruz nos traz bênçãos para além deste mundo. Aquilo que nenhum olho viu e nenhum ouvido ouviu nem jamais subiu ao coração do homem, isto é o que Deus preparou para aqueles que o amam.

Notas do capítulo 2

[34] WIERSBE, Warren W. *Comentário bíblico expositivo.* Vol. 5. 2006: p. 748-753.
[35] HODGE, Charles. *Commentary on the First Epistle to the Corinthians.* William B. Eerdmans Publishing Company. Grand Rapids, MI. 1994: p. 30.
[36] WIERSBE, Warren W. *Comentário bíblico expositivo.* Vol. 5. 2006: p. 748.
[37] LOPES, Hernandes Dias. *A importância da pregação expositiva para o crescimento da Igreja.* Editora Candeia. São Paulo, SP. 2004: p. 110.
[38] LLOYD-JONES, Martyn. *Preaching & Preachers.* Zondervan Publishing House. Grand Rapids, MI. 1971: p. 97.
[39] PARKER T. H. L. *Calvin's preaching.* Westminster John Know Press. Louisville, Kentucky. 1992: p. 29.
[40] BOUNDS, E. M. *Purpose in prayer.* In *E. M. Bounds on Prayer.* Whitaker House. New Kensington, Pennsylvania (467-521): p. 468.
[41] AZURDIA III, Arturo. *Spirit empowered preaching.* Mentor. Fearn, Grã-Bretanha. 1998: p. 112.
[42] WIERSBE, Warren W. *Comentário bíblico expositivo.* Vol. 5. 2006: p. 749.
[43] MORRIS, Leon. *1Coríntios: Introdução e comentário.* Edições Vida Nova. São Paulo, SP. 1983: p. 42.
[44] RIENECKER, Fritz, e ROGERS, Cleon. *Chave linguística do Novo Testamento grego.* 1985: p. 289.
[45] BARCLAY, William. *I y II Corintios.* 1973: p. 40.
[46] RIENECKER, Fritz, e ROGERS, Cleon. *Chave linguística do Novo Testamento grego.* 1985: p. 290.

Capítulo 3

As imagens da igreja
(1Co 3.1-23)

Nesse capítulo Paulo fala sobre a igreja. Ele usa três metáforas diferentes: família, campo e templo. Para Paulo, a igreja é uma família, cujo alvo é a maturidade; um campo cujo alvo é a quantidade e um templo, cujo propósito é a qualidade, afirma Warren Wiersbe.[47] Vamos examinar mais de perto essas figuras.

A igreja é a família de Deus (3.1-4)

Paulo não está ensinando que existem duas categorias de crentes: os crentes carnais e os espirituais, os maduros e os imaturos. Essa tese de que o crente carnal recebeu a Cristo como Salvador, mas ainda não o recebeu como Senhor;

que ele está justificado, mas ainda não está se santificando e que ele é salvo, mas ainda não obedece a Cristo é uma falácia. Esse ensino gera nos crentes uma falsa convicção de pecado e uma falsa segurança de salvação. Aquele que ainda não recebeu a Cristo como Senhor nunca o recebeu como Salvador. A grande ênfase do Novo Testamento é o senhorio de Cristo. Cristo não é Salvador de quem Ele ainda não é o Senhor.

Entretanto, por que Paulo chama os crentes de Corinto de carnais? A imaturidade e a carnalidade dos crentes de Corinto eram resultantes de dois fatores.

Em primeiro lugar, *a imaturidade é consequência de não se ter apetite espiritual.* A primeira razão da imaturidade era revelada pela dieta espiritual. Paulo fala que estava dando leite para eles, porque não podiam receber alimento sólido. Há alguns que pensam que a diferença entre leite e carne é que algumas pessoas da igreja podem receber determinado tipo de ensino e doutrina enquanto outras não. Será que Paulo está dizendo que algumas pessoas podem receber um tipo de ensino e que só mais tarde, elas podem receber outro tipo de doutrina? Não é isso que Paulo está dizendo! A diferença é de aprofundamento. Você ensina as mesmas doutrinas para uma classe de crianças e para uma classe de doutorado. Não existem doutrinas secretas destinadas apenas aos iniciados e experimentados. Isso é gnosticismo e não cristianismo.[48] Os mesmos temas tratados numa classe de neófitos são também estudados pelos crentes mais maduros. Uma mesma verdade é leite e carne, esclarece Charles Hodge.[49] João Calvino dizia que Cristo é leite para os bebês e carne para os adultos.[50] Você pode ensinar para a criança sobre Jesus de tal maneira que ela entenda e você pode ensinar num curso de pós-doutorado sobre Jesus aprofundando as mesmas verdades. A mesma verdade que ensinamos para os teólogos ensinamos para as crianças mais tenras.

O que acontecia com a igreja de Corinto era que havia passado muito tempo, e os crentes ainda estavam nos rudimentos da fé. Eles não demonstravam sinais de maturidade no conhecimento nem na prática da Palavra. Por isso, Paulo os chama de crianças espirituais. O texto de Hebreus 5.11-14 revela que a maturidade não é apenas uma questão de conhecimento, mas, sobretudo, de prática. Há crentes que nunca deixam os rudimentos da fé cristã. Não se desenvolvem. Não se aprofundam. Estão sempre bebendo leite. A maturidade não é alcançada apenas pelo conhecimento da Palavra. Diz o autor aos Hebreus que o alimento sólido é para os adultos, que pela prática tiveram suas faculdades exercitadas (Hb 5.14). Por que é que os crentes de Corinto eram bebês? Porque eles ouviam e não colocavam em prática. Por isso, Paulo está dizendo que é preciso que alguém chegue e ensine sempre as mesmas coisas a eles. Os crentes de Corinto não exercitavam o que ouviam; por conseguinte, eram crianças.

Um crente imaturo está sempre empolgado com os rudimentos, porém, não demonstra interesse em se aprofundar na Palavra. Ele não tem apetite por alimento sólido. Ele não tem gosto pelo estudo meticuloso das Escrituras. Não tem prazer na lei do Senhor nem se afadiga no estudo da Palavra.

Em segundo lugar, *a imaturidade é consequência de relacionamentos mal orientados*. A imaturidade é conhecida quando os crentes deixam de viver em união para formarem partidos dentro da igreja (3.3,4). Um crente imaturo em vez de construir pontes de comunhão cava abismo nos relacionamentos. Em vez de ser um ministro da reconciliação, está sempre se envolvendo em intrigas e contendas, formando partidos e grupos dentro da igreja. Ele cria ou segue facções dentro da igreja em vez de laborar pela paz. Paulo usa a palavra *népios*, "criança" para designar os crentes de Corinto. O cristão carnal é aquele cuja vida não é dirigida pelo Espírito; aquele que não discerne todas as coisas espiritualmente. Talvez se refira ao fato de eles provocarem divisões na igreja, seguindo líderes humanos, não discernindo a vontade de Deus ao utilizar diferentes instrumentos na Sua obra.[51]

A palavra usada por Paulo para "carnais" no versículo 1 é *sarkinoi*, "feito de carne", mas a palavra usada no versículo 3 é *sarkikoi*, "dominado pela carne".[52] Leon Morris diz que o sufixo *inos* significa, "feito de..."; assim, em 2Coríntios 3.3, tábuas "feitas de pedra", *lithinos*, são contrastadas com as "feitas de carne", *sarkinos*. Em vez disso, o sufixo *ikos* significa, "caracterizado por...".[53]

Se na primeira palavra, eles eram carnais porque não haviam crescido pela falta de alimento sólido, na segunda palavra há uma censura moral. Eles eram carnais porque andavam segundo a vontade da carne. Fritz Rienecker diz que *sarkikoi* denota uma relação ética e dinâmica. É o ponto de vista orientado para o ego, aquilo que persegue os próprios alvos numa independência autossuficiente de Deus.[54]

Paulo chama os crentes de Corinto de carnais, pois eles estavam criando partidos dentro da igreja e seguindo a filosofia do mundo em vez de seguir a orientação da Palavra. Eles importaram esse tipo de pensamento mundano para dentro da igreja. Eles diziam: Eu sou de Paulo, de Apolo, de Cefas ou de Cristo. Paulo, então, lhes diz: Vocês são carnais na medida em que vocês fazem grupos dentro da igreja. David Prior, interpretando essa realidade na igreja de Corinto, diz que naquela igreja havia pouco amor e muita competitividade.[55]

Os partidos dentro da igreja são sinal de imaturidade e de carnalidade. Hoje, há muitos cismas e rachas dentro das igrejas porque os crentes são imaturos. Muitos pastores, atualmente, se tornam caudilhos das igrejas porque são carnais e andam segundo os homens e não segundo o Espírito de Deus. Há obreiros impostores que se arrogam como donos da igreja e tratam a noiva do Cordeiro como sua propriedade pessoal. Essa atitude é uma blasfema usurpação.

Nós precisamos estar muito atentos a isso. O alvo de Deus para a igreja é a maturidade. O que Deus espera dos membros da igreja é a maturidade. Nós não temos de seguir a homens. Nós temos de seguir o Senhor da Igreja. Nós não temos de colocar nenhum líder da igreja num pedestal. Não temos de promover o culto à personalidade. Jesus é o fundamento, o edificador, o dono e o protetor da igreja (Mt 16.18). Somente Ele é digno de receber a honra e a glória na igreja.

A igreja é a lavoura de Deus (3.5-9)

A igreja é um campo e o seu alvo é a quantidade. Paulo mostra agora que a igreja é o campo onde Deus semeia. Cristo comparou o coração humano a um terreno onde a semente da Palavra é semeada (Mt 13.10,18-23). A igreja é como um campo que deve produzir fruto para Deus. Jesus disse que cada um de nós é ramo da videira verdadeira (Jo 15.1). O propósito do ramo é produzir frutos. Se ele não produzir frutos é cortado e lançado fora. A tarefa do ministério é cultivar o solo, semear a semente, regar a planta e fazer a colheita dos frutos.

Nós somos como os obreiros que trabalham nesse campo, e esse campo é a própria igreja. Na igreja há diversidade de ministérios. Há aqueles que preparam o terreno, os que regam o que foi semeado, e aqueles que colhem o fruto na hora da colheita. Quais são as lições que Paulo está ensinando?

Em primeiro lugar, *Paulo esvazia a controvérsia sobre o culto à personalidade*. Quando Paulo pergunta: "Quem é Apolo? E quem é Paulo?" Ele mesmo responde: "Servos por meio de quem crestes" (3.5). Assim, Paulo denuncia a infantilidade e a carnalidade da igreja (3.4), pois seus membros estavam andando segundo os homens.

Paulo elabora argumentos para esvaziar a controvérsia sobre o culto à personalidade no versículo 5. O que ele está dizendo é que a ênfase deve recair sobre Deus e não sobre o obreiro. Devemos tirar os nossos olhos dos instrumentos e colocá-los em Jesus.[56] Quem é Paulo? Quem é Apolo? No texto original a pergunta não é quem, mas o quê? No texto grego o termo está no neutro. Paulo não pergunta quem é Paulo ou quem é Apolo; ele pergunta: O que é Paulo e o que é Apolo?

Quando Paulo faz essa pergunta, usando o neutro, ele desvia a atenção dos crentes da pessoa dos pregadores e concentra a atenção deles em suas funções.[57] O culto à personalidade é um grave desvio da igreja neste século.

Atualmente as pessoas estão dando muito mais ênfase ao mensageiro do que à mensagem; estão focando mais o portador do evangelho do que o evangelho em si mesmo. Paulo estava dizendo à igreja de Corinto: Não pensem que eu sou um dono de igreja. Não me coloquem num pedestal. Eu sou apenas um servo, Apolo também é apenas um servo. A palavra "servo", usada aqui, é *diáconos* aquele que serve.[58] É errado concentrar a atenção no servo do Senhor, devemos olhar para o Senhor dos servos.

Paulo está dizendo com isso que na Igreja de Deus não há donos, chefes nem caudilhos. Não há ninguém que possa ser colocado no pedestal. A Igreja só tem um dono e um Senhor e esse Senhor é Jesus Cristo. Paulo não está querendo menosprezar o obreiro, mas exaltar a Jesus. Ele destaca a importância do servo, quando pergunta: "O que é Paulo? O que é Apolo? Servos por meio de quem crestes".

Paulo e Apolo foram usados por Deus para levar o evangelho aos coríntios. Por meio deles é que o evangelho chegou até a igreja de Corinto. Portanto, o que está em destaque é o evangelho e não os instrumentos que Deus usou para anunciar o evangelho. Ambas as funções são importantes, tanto a de Paulo (plantar) quanto a de Apolo (regar), mas são inúteis, se Deus não der o crescimento.[59]

Cometemos um grave pecado contra Deus, quando damos mais importância aos mensageiros do que à mensagem, quando destacamos mais aqueles que pregam o evangelho do que o próprio conteúdo do evangelho.

Em segundo lugar, *Paulo ensina a diversidade de ministérios na igreja*. Diz o apóstolo Paulo: "Eu plantei, Apolo regou; mas o crescimento veio de Deus. De modo que nem o que planta é alguma coisa, nem o que rega, mas Deus, que dá o crescimento" (3.6,7). Deus chama uns para preparar o terreno, outros para semear, outros para regar e ainda outros para colher.

Há vários ministérios na igreja e nenhum é mais importante do que o outro. A ênfase não recai nos obreiros, mas em Deus que dá o crescimento. A igreja é como um corpo que tem diversos membros, com diversos ministérios e diversos dons. A vida e o crescimento da igreja são um milagre que só Deus pode realizar. O crescimento numérico pode até ser fabricado, mas o crescimento espiritual só Deus o produz.

Leon Morris destaca o fato de que o verbo usado por Paulo para "dar crescimento" está no tempo contínuo, ao passo que os verbos "plantar" e "regar" estão no aoristo. Paulo e Apolo fizeram a obra que lhes competia, a qual é vista como consumada. Mas a atividade de Deus, de dar o crescimento, era contínua.[60]

Em terceiro lugar, *Paulo ensina a interdependência dos ministérios na igreja* (3.8). Paulo, Apolo e Pedro não estavam competindo na igreja entre si; ao contrário, cada um estava fazendo o seu trabalho sob o senhorio de Cristo. Há diversidade de ministérios, mas unidade de propósitos. O plantar e o regar são tarefas vitais e cada uma depende da outra. Não estamos competindo na obra, estamos trabalhando todos para o Senhor da obra. Não somos rivais, somos parceiros, cooperadores de Deus. Nós não estamos brigando para ter um espaço ao sol na igreja. Nós somos um. Nós estamos no mesmo barco, no mesmo time, na mesma obra e com o mesmo objetivo.

Em quarto lugar, *Paulo ensina que não há espaço para vaidades pessoais no ministério da igreja*. A grande ênfase de Paulo é sobre Deus e não sobre o homem. Quando a igreja começa a colocar o seu foco e holofotes no homem, demonstra imaturidade espiritual. Paulo diz: "Ora, o que planta e o que rega são um; e cada um receberá o seu galardão, segundo o seu próprio trabalho" (3.8). Quando a igreja coloca os holofotes sobre o obreiro, ela subtrai a glória que é de Deus. Aqueles que promovem o culto à personalidade ou buscam glórias para si mesmos e se colocam num pedestal estão usurpando a glória que só a Deus pertence. Paulo diz que só Deus pode dar o crescimento: "Eu plantei, Apolo regou; mas o crescimento veio de Deus. De modo que nem o que planta é alguma coisa, nem o que rega, mas Deus, que dá o crescimento" (3.6,7). O trabalho humano sem a ação de Deus não produz resultados. Ninguém fabrica conversão. Conversão não é um efeito psicológico de massa. Não é produto de algum impacto teatral, em que você cria um efeito psicológico sobre o auditório. Conversão é obra soberana e milagrosa do Espírito Santo de Deus. Só Deus pode realizar o crescimento espiritual da igreja. Também apenas Deus pode recompensar os obreiros (3.8).

A recompensa dá-se pela fidelidade do obreiro. O critério para a recompensa não é o resultado, mas o trabalho fiel: "Ora, o que planta e o que rega são um; e cada um receberá o seu galardão, segundo o seu próprio trabalho". É bom sermos encorajados. É necessário sermos encorajadores. Paulo recomenda a igreja a estimular e a fortalecer uns aos outros. Cometeríamos um grave pecado, porém, se dependêssemos de recompensas, reconhecimentos e aplausos humanos para fazermos a obra de Deus. A recompensa vem de Deus. É por isso que a Bíblia diz que a recompensa é por causa da fidelidade no trabalho: "Muito bem, servo bom e fiel; foste fiel no pouco, sobre muito te colocarei" (Mt 25.21).

A igreja é o santuário da habitação de Deus (3.9b-23)

No versículo 9 Paulo passa de uma metáfora agrícola para uma arquitetônica.[61] A igreja é um templo e o seu alvo é a qualidade. Paulo usa a metáfora do edifício para descrever a igreja. A igreja é o templo de Deus porque é a sociedade na qual o Espírito Santo habita, preceitua William

Barclay.[62] Cada pessoa salva é um templo da habitação de Deus (6.19,20). A igreja local, de igual forma é templo de Deus (3.16,17). A Igreja universal também é comparada ao templo de Deus (Ef 2.19-22).[63] Dessa maneira podemos afirmar que Deus habita em cada crente salvo, Deus habita nos crentes de uma igreja local e Deus habita na igreja como o somatório de todos os convertidos de todos os lugares do mundo.

Na edificação dessa igreja como edifício de Deus é preciso estar apercebido da importância da qualidade. Nós que estamos edificando essa casa da morada de Deus seremos julgados em nosso trabalho. Um dia Deus julgará o nosso trabalho (3.13). Deus está interessado em que construamos com qualidade.

A igreja não é do pregador nem da congregação. Ela é a Igreja de Deus. Somos edifício de Deus (3.9). Haverá um julgamento para nós. A Bíblia diz: "[...] manifesta se tornará a obra de cada um; pois o Dia a demonstrará" (3.13). Esse dia é o dia do juízo, o dia da segunda vinda de Cristo, quando Ele se manifestará em chamas de fogo (2Ts 1.6-8). A maneira que você está construindo será julgada e provada pelo fogo. Precisamos construir esse edifício de Deus com qualidade. Deus não está procurando apenas números. Ele quer qualidade. Precisamos, portanto, evitar dois grandes extremos na construção desse edifício espiritual.

O primeiro extremo que precisamos evitar é a *numerolatria*. Hoje, nós estamos vendo igrejas bêbadas pelo sucesso. Elas estão embriagadas pelos resultados. Elas querem quantidade a qualquer custo. Para encher os templos, os pregadores mudam a mensagem e oferecem um evangelho sem exigências. A riqueza do evangelho é sonegada e também substituída pelas novidades do mercado da fé. As crianças gostam de espetáculo e gostam de novidades. Elas não têm discernimento para identificar os perigos e os riscos das heresias que entram disfarçadamente dentro das igrejas. É nesse contexto que Paulo mostra que a igreja precisa construir e se edificar, mas com qualidade. Deus não está interessado apenas em número, ele quer vida.

O segundo extremo é a *numerofobia*. Essa é a atitude da acomodação. Ela acontece quando a igreja se conforma com a esterilidade e cria justificativas para tentar tapar o sol com a peneira e justificar a sua falta de frutos espirituais. Se nós devemos construir a igreja do modo que Deus quer, temos de olhar quatro princípios importantes que Paulo ensina. Warren Wiersbe coloca esses princípios assim: o alicerce apropriado, os materiais apropriados, o projeto apropriado e o motivo apropriado.[64]

Em primeiro lugar, *devemos construir sobre o fundamento certo* (3.10,11). O apóstolo é claro: "Segundo a graça de Deus que me foi dada, lancei o fundamento como prudente construtor; e outro edifica sobre ele. Porém cada um veja como edifica. Porque ninguém pode lançar outro fundamento, além do que foi posto, o qual é Jesus Cristo" (3.10,11). O fundamento, o alicerce e a pedra fundamental da igreja não é o papa, não é o pastor, não é um missionário nem é uma liderança local. Pastores e pregadores mudam, passam e morrem; somente a igreja edificada em Jesus sobrevive.[65]

Jesus Cristo é o fundamento da Igreja (Is 28.16; At 4.11; Ef 2.20; 1Pe 2.6). Ele é a pedra sobre a qual a Igreja está edificada (Mt 16.18). A Igreja não poderia ser edificada sobre Pedro nem sobre Paulo, porque tanto Pedro quanto Paulo morreram. Eles passaram, mas Cristo permanece para sempre.

Não podemos abandonar a mensagem da cruz embora essa mensagem seja escândalo para os judeus e loucura para os gregos. Paulo diz: Eu estou determinado a pregar só Jesus. E o fundamento da igreja é Jesus (3.11). Paulo está dizendo que quando o crente deixa de edificar sobre o fundamento, ele começa naufragar na vida. Seria loucura construir uma casa sem lançar o fundamento certo. Também seria uma irresponsabilidade construir uma casa, lançando o fundamento errado.

Em segundo lugar, *precisamos construir com o material certo* (3.12-17). Paulo usa duas categorias de materiais: Ouro, prata e pedras preciosas pertencem a uma categoria de material permanente, belo, valoroso e difícil de ser obtido. Depois ele cita outros três tipos de material: madeira, feno e palha. Esses pertencem a uma espécie de material temporário, barato e fácil de obter. E o que representa todo esse material? Esse material não está falando de pessoas, mas de doutrinas, de verdades.

Muitas pessoas estavam tentando construir a igreja com um evangelho imiscuído e misturado com a filosofia pagã. Um evangelho secularizado, centrado no homem. Para Paulo, esse tipo de pregação era madeira, palha e feno.

Nessa mesma linha de pensamento, Charles Hodge afirma: "Em consistência com o contexto, ouro, prata e pedras preciosas, pode somente significar a verdade; e madeira, palha e feno, o erro".[66]

Devemos construir com material nobre, duradouro, e permanente; um material que resista ao fogo do julgamento. É preciso que o obreiro cave para encontrar esses materiais, porque ouro, prata e pedras preciosas não são encontrados na superfície. É preciso cavar na Palavra, mergulhar nas profundezas das riquezas de Cristo, e se alimentar dessas finas iguarias. Se o obreiro ficar sempre na superfície sem jamais se aprofundar, ele acabará construindo com palha, feno e madeira. Esses materiais são encontrados em qualquer lugar da superfície.

O livro de Provérbios (3.13-15; 2.1-5; 8.10,11) apresenta a sabedoria da Palavra de Deus como tesouro que precisa ser procurado, protegido e investido na vida diária. Os coríntios tentavam construir a igreja com a sabedoria humana, a sabedoria deste mundo, quando deveriam ter dependido da sabedoria de Deus em Cristo, revelada na Palavra.

É importante ressaltar que em cada uma das figuras usadas para a igreja, Paulo deu destaque à Palavra: A Palavra de Deus é alimento para a família, semente para o campo e material para o templo. Tanto para edificar a família, quanto para plantar o campo, ou para construir o templo, o material, a obra-prima é a Palavra de Deus.

Pregadores e professores preguiçosos vão ver uma grande fumaceira no dia do julgamento. O material que eles usaram para edificar não resistirá ao fogo nem eles vão receber recompensa. Deus nos adverte que se nós destruirmos o seu santuário, usando material impróprio, Ele nos destruirá (isso não é condenação eterna, mas é a perda da recompensa) (3.15). No último dia, muitos ministérios vão se transformar em cinza. A Igreja não pode ser destruída sem severa punição (Lv 15.31; Nm 19.20).

Em terceiro lugar, *devemos construir de acordo com o plano correto* (3.18-20). Se quisermos construir do jeito que Deus quer, devemos construir de acordo com o plano correto. Paulo diz que há uma sabedoria do mundo que funciona no mundo, mas não na igreja. A sabedoria do mundo não funciona para a igreja, porque a sabedoria de Deus é diferente da sabedoria do mundo. Aquilo que o mundo valoriza, o

Reino de Deus despreza. O que o Reino de Deus despreza, o mundo valoriza. O Reino de Deus está em posição invertida e de ponta-cabeça. O Reino de Deus tem valores invertidos. A igreja não é uma empresa secular.

A Igreja primitiva não tinha nenhum dos segredos de sucesso do mundo: 1) Eles não tinham ricas propriedades; 2) Eles não tinham influência nos governos; 3) Eles não tinham tesouros; 4) A maioria dos seus obreiros não era composta de grandes intelectuais; 5) A maioria dos membros não era composta de grandes celebridades. Contudo, eles colocaram o mundo de cabeça para baixo.

Warren Wiersbe diz que o mundo depende de dinheiro, promoção, prestígio, e pessoas de influência, mas a igreja depende de oração, do poder do Espírito, humildade, sacrifício e serviço.[67] O bem-aventurado no Reino de Deus é o humilde de espírito e não o arrogante. Bem-aventurado é o manso e não o bravo que tenta dominar os outros pela força e crueldade. O bem-aventurado no Reino de Deus é o que chora, e não o que faz os outros chorarem. O bem-aventurado no Reino de Deus é o puro de coração e não o conquistador. O maior no Reino de Deus é o que serve, e não aquele que é colocado num pedestal para ser bajulado.

Se nós estamos querendo construir a casa de Deus, devemos usar o plano certo. A igreja que imita o mundo pode ter sucesso no tempo, mas se cobrirá de cinzas na eternidade, porque sua obra não resistirá ao fogo.

Em quarto lugar, *devemos construir com a motivação certa* (3.21-23). Se quisermos construir do jeito que Deus quer, devemos construir com a motivação certa. E qual é a motivação certa de trabalhar na igreja e de edificar o santuário de Deus? É a glória de Deus! Toda vez que eu estou buscando a glória de homens ou querendo a glória de homens e colocando o homem no centro, eu estou tirando a glória que é de Deus. Então, a primeira motivação tem de ser a glória de Deus e quando a glória de Deus é a nossa motivação, não vai existir partido, não vão existir disputas nem querelas, não vai existir ninguém querendo ser mais importante que o outro dentro da igreja.

Os crentes de Corinto formavam partidos e comparavam homens (4.6) e assim dividiam a igreja. Mas se eles estivessem buscando unicamente a glória de Deus, lutariam pela unidade da igreja.

Paulo enfatiza que a igreja é herdeira de todas as coisas em Cristo. Paulo apela para a dignidade e o destino da igreja como correta motivação para se fazer a obra. Se nós todos somos possuidores de todas as coisas em Cristo, porque é que vamos entrar numa disputa de partidarismo dentro da igreja? Todas as coisas pertencem a todos os cristãos.

Não é a igreja que é nossa; nós é que somos da igreja. Não é a igreja que pertence ao ministro, mas o ministro que pertence à igreja, afirma Charles Hodge.[68] A igreja é riquíssima, ela é herdeira de Deus. Tudo que o Pai tem é do Filho. Cada crente tem todas as coisas em Cristo. Quão ricos nós somos em Cristo!

O pai disse para o filho mais velho, o irmão do filho pródigo: "Meu filho tudo o que eu tenho é seu". Paulo afirma: "Tudo é vosso e vós de Cristo e Cristo de Deus". Tudo é vosso: 1) O mundo – para habitar, estudar, usar, deleitar, conquistar. 2) A vida – como um dom diário de Deus, como uma preparação para a eternidade. 3) A morte – para pôr fim ao nosso sofrimento, para nos conduzir ao céu. 4) O presente – a providência, o cuidado, a direção. 5) O futuro – a vinda de Cristo, a ressurreição do corpo, o dia do julgamento, o céu, a vida eterna.

Notas do capítulo 3

[47] Wiersbe, Warren W. *Comentário bíblico expositivo*. Vol. 5. 2006: p. 754.
[48] Barton, Bruce B. et all. *Life application Bible commentary on Philippians, Colossians & Philemon*. Tyndale House Publishers. Wheaton, IL. 1995: p. 178.
[49] Hodge, Charles. *Commentary on the First Epistle to the Corinthians*. 1994: p. 49.
[50] Citado por Hodge, Charles. *Commentary on the First Epistle to the Corinthians*. 1994: p. 49.
[51] Rienecker, Fritz, e Rogers, Cleon. *Chave linguística do Novo Testamento grego*. 1985: p. 290.
[52] Barclay, William. *I y II Corintios*. 1973: p. 42.
[53] Morris, Leon. *1Coríntios: Introdução e comentário*. 1983: p. 50.
[54] Rienecker, Fritz, e Rogers, Cleon. *Chave linguística do Novo Testamento grego*. 1985: p. 290.
[55] Prior, David. *A mensagem de 1Coríntios*. 1993: p. 58.
[56] De Haan, M. R. *Studies in First Corinthians*. Zondervan Publishing House. Grand Rapids, MI. 1966: p. 35.
[57] Morris, Leon. *1Coríntios: Introdução e comentário*. 1983: p. 52.
[58] Hodge, Charles. *Commentary on the First Epistle to the Corinthians*. 1994: p. 51.
[59] Prior, David. *A mensagem de 1Coríntios*. 1993: p. 60.
[60] Morris, Leon. *1Coríntios: Introdução e comentário*. 1983: p. 52.
[61] Prior, David. *A mensagem de 1Coríntios*. 1993: p. 61.
[62] Barclay, William. *I y II Corintios*. 1973: p. 46.
[63] Wiersbe, Warren W. *Comentário bíblico expositivo*. Vol. 5. 2006: p. 757.
[64] Wiersbe, Warren W. *Comentário bíblico expositivo*. Vol. 5. 2006: p. 757-759.
[65] Prior, David. *A mensagem de 1Coríntios*. 1993: p. 62.
[66] Hodge, Charles. *Commentary on the First Epistle to the Corinthians*. 1994: p. 56.
[67] Wiersbe, Warren W. *Comentário bíblico expositivo*. Vol. 5. 2006: p. 758.
[68] Hodge, Charles. *Commentary on the First Epistle to the Corinthians*. 1994: p. 62.

Capítulo 4

As marcas do ministro da igreja
(1Co 4.1-21)

Assim como Paulo usou três imagens para a igreja no capítulo 3, também utiliza três figuras para descrever o ministro cristão. O obreiro é um mordomo que vive com fidelidade, um espetáculo ao mundo que revela humildade e um pai que demonstra amabilidade.[69]

É sobre esses três aspectos que vamos discorrer neste capítulo.

O ministro é um mordomo fiel (4.1-6)

Paulo ainda está corrigindo o mesmo problema identificado desde o capítulo 1, a divisão na igreja em virtude do culto à personalidade. O mundo estava entrando na igreja de Corinto e a filosofia do mundo conduzia os seus assuntos internos.

Corinto era uma cidade grega e o grande *hobby* dessa cidade era ir para a praça, a *ágora*, a fim de escutar os grandes filósofos e pensadores discutirem suas ideias e exporem a maneira como viam o mundo ao seu redor. Eles se identificavam com um ou outro líder, com esse ou aquele filósofo. Eles acabavam se tornando seguidores de homens. Centrando-se em seus líderes, os coríntios estavam prestando fidelidade a homens; homens de Deus é verdade, mas apenas homens. Essa era a maneira que o mundo se comportava e ensinava. Sempre que a igreja segue os grandes nomes e gira em torno de homens, está imitando o mundo.[70] Uma vez que eles estavam acostumados a vivenciar isso no mundo, queriam, agora, fazer o mesmo dentro da igreja. Por isso, diziam: Eu sou de Paulo, eu de Apolo, eu de Cefas e eu de Cristo.

Como Paulo combate essa ideia do culto à personalidade? Após afirmar que os obreiros da igreja são apenas servos ou diáconos, ele prossegue em seu argumento, dizendo que eles são escravos condenados à morte que trabalham sob as ordens de um superior (4.1). Vamos examinar alguns pontos importantes:

Em primeiro lugar, *o obreiro é um escravo sentenciado à morte*. Paulo escreve: "Assim, pois, importa que os homens nos considerem como ministros de Cristo" (4.1). A palavra "ministro" na língua portuguesa representa o primeiro escalão do governo. O ministro é uma pessoa que ocupa uma alta posição política, de grande projeção na liderança, e tem em suas mãos um grande poder e autoridade. Se olharmos a palavra "ministro" no campo religioso, estaremos falando de alguém que exerce a função de líder na igreja local. Todavia, a palavra usada pelo apóstolo Paulo para definir o ministro nos dá uma ideia totalmente contrária. A palavra grega usada é *huperetes*, que significa um remador de galés.⁷¹ Essa palavra era utilizada para a classe mais simples de servos.

Os ministros são meros servos de Cristo. Eles não têm autoridade procedente deles mesmos.⁷² A palavra *huperetes* só aparece aqui em todo o Novo Testamento. Nos grandes navios romanos existiam as galés, que eram porões onde trabalhavam os escravos sentenciados à morte. Aqueles escravos sentenciados à morte prestavam um serviço antes de morrer. Eles tinham os seus pés amarrados com grossas correntes e trabalhavam à exaustão sob o flagelo dos chicotes até à morte. Paulo diz que o ministro não deve ser colocado no pedestal como o dono da igreja ou como o capitão do navio, antes deve ser visto como um escravo que serve ao capitão até à morte. Paulo está dizendo para não colocarmos os holofotes sobre um homem, porque importa que os homens nos considerem como *huperetes* e não como capitães do navio. O obreiro da igreja é um escravo já sentenciado à morte, que deve obedecer as ordens do capitão do navio, o Senhor Jesus Cristo.

Em segundo lugar, *o obreiro é um mordomo que obedece as ordens do seu Senhor* (4.1). Paulo usa agora uma nova figura. Ele diz que o obreiro é um despenseiro ou mordomo. A palavra grega usada por Paulo é *oikonomos,* de onde vem a nossa palavra mordomo. O ministro é um despenseiro, aquele que toma conta da casa do seu senhor. Em relação ao dono da casa, o mordomo era um escravo, mas em relação aos outros serviçais, ele era o superintendente. Sua função era cuidar dos interesses do seu senhor. Ele cuidava da alimentação da casa. Ele prestava contas, não aos seus colegas, mas ao seu senhor.⁷³

Os mistérios de Deus representam aqui o evangelho, a Palavra de Deus. O mordomo ou *oikonomos* era a pessoa que cuidava da despensa, da dieta, da alimentação de toda a família. O *oikonomos* era um administrador, mordomo, dirigente de uma casa, com frequência um escravo de confiança que era encarregado de todos os negócios do lar. A palavra enfatiza que a pessoa recebe uma grande responsabilidade, pela qual deve prestar contas.[74] O que isso nos sugere?

a) Não era competência do mordomo prover o alimento para a família; essa era uma responsabilidade do dono, do senhor da casa. O ministro do evangelho não tem de prover o alimento, porque esse já foi providenciado. Esse alimento é a Palavra de Deus. Compete ao ministro dar a Palavra de Deus ao povo. O ministro não é o provedor, ele é o garçom que serve as mesas. Ele não coloca alimento na despensa, mas prepara o alimento e o serve. Ele não pode sonegar o alimento que está na despensa, ou adulterá-lo nem substituí-lo por outro.[75] Ele precisa ser íntegro e fiel, dando ao povo o mesmo alimento que o dono da casa proveu para a família.

Sabemos, porém, que é possível ter na despensa os melhores alimentos e, mesmo assim, ter na mesa a pior refeição. A competência do mordomo era pegar a riqueza do alimento que estava na despensa, que é a Palavra de Deus, e preparar uma refeição gostosa, saborosa, e balanceada: Leite para a criança, alimento sólido para aqueles que podem suportá-lo. Não é conveniente preparar a mesma refeição todos os dias. O ministro precisa ensinar todo o desígnio de Deus. Paulo diz: "Toda a Escritura é inspirada por Deus é útil para o ensino, para a repreensão, para a correção, para a educação na justiça, a fim de que o homem de Deus seja perfeito e perfeitamente habilitado para toda boa obra" (2Tm 3.16, 17).

b) Não era função do mordomo buscar nova provisão ou servir qualquer alimento que não fosse provido pelo senhor. A Palavra de Deus deve ser ensinada de formas variadas. Paulo diz para ensinarmos todo o conselho de Deus (At 20.27). Hoje, não temos mais profetas nem apóstolos como tinham as igrejas primitivas! Eles pregavam mensagens de revelação. Quando os profetas diziam *Assim diz o Senhor*, eles estavam recebendo uma mensagem inspirada, inédita, e nova da parte de Deus. E essa mensagem iria fazer parte do cânon das Escrituras.

Nos dias atuais, porém, nenhum homem e nenhuma mulher recebe mensagens novas de Deus. Tudo o que Deus tem para nós já está nas Escrituras. Mesmo que um anjo descesse do céu e pregasse outra mensagem que vá além daquela que está nas Escrituras, deve ser prontamente rejeitada e considerada como anátema! (Gl 1.6-9). A Bíblia já tem uma capa posterior. Ela já está concluída, fechada e é por isso que no livro do Apocalipse diz que nós não podemos acrescentar ou retirar mais nada do que nela está escrito (Ap 22.18,19). A pregação hoje não é revelável, mas expositiva. Você não acrescenta mais nada ao que está na Palavra, mas expõe apenas o que está na Palavra. Não recebemos mensagens novas, mas damos ao povo o conteúdo da Palavra de Deus já revelada.

c) A função do mordomo era servir as mesas com integridade. O ministro não é um filósofo que cria a sua própria filosofia. Não é assim o despenseiro. Ele não cria uma doutrina, uma teologia ou uma ideia a fim de aplicá-la e ensiná-la. Cabe a ele transmitir o que recebeu. E Paulo sempre usa essa expressão: "[Eu] vos entreguei o que também recebi" (1Co 15.3). O despenseiro não pode entregar o que não recebeu. E o que é que ele recebeu? É o que está na Palavra! Sendo assim, o despenseiro não podia mudar o alimento. De igual forma, nós não podemos mudar a mensagem. Também o despenseiro não podia adulterar o alimento, ou seja, ele não podia mudar o conteúdo, a substância, e a essência do alimento.

Nós não podemos mudar nem diluir a Palavra de Deus. Ainda, o despenseiro não podia acrescentar nenhum alimento no cardápio além daquele que estava na despensa. Nós não podemos pregar o evangelho e mais alguma coisa. É o evangelho, somente o evangelho e, todo o evangelho. Finalmente, o despenseiro não podia reter as iguarias que o senhor da casa havia provido para toda a casa, para toda a família. Ele tinha de distribuir todo o alimento que o seu senhor providenciara para a família e para o restante da casa. E isso significa dizer que o despenseiro precisa pregar para a igreja todo o conselho de Deus. Não pode pregar apenas as doutrinas da sua preferência. A melhor maneira de fazer isso é pregando expositivamente, livro por livro. Essa é a maneira mais adequada de se colocar na mesa todas as iguarias providenciadas pelo Senhor.

Em terceiro lugar, *o despenseiro precisa ser absolutamente fiel no exercício do seu trabalho*. A função do mordomo não era agradar às demais pessoas da casa, nem muito menos aos outros servos, mas ao seu senhor.[76] Diz o apóstolo Paulo: "Ora, além disso, o que se requer dos despenseiros é que cada um deles seja encontrado fiel" (4.2). De acordo com a filosofia dos gregos e a sabedoria do mundo, as pessoas valorizam a popularidade e o sucesso. Mas Deus requer dos despenseiros fidelidade. Sucesso sem fidelidade é consumado fracasso. No dia em que formos prestar contas da nossa administração, o que Deus vai pesar não é o critério do sucesso nem o da popularidade, mas o critério da fidelidade.

O que Deus requer do despenseiro não é sucesso nem popularidade, mas fidelidade: fidelidade ao Senhor, fidelidade à missão e fidelidade ao povo.

Em quarto lugar, *o despenseiro está exposto ao julgamento* (4.3-6). O ministro, na qualidade de mordomo, passa por três crivos de julgamento: O julgamento dos homens (4.3a), o julgamento próprio (4.3b,4a) e o julgamento de Deus (4.4b).[77]

a) O julgamento dos homens. Diz o apóstolo: "Todavia, a mim mui pouco se me dá ser julgado por vós, ou por tribunal humano" (4.3a). O julgamento dos homens não é o mais importante, porque nós não estamos servindo a homens, mas servindo a Deus. Paulo está dizendo que se ele fosse servo de homens ou procurasse agradar a homens, ele não seria servo de Cristo (Gl 1.10). O grande projeto do ministro de Deus não é ser popular aos olhos dos homens, mas fiel diante de Deus.

b) O julgamento da consciência (4.3b-4). Os filósofos gregos e romanos (Platão e Sêneca, por exemplo) consideravam a consciência como o juiz máximo do homem. Para Paulo, apenas Deus pode sê-lo.[78] O apóstolo Paulo continua: "[...] nem eu tampouco julgo a mim mesmo. Porque de nada me argúi a consciência; contudo, nem por isso me dou por justificado" (4.3b-4). Paulo diz que os gregos e os romanos estavam errados quanto a essa matéria. Platão e Sêneca estavam equivocados com respeito ao julgamento da consciência. O nosso supremo juiz não é a nossa consciência. Nós podemos ser aprovados pela nossa consciência e reprovados por Deus. A nossa consciência não é totalmente confiável.

c) O julgamento de Deus. Paulo conclui, dizendo: "[...] pois quem me julga é o Senhor" (4.4b). Por que é que o julgamento de Deus é o julgamento perfeito? Porque Deus é o único que conhece todas as circunstâncias e todas as motivações. O julgamento de Deus é final e perfeito.

Em quinto lugar, *a igreja precisa ter cuidado para não julgar os ministros apressadamente* (4.5,6). Paulo traz para a igreja de Corinto três tipos de repreensões erradas em relação aos ministros: julgar na hora errada (4.5), pelo critério errado (4.6) e pelo motivo errado (4.6b).[79]

a) O primeiro cuidado que a igreja precisa ter é de não julgar os servos de Deus no tempo errado (4.5). Paulo diz que é errado julgar os servos de Deus fora do tempo ou antecipadamente. Paulo diz que somente na segunda vinda de Cristo é que se terá o julgamento final e completo. Somente Deus pode julgar e conhecer o coração humano, pois só Ele vê o coração (1Sm 16.7) e não apenas a aparência. Paulo está combatendo a ideia de exercermos juízo e julgamento precipitado dentro da Igreja de Deus.

b) O segundo cuidado que a igreja precisa ter é de não julgar os servos de Deus pelo critério errado (4.6). Os crentes da igreja de Corinto estavam julgando por meio de critérios mundanos provenientes da sabedoria humana, pois uns diziam ser de Paulo, pelo fato de ele ter sido o fundador daquela igreja; e outros de Apolo, por ser esse um grande e eloquente pregador; e ainda outros de Cefas, pelo fato de serem eles judeus prosélitos e gostavam do rigor da lei judia. Os coríntios julgaram Paulo, Apolo e Pedro por suas preferências e preconceitos. Entretanto, Paulo diz que não devemos julgar uns aos outros por esses critérios. Veja o que diz o apóstolo Paulo: "Estas cousas, irmãos, apliquei-as figuradamente a mim mesmo e a Apolo por vossa causa, para que por nosso exemplo aprendais isto: não ultrapasseis o que está escrito; a fim de que ninguém se ensoberbeça a favor de um em detrimento de outro" (4.6). O que significa ultrapassar o que está escrito? Se você tem de examinar alguém, limite-se ao ensino das Escrituras. A única base de avaliação é a Palavra de Deus e não nossas opiniões. Não superestime os ministros além da medida das Escrituras.

c) O terceiro cuidado que a igreja precisa ter é de não julgar os servos de Deus com a motivação errada (4.6b). O grupo de Paulo estava desprezando o grupo de Apolo e o grupo de Apolo o grupo de Pedro. A maneira mais vil de me promover é criticar o meu irmão. Sempre que eu critico alguém estou promovendo a mim mesmo. Sempre que começo a macular a imagem do outro estou projetando a minha imagem e essa maneira de agir tem uma motivação errada. Nós não estamos na Igreja de Deus competindo uns com os outros. Não estamos disputando primazia. Não estamos disputando quem é mais importante. Essa motivação em querer derrubar uns a fim de erguer outros é totalmente carnal e mundana e jamais será aprovada por Deus. Não basta apenas a integridade na doutrina, é preciso também fidelidade nos relacionamentos.

O ministro é um espetáculo diante do mundo (4.7-13)

O ministro é um espetáculo para o mundo (4.9). Por que Paulo usa essa figura? Essa era uma imagem muito familiar para o povo do império romano.

Para o imperador romano manter a hegemonia do seu governo bastava dar ao povo pão e circo. Os imperadores procuravam trazer entretenimento e diversão para o povo. Criou-se, então, em quase todas as cidades do império romano anfiteatros onde se promoviam espetáculos para a população. O governo entretinha o povo, apresentando espetáculos nos anfiteatros nas várias cidades do império. E quando um general ia para a guerra e retornava vitorioso, ele acorrentava pelo pescoço os vencidos e entrava na sua cidade, montado em sua carruagem numa grande procissão trazendo os derrotados que eram sentenciados à morte e levados ao anfiteatro para serem lançados às feras ou passados ao fio da espada. Vejamos o que diz o apóstolo Paulo: "Porque a mim me parece que Deus nos pôs a nós, os apóstolos, em último lugar, como se fôssemos condenados à morte; porque nos tornamos espetáculo ao mundo..." (4.9).

A palavra grega *teatron*, "espetáculo" dá origem à nossa palavra "teatro". Paulo diz que o ministro cristão é o teatro do mundo, e que a sua vida se desenrola num palco e numa arena de morte. O coliseu romano se tornou o centro desses espetáculos, onde os cristãos eram colocados para lutar contra feras e expostos à morte. Essa é a figura que Paulo evoca para os apóstolos de Cristo. Os ministros não estão no pódio para os aplausos dos homens, mas na arena do teatro, para serem entregues à morte. Fritz Rienecker ensina que Paulo usa a ilustração para a humilhação e a indignidade a qual os apóstolos são sujeitados. Deus é aquele que comanda o espetáculo e utiliza as fraquezas de seus servos a fim de demonstrar Seu poder e força.[80]

Paulo faz quatro contrastes para revelar a sua ironia com a igreja de Corinto: reis-prisioneiros (4.7-9), sábios-loucos (4.10a), fortes-fracos (4.10b) e nobres-desprezados (4.10c-13).[81]

Em primeiro lugar, *reis e prisioneiros* (4.7-9). Visto que a igreja estava cheia de vanglória, Paulo ironiza os crentes de Corinto, dizendo: "Já estais fartos, já estais ricos; chegastes a reinar sem nós" (4.8). Paulo diz para eles: Vocês estão fartos e ricos demais! Eles estavam como a igreja de Laodiceia, satisfeitos com a sua espiritualidade. Pensavam que tinham tudo. Estavam cheios de vanglória. Eles tinham um alto conceito de si mesmos. Os coríntios pensavam que eles eram uma igreja de muito sucesso, muito madura e eficiente. Mas Paulo afirma que aquilo que você tem, é o que você recebeu. "Pois quem é que te faz sobressair? E que tens tu que não tenhas recebido? E, se o recebeste, por que te vanglorias como se o não tiveras recebido?" (4.7). Paulo está dizendo que não há margem para a vaidade, para a soberba e para o orgulho espiritual. Se Deus lhe deu um ministério de projeção, você não tem de ficar vaidoso com isso, isso não é seu. Não é devido aos seus méritos, não é devido à sua inteligência ou capacidade humana. É graça de Deus. E por que, então, você se vangloria como se fosse mérito seu?

Paulo começa a mostrar para aquela igreja que a teologia da glória é precedida pela teologia da cruz. E a grande bandeira do cristão é a teologia de João Batista que dizia: "Convém que ele [Jesus] cresça e que eu diminua" (Jo 3.30). Deus colocou os apóstolos em primeiro lugar na igreja, mas o mundo coloca os apóstolos em último lugar. Há três princípios na metáfora reis-escravos condenados. Se nós estamos sendo abençoados, outros estão sendo esbofeteados; se nós estamos sendo esbofeteados, isso vai abençoar outras pessoas; todos os cristãos são, ao mesmo tempo, reis e prisioneiros sentenciados à morte. Somos tanto reis quanto escravos. Somos ricos em Cristo e desprezados pelo mundo. Jamais alcançaremos a bem-aventurança plena aqui. Ainda somos humanos. Ainda estamos no mundo. Ainda somos mortais. Ainda estamos expostos ao pecado, ao mundo e ao diabo.

Em segundo lugar, *sábios e loucos*. O apóstolo diz: "Nós somos loucos por causa de Cristo, e vós sábios em Cristo"

(4.10b). Paulo usa uma linguagem de ironia, pois todos o consideravam um louco, pelo fato de ter deixado o judaísmo e o rabinado, uma carreira promissora de grandes vantagens, com muito dinheiro e sucesso, com muita projeção, para se tornar um homem andarilho, um itinerante que não tinha morada certa, que passava fome, sentia frio, era açoitado e preso. Imagino que diziam para ele: Tu és louco Paulo! Houve um momento em sua vida em que ele achava que ser sábio era se gloriar nas coisas que tinha (Fp 3.4-8). Mas ele considerou todas essas glórias do seu passado como esterco, como lixo, por causa da sublimidade do conhecimento de Cristo (Fp 3.8). Paulo era louco de acordo com o critério dos homens. Ele abandonou seu *status*, sua posição e suas vantagens. Contudo, na verdade, os coríntios que se consideravam sábios aos próprios olhos, eram tolos aos olhos de Deus.

Paulo diz: "Ninguém se engane a si mesmo; e se alguém dentre vós se tem por sábio neste século, faça-se estulto para se tornar sábio. Porque a sabedoria deste mundo é loucura diante de Deus" (3.18,19). O caminho para se tornar espiritualmente sábio é tornar-se tolo aos olhos do mundo. O mártir do cristianismo, Jim Elliot disse: "Não é tolo aquele que dá o que não pode reter, para ganhar o que não pode perder". Houve um momento em que Paulo confiou na sua força, mas depois que Cristo o salvou, ele passou a gloriar-se apenas em sua fraqueza (2Co 12.7-10).

Em terceiro lugar, *fracos e fortes*. Diz o veterano apóstolo: "[...] nós fracos, e vós fortes" (4.10b). Aos olhos de Deus os apóstolos são os primeiros (1Co 12.28), mas aos olhos do mundo, eles são os últimos. A igreja de Corinto se considerava forte, poderosa e Paulo chegou a dizer que teve um tempo em sua vida em que ele se achava forte e poderoso. Nesse tempo ele perseguiu a igreja. Mas agora, ele se considera fraco e se gloria na sua fraqueza. Assim, Paulo mostra à igreja que o alto conceito que ela possuía de si mesma era uma cortina de fumaça e uma máscara. Os coríntios estavam cheios de orgulho por causa da sua espiritualidade, mas isso era fraqueza aos olhos de Deus. Não há poder onde Deus não recebe a glória.

Em quarto lugar, *honrados e desprezados* (4.10c-13). Os crentes de Corinto queriam glória vinda dos homens. Eles se consideravam importantes por estarem associados a homens famosos. Mas Paulo lhes diz que os apóstolos não são nobres, mas desprezados. Os crentes de Corinto ficavam todos empavonados, dizendo: "Nós somos de Paulo. Ou nós somos do grupo de Apolo. Ou ainda nós somos importantes porque pertencemos ao grupo de Pedro". Paulo diz que nós não devemos achar que somos importantes por pertencermos ao grupo de homens famosos. Os apóstolos não são famosos, disse Paulo; os apóstolos são desprezados: "[...] vós nobres, e nós desprezíveis" (4.10c). Ele diz que os apóstolos enfrentam privações: "[...] sofremos fome, e sede, e nudez" (4.11). E os apóstolos ainda sofrem maus-tratos: "[...] e somos esbofeteados, e não temos morada certa" (4.11). E Paulo conclui: "[Somos] caluniados, procuramos conciliação; até agora, temos chegado a ser considerados lixo do mundo, escória de todos" (4.13). Paulo diz aos crentes de Corinto para não colocarem os holofotes nos homens, porque assim como os homens trataram Jesus, o Filho de Deus, e o prenderam e lhe cuspiram, levando-o a cruz, assim também tratarão os apóstolos. Nossa vida está sendo observada por homens e anjos. Nós somos jogados nas arenas para enfrentarmos a própria morte, como escravos condenados.

O ministro é um pai amoroso (4.14-21)

A última figura que Paulo usa nesse capítulo é a figura de um pai que precisa exercer doçura e temor. Paulo já tinha comparado a igreja local a uma família (3.1-4), mas agora sua ênfase é sobre o ministro como um pai espiritual. Paulo dá uma guinada de 180 graus, saindo de uma severidade imensa, onde usou de ironia, para uma figura repleta de doçura, a figura de um pai. A severidade de Paulo dá lugar à ternura. Ele agora se dirige à igreja como um pai aos seus filhos.

Normalmente quando temos de usar a vara para disciplinar nossos filhos, choramos mais do que eles. Sofremos e sentimos mais do que eles. Parece que é isso que Paulo está sentindo, pois ele acabara de disciplinar severamente a igreja, chamando a atenção dos crentes de maneira dura. Agora, ele se volta cheio de ternura, doçura, mansidão e carinho dirigindo-se à igreja como filhos amados. Vejamos como ele escreve: "Não vos escrevo estas cousas para vos envergonhar; pelo contrário, para vos admoestar como a filhos meus amados" (4.14). O que é um pai espiritual?

Em primeiro lugar, *o pai é aquele que gera os filhos pelo evangelho* (4.14,15). Paulo fala do pai espiritual: "Porque, ainda que tivésseis milhares de preceptores em Cristo, não teríeis, contudo, muitos pais; pois eu pelo evangelho vos gerei em Cristo" (4.15). A palavra "preceptor" aqui é *paidagogos*. É o escravo que tinha a responsabilidade de cuidar de uma criança e conduzi-la à escola. Ele não era o professor, mas aquele que levava o filho à escola e o deixava aos pés do mestre. E Paulo diz: Vocês podem ter muitos que levam instrução até vocês ou, levam vocês à instrução. Porém, vocês só têm um pai. A minha relação com vocês é estreita, sentimental, familiar, e íntima. É uma relação de coração e de alma. Eu sou o pai de vocês! Eu gerei vocês!

Em segundo lugar, *o pai é aquele que é um exemplo para os filhos* (4.16,17). Paulo diz: "Admoesto-vos, portanto, a que sejais meus imitadores" (4.16). A palavra "imitadores", no grego, é *mimetai,* de onde vem a palavra mimetismo, mímica. Ou seja, você ensina o filho não apenas por aquilo que você diz, mas, sobretudo, por aquilo que você faz. Os filhos aprendem primeiro pelo exemplo, depois pela doutrina. Albert Schweitzer, um grande pensador alemão, declara que o exemplo não é apenas uma forma de ensinar, mas a única forma eficaz. Paulo podia ser exemplo para os seus filhos e os seus filhos podiam imitá-lo porque ele imitava a Cristo. Ele diz: "Sede meus imitadores, como também eu sou de Cristo" (11.1).

Em terceiro lugar, *o pai é aquele que é fiel em disciplinar os filhos* (4.18-21). O pai é aquele que gera, que ensina pelo exemplo e também, o que disciplina com amor. Veja o que diz o apóstolo Paulo: "Alguns se ensoberbeceram, como se eu não tivesse de ir ter convosco; mas, em breve, irei visitar-vos, se o Senhor quiser, e, então, conhecerei não a palavra, mas o poder dos ensoberbecidos. Porque o reino de Deus consiste não em palavra, mas em poder. Que preferis? Irei a vós outros com vara ou com amor e espírito de mansidão?" (4.18-21).

Há um momento em que a intolerância precisa ter um fim. Há um momento em que a única forma de alcançar o coração do filho é o expediente da disciplina. Reter a vara do filho é pecar contra ele. Aborrece a alma do filho o pai que retém a disciplina. Chega um momento em que um pai responsável precisa disciplinar os seus filhos. Um pai que ama não pode ser indulgente com os filhos. O pai não apenas dá exemplo e ensina, mas também disciplina os filhos quando eles se tornam rebeldes.

Paulo diz que existia dentro da igreja uma dicotomia, um hiato, um abismo entre o que os cristãos falavam e o que eles viviam. Paulo contrasta discurso e poder, palavras e obras (4.19,20). Os crentes de Corinto não tinham problema com discursos pomposos, mas eles não tinham poder. Falavam, mas não viviam. Havia um abismo entre o que falavam e o que praticavam. Eles eram uma igreja falante e eloquente, mas não praticante. Então Paulo lhes diz que o problema não é falar, mas viver, pois o Reino de Deus não consiste em palavra, mas em poder! Não adianta você falar bonito, ter um discurso bonito, não adianta ser eloquente, fanfarrão, tocar trombeta! O Reino de Deus é poder, é vida, é transformação.

Em quarto lugar, *o pai é aquele que dá afeto e carinho aos filhos* (4.14,21). O pai gera, dá exemplo, disciplina, e também dá carinho. O filho que só apanha fica revoltado e recalcado. O filho que só recebe carinho fica mimado e imaturo. Precisamos dosar disciplina com ternura. Tem o tempo certo de usar a vara e o tempo certo de pegar o filho no colo. Precisamos equilibrar correção com encorajamento. Paulo pergunta: "Que preferis? Irei a vós outros com vara, ou com amor, e espírito de mansidão?" Paulo era aquele homem de coração doce e cheio de ternura, um pai que tinha vontade de colocar os filhos no colo. Precisamos desenvolver esse sentimento de proximidade, de intimidade e de amabilidade na igreja.

Veja a intensidade dos sentimentos desse apóstolo veterano. Quando ele escreve aos gálatas, afirma: "[...] meus filhos, por quem, de novo, sofro as dores de parto, até ser Cristo formado em vós" (Gl 4.19). A figura que ele usa é a de uma mãe dando a luz. Depois ele diz aos presbíteros de Éfeso, que ele era aquele pai que exortava dia e noite com lágrimas a cada um (At 20.31). Ele ainda disse aos tessalonicenses que ele era como uma ama, que acaricia os filhos (1Ts 2.7).

Notas do capítulo 4

[69] Wiersbe, Warren W. *Comentário bíblico expositivo.* Vol. 5. 2006: p. 760-765.
[70] Prior, David. *A mensagem de 1Coríntios.* 1993: p. 65.
[71] Barclay, William. *I y II Corintios.* 1973: p. 48.
[72] Hodge, Charles. *Commentary on the First Epistle to the Corinthians.* 1994: p. 64.
[73] Prior, David. *A mensagem de 1Coríntios.* 1993: p. 65.
[74] Rienecker, Fritz, e Rogers, Cleon. *Chave linguística do Novo Testamento grego.* 1985: p. 292.
[75] Hodge, Charles. *Commentary on the First Epistle to the Corinthians.* 1994: p. 65.
[76] Wiersbe, Warren W. *Comentário bíblico expositivo.* Vol. 5. 2006: p. 760.
[77] Wiersbe, Warren W. *Comentário bíblico expositivo.* Vol. 5. 2006: p. 760.
[78] Prior, David. *A mensagem de 1Coríntios.* 1993: p. 66.
[79] Wiersbe, Warren W. *Comentário bíblico expositivo.* Vol. 5. 2006: p. 761.
[80] Rienecker, Fritz, e Rogers, Cleon. *Chave linguística do Novo Testamento grego.* 1985: p. 293.
[81] Wiersbe, Warren W. *Comentário bíblico expositivo.* Vol. 5. 2006: p. 762.

Capítulo 5

O exercício da disciplina na igreja
(1Co 5.1-13)

No capítulo 5, Paulo fala sobre a doutrina da disciplina na igreja. Esse não é um assunto fácil nem popular, mas é necessário. Onde não há correção nem disciplina, não há amor responsável.

O fracasso da disciplina hoje pode ser explicado em parte porque estamos ligando o alarme contra o incêndio depois que o fogo já se alastrou. Lembra-se do sacerdote Eli, que julgou Israel quarenta anos? Ele é denunciado por honrar mais seus filhos do que a Deus (1Sm 2.29). O amor de Eli por Hofni e Fineias, seus filhos, foi, talvez, um amor intenso, mas não responsável. Por isso, seus filhos se perderam.

Lembra-se de Davi? Ele amava os seus filhos. Ele foi capaz de chorar amargamente com a morte de Absalão, mas não tinha disposição de disciplina-lo de maneira correta. Somos informados que Davi nunca contrariou o seu filho Adonias (1Rs 1.6).

João Calvino chegou a dizer que uma das marcas da verdadeira igreja é a correta aplicação da disciplina bíblica. Precisamos olhar para esse assunto com muito cuidado e zelo, porque, via de regra, a questão da disciplina tem sido mal empregada na Igreja de Deus. Há dois extremos perigosos quanto à questão da disciplina na igreja: Ela é aplicada com displicência ou com rigor desmesurado.

Em alguns lugares os líderes fazem vista grossa ao pecado, tolerando-o ou passando por cima de situações que trazem desonra ao nome de Deus e escândalo aos olhos do mundo. Esse foi o erro da igreja de Corinto. Mas existe também o risco de se aplicar a disciplina sem amor e com rigor excessivo, proibindo até mesmo aquilo que a Palavra de Deus não condena. Muito da disciplina que é aplicada nas igrejas, hoje, é aplicada em cima de usos e costumes, e não em questões vitais de desobediência, de rebeldia e de pecado.

O uso da disciplina não pode ser abusivo. Ricardo Gondim, no seu livro *É proibido*, narra uma história muito triste de um pastor que tinha um ministério reconhecido e tomava conta de várias igrejas. Certo dia recebeu em sua casa vários obreiros para uma reunião de liderança. Enquanto conversava animadamente com os líderes, sua esposa chegou e interrompeu a reunião, sussurrando em seu ouvido algumas palavras: "A nossa filha cortou o cabelo". O pastor, imediatamente, deixou os obreiros na sala, dirigiu-se ao quarto da filha tomado por fúria. Sua filha, de dezoito anos havia tosado as pontas do cabelo. O pastor, irado, e sem qualquer controle emocional, vociferou para a filha assustada: "O que é que você quer fazer comigo, menina? Você quer destruir meu ministério?" Bruscamente arrancou o cinto da calça e começou a bater na filha descontroladamente, deixando vergões ensanguentados no corpo dela. Após castigá-la com os açoites, olhou para ela e disse: "Enquanto você estiver debaixo do meu teto, eu não tolero tamanho insulto e tão grave pecado". Depois dessa vergonhosa cena, deixou a filha machucada no quarto e voltou para a reunião para tratar dos assuntos da igreja. Quinze minutos mais tarde sua esposa voltou, novamente, agora, desesperada para lhe dar outra notícia. A moça de dezoito anos havia jogado álcool em si mesma e incendiado o próprio corpo. Para espanto do pastor, meia hora depois, sua filha estava morrendo em um pronto-socorro de um hospital. Esse é o tipo de disciplina que não tem base na Bíblia. Muitas vezes, se aplica uma disciplina rigorosa, sem amor, condenando uma prática que não passa de usos e costumes.

Vamos observar algumas lições importantes no texto em tela.

A igreja numa cultura em decadência (5.1)

A igreja está inserida numa cultura em decadência. Essa não era apenas uma realidade da igreja de Corinto, mas, também é a condição da igreja contemporânea. A igreja é uma contracultura dentro de uma cultura decadente. A sociedade secular não conhece os princípios de Deus, não ama os valores absolutos de Deus nem está sujeita à lei de Deus. Vamos destacar alguns pontos:

Em primeiro lugar, *a sensualidade desregrada* (5.1). Corinto era uma cidade moralmente decadente. William

Barclay diz que em matéria sexual os pagãos não conheciam o significado da castidade. Os cristãos eram como uma pequena ilha de cristianismo rodeada por todos os lados por um mar de paganismo.[82] Em Corinto estava um dos principais templos dos cultos gregos. Ali ficava o templo de Afrodite, a deusa grega do amor e do sexo. Nesse templo havia cerca de mil prostitutas cultuais que prestavam uma espécie de serviço litúrgico àquela divindade pagã por meio da prostituição. A libertinagem e a promiscuidade prevaleciam na cidade de Corinto. Aquelas prostitutas desciam do templo para o cais, onde navios aportavam, e mantinham relações sexuais com os marinheiros que chegavam diariamente de todas as partes do mundo. Da cidade de Corinto se levantava o mau cheiro da prostituição e de toda sorte de degradação sexual. Lá em Corinto, também, ficava o maior monumento de Apolo, uma figura que expressava a beleza do corpo masculino e sugestionava o povo à prática da homossexualidade. Corinto era uma cidade profundamente marcada pela homossexualidade e Paulo testemunha que muitos membros da igreja haviam sido arrancados das garras da homossexualidade pelo poder do evangelho (6.9,10).

Em segundo lugar, *vejamos três níveis de degradação* (5.9,10). Corinto era uma cidade marcada pelo adultério e até mesmo pela chantagem sexual dentro do casamento (7.3-5). A sensualidade desregrada era de certa forma o pano de fundo desse grave escândalo dentro da igreja.

❖ Há outro aspecto que quero ressaltar. Veja o que Paulo diz: "Já em carta vos escrevi que não vos associásseis com os impuros; refiro-me, com isto, não propriamente aos impuros deste mundo, ou aos avarentos, ou roubadores, ou idólatras; pois neste caso, teríeis de sair do mundo" (5.9,10). Você percebe aí três níveis de degradação.

❖ O pecado contra si mesmo, é o pecado da impureza.
❖ O pecado contra o próximo, é o pecado da avareza e do roubo.
❖ O pecado contra Deus, é o pecado da idolatria.

Veja que a sociedade de Corinto não tinha referencial em relação a si mesma, em relação ao próximo e em relação a Deus. Era uma sociedade sem rumo e sem absolutos. A igreja vivia numa cultura em decadência.

Quando o pecado invade a igreja (5.1)

Deus chamou a igreja do mundo para influenciar o mundo e ser luz no mundo. O grande problema é quando a igreja é seduzida e influenciada pelo mundo a ponto de perder sua influência e seus valores. Era isso que estava acontecendo na igreja de Corinto. Vejamos alguns pontos:

Em primeiro lugar, *Paulo denuncia o pecado do incesto* (5.1). O incesto é condenado pela lei de Deus (Lv 18.5). Um homem estava tendo relações sexuais com a mulher do seu pai e a igreja em vez de disciplinar esse faltoso se orgulhava dessa loucura. Não podemos saber à luz desse texto se essa mulher ainda estava casada com o pai desse rapaz ou se já o havia deixado ou mesmo se era a viúva do seu pai. De qualquer maneira havia um preceito na lei de Moisés, que um homem não podia se deitar com a mulher de seu pai; fosse ela sua mãe ou madrasta. Tanto a lei rabínica quanto a lei romana também proibiam tais casamentos. Isso era abominável aos olhos de Deus.[83] O tempo presente do verbo "possuir" enfatiza a possessão contínua. Eles estavam vivendo como marido e mulher sem estarem casados.[84]

Em segundo lugar, *o incesto violava os próprios princípios do mundo* (5.1). A imoralidade, *porneia*, denunciada por Paulo nesse versículo 1, não é apenas o adultério, mas, sobretudo, o incesto.[85] Paulo recrimina a igreja e denuncia o pecado de incesto desse jovem, dizendo que nem os pagãos ousavam cometer tamanha torpeza. Paulo diz que o incesto é condenável não apenas pela lei de Deus, mas também, pelos princípios do mundo. Diz o apóstolo: "Geralmente, se ouve que há entre vós imoralidade e imoralidade tal, como nem mesmo entre os gentios, isto é, haver quem se atreva a possuir a mulher de seu próprio pai" (5.1). Nem mesmo a sociedade frouxa e permissiva de Corinto aprovava esse pecado de incesto. Nem mesmo a sociedade permissiva e promíscua de Corinto estava acostumada com esse tipo de pecado de um homem chegar a possuir a mulher de seu próprio pai.

Por que é que Paulo denuncia o homem e não a mulher? Embora o texto não nos deixe claro isso, mas, todos os intérpretes praticamente aceitam o fato de que Paulo não está censurando essa mulher porque ela não era membro da igreja. Ainda era uma pagã e não fazia parte da família da fé. A disciplina eclesiástica não é para os de fora da igreja. A igreja não tem jurisdição sobre aqueles que não fazem parte da família da fé.[86] Disciplina é para os membros da igreja. Paulo diz: "Os de fora, porém, Deus os julgará" (5.13). Cabe-nos julgar aqueles que estão dentro da igreja, e são membros da igreja.

O que Paulo mostra nesse versículo é que o crente quando peca, peca contra uma luz maior. O pecado do crente é um pecado mais hipócrita, mais danoso, e mais condenável.

Quando um crente peca, está pecando contra o conhecimento. O crente sabe que o pecado é errado, reprovado por Deus e danoso à saúde espiritual da igreja. Portanto, quando um crente se entrega ao pecado, o julgamento sobre ele será mais severo.

A atitude errada da igreja em relação ao pecado (5.1,2,6)
Paulo destaca quatro atitudes erradas em relação ao pecado.

Em primeiro lugar, *fazer concessão ao pecado* (5.1). Duas coisas estão provocando tristeza no apóstolo Paulo. Primeiro é o fato da concessão ao pecado. Um membro da igreja chegou a ponto de cometer um pecado pior do que o pecado cometido no mundo. No entanto, a maior tristeza de Paulo foi a reação e a atitude da igreja em relação ao pecado do jovem incestuoso. Diz Paulo: "E, contudo, andais vós ensoberbecidos e não chegastes a lamentar, para que fosse tirado do vosso meio quem tamanho ultraje praticou?" (5.2).

Em segundo lugar, *não lamentar nem chorar pelo pecado* (5.2). O grande problema que Paulo viu na igreja foi que os crentes não lamentaram o grave pecado de incesto cometido por esse moço. A palavra grega *penthein*, "lamentar" aqui é a palavra chorar o choro amargo de um funeral.[87] Paulo está dizendo: Como vocês choram nos funerais, deveriam também chorar pelo pecado. Esse pecado deveria provocar em vocês uma dor tão aguda e tão forte quanto a dor que vocês enfrentam na hora do luto. Porém, em vez de chorar, a igreja estava ensoberbecida. Ela se avaliava e dava nota máxima a si mesma. Julgava-se uma igreja de mente aberta, onde as pessoas tinham plena liberdade e nenhuma espécie de restrição. Nada de imposições, nada de regras, nada de princípios e nada de fiscalizar a vida alheia, diziam eles. Hoje, também, nós só choramos nos funerais, mas não derramamos nenhuma lágrima pelos escândalos e estragos que o pecado faz no meio da igreja.

Em terceiro lugar, *ficar ensoberbecido pelo pecado* (5.2,6). O que estava acontecendo é que a igreja não apenas tolerava o pecado, mas, também estava vaidosa por causa dele. Paulo reprova a igreja, dizendo: "Não é boa a vossa jactância" (5.6). Que coisa estranha nessa igreja! Ela não estava neutra nem indiferente em relação ao pecado, mas ensoberbecida e jactando-se por causa dele.

A nossa sociedade, de modo semelhante à sociedade de Corinto, não tolera absolutos. Cada um quer viver a sua vida. Cada um é dono das suas decisões. Cada um faz suas escolhas. O mundo é plural. Nesse mundo, a disciplina está cada vez mais difícil. Você chama a atenção de um membro faltoso da igreja e ele diz: "Eu não quero que ninguém me incomode. Sou dono da minha vida e não permito que ninguém interfira nas minhas escolhas. Se vocês não estão satisfeitos com minha conduta aqui, eu vou para outra igreja". E o pior, na outra igreja, esse membro faltoso, sem nenhum sinal de arrependimento, é recebido com festa!

Em quarto lugar, *não aplicar a disciplina* (5.2). Paulo mostra à igreja que a concessão ao pecado é uma atitude errada. Em vez de estarem chorando e lamentando pelo pecado, eles estavam ensoberbecidos. Por causa da atitude errada da igreja, ela deixou de aplicar a disciplina ao membro faltoso. "[...] e não chegastes a lamentar, para que fosse tirado do vosso meio quem tamanho ultraje praticou?" (5.2). Sempre que a igreja tem uma visão equivocada do pecado, ela falha na aplicação da disciplina.

O perigo do pecado na igreja (5.6)

Qual é o perigo do pecado na igreja? Quero destacar duas coisas.

Em primeiro lugar, *a contaminação interna*. Paulo diz: "Não é boa a vossa jactância. Não sabeis que um pouco de fermento leveda a massa toda?" (5.6). Paulo usa aqui a figura do fermento. Um pouco de fermento tem a capacidade de penetrar em toda a massa e fazer toda a massa crescer. O fermento penetra e influencia toda a massa. Paulo está dizendo que o pecado tem o mesmo efeito do fermento.

A tolerância com o pecado dentro da igreja tem o mesmo efeito do fermento. Assim como o fermento, o pecado também vai penetrando, se enraizando, se infiltrando, influenciando e contaminando toda a massa. Às vezes, pensamos o contrário. Uma laranja podre num saco de laranjas saudáveis pode apodrecê-las todas. Contudo, as laranjas saudáveis não poderão restaurar a laranja apodrecida. Se a questão do pecado não for tratada de maneira correta, esse pecado vai contaminar e fermentar toda a igreja. Paul diz que o pecado é sobremaneira maligno e ele pode contaminar toda a massa (Rm 7.13).

Em segundo lugar, *o enfraquecimento externo* (5.7). Paulo diz: "Lançai fora o velho fermento, para que sejais nova massa, como sois, de fato, sem fermento. Pois também Cristo, nosso Cordeiro pascal, foi imolado" (5.7). O que Paulo está dizendo? O que ele está dizendo é que aqueles irmãos convertidos em Cristo eram massa sem fermento. Portanto, eles deviam lançar fora o velho fermento que estava ameaçando a igreja. Por que é que a igreja deveria jogar fora o velho fermento? Porque quando a igreja tolera o pecado, ela perde a santidade, a autoridade e o poder. O pecado destrói o testemunho da igreja.

Como a igreja deve administrar a disciplina

Destacamos seis pontos:

Em primeiro lugar, *a disciplina é um ato imperativo* (5.2,13). A disciplina é um ato imperativo; e não uma opção. É por isso que o reformador João Calvino compreendia que uma igreja onde a disciplina era negligenciada falhava em ser uma igreja genuína. A disciplina é uma ordem de Deus. Paulo escreve: "[...] e não chegastes a lamentar, para que fosse tirado do vosso meio quem tamanho ultraje praticou?" (5.2). Tirado do meio! Paulo é ainda mais enfático: "Os de fora, porém, Deus os julgará. Expulsai, pois, de entre vós o malfeitor" (5.13). Esse caso aqui é um caso de excomunhão, de tirar da comunhão da igreja, de não fazer concessão.

Em Mateus 18.17 vemos os passos da disciplina na igreja: o confronto pessoal, o confronto por intermédio de duas testemunhas e o confronto coletivo por toda a igreja. Porém, se o faltoso não se arrepender, deve ser considerado como gentio e publicano, ou seja, deve ser tirado da comunhão da igreja. Esse é o processo da disciplina bíblica.

Em segundo lugar, *a disciplina é um ato coletivo* (5.3-5). A disciplina não pode ser apenas um ato da liderança, mas de toda a comunidade. Se os membros da igreja não referendarem a disciplina, ela gera mais doença do que cura (5.4).

A disciplina precisa ser feita em nome de Jesus e no poder de Jesus (5.4). A igreja ao se reunir para disciplinar um crente faltoso deve estar reunida em nome de Jesus e no poder de Jesus. É dentro dessa ambiência que a disciplina é aplicada. Agora imaginem se Paulo desse uma ordem para disciplinar esse membro faltoso e a igreja dissesse que ele não deveria ser disciplinado.

Imagine se os membros da igreja começassem a dizer que Paulo estava errado, e que não poderiam apoiá-lo nesse propósito. O que aconteceria na igreja? Certamente o crente faltoso não se humilharia e toda a igreja seria contaminada pelo fermento do seu pecado. É importante entender esse princípio da coletividade na aplicação da disciplina. A disciplina precisa ser feita em nome de Jesus, no poder de Jesus e com a participação de toda a igreja.

Em terceiro lugar, *a disciplina é um ato restritivo e preventivo* (5.9-11). Preste atenção em um ponto importante! A igreja de Corinto estava dividida quando deveria estar unida; e estava unida quando deveria estar dividida. Ela estava dividida quando deveria estar profundamente unida. Na igreja de Corinto havia quatro partidos: O de Paulo, o de Apolo, o de Cefas e o de Cristo. Paulo disse que Cristo não estava dividido. Temos de ser um só. Ela estava dividida quando precisava estar unida.

No entanto, agora, a igreja estava unida na concordância com o pecado. Ela estava unida quando não podia estar unida. O mundanismo dividiu quando deveria unir e uniu quando deveria dividir (5.9-11). Paulo já havia orientado os crentes de Corinto a não se associarem com os impuros. Obviamente, ele não se referiu aos impuros do mundo, porque nesse caso, eles teriam de sair do mundo. O que Paulo disse é que eles não podiam se associar com membros da igreja que estavam vivendo de maneira desregrada.

Vejamos o que ensina o apóstolo: "Mas, agora, vos escrevo que não vos associeis com alguém que, dizendo-se irmão, for impuro, ou avarento, ou idólatra, ou maldizente, ou beberrão, ou roubador; com esse tal, nem ainda comais" (5.11).

Paulo fala que há um momento em que a igreja precisa exercer um ato preventivo de disciplina. Ou seja, não se associar, não se misturar, não se tornar parceira com gente que está dentro da igreja, mas está vivendo uma vida totalmente desregrada, em desacordo com as Escrituras Sagradas. A separação não significa ser antisssocial (5.9,10). Podemos ter amigos fora da igreja. Não precisamos cortar nosso relacionamento com eles. Precisamos influenciá-los e ganhá-los para Cristo. Jesus chocou os fariseus e escribas, porque entrava na casa de publicanos e pecadores e comia com eles. Porém, Paulo é categórico em ordenar os crentes a se afastarem daqueles que estão dentro da igreja, e ao mesmo tempo querem viver uma vida desregrada. Isso é disciplina preventiva! A igreja precisa se posicionar contra o pecado e se não houver arrependimento, precisa agir disciplinarmente.

Em quarto lugar, *a disciplina é um ato de juízo* (5.5). Como é que a disciplina deve ser feita na igreja? A disciplina é um ato de juízo. Paulo diz: "[...] em nome do Senhor Jesus, reunidos vós e o meu espírito, com o poder de Jesus, nosso Senhor, entregue a Satanás para a destruição da carne, a fim de que o espírito seja salvo no dia do Senhor [Jesus]" (5.4,5). O verbo "entregar" usado por Paulo tem o sentido jurídico. Parece uma excomunhão com especial referência à aflição do corpo por Satanás.[88] Paulo não está mandando a igreja aplicar a disciplina na carne. A disciplina deve ser feita em nome de Jesus e em união com os crentes. Assim, a disciplina é um ato seriíssimo, grave, e que se deve aplicar com cautela. Ela deve ser aplicada no poder de Jesus, e em nome de Jesus e não na carne.

Paulo diz para entregar o faltoso a Satanás para a destruição da carne (5.5). O que é isso? Esse versículo tem sido uma espinha na garganta dos exegetas e dos intérpretes. O que seria entregar essa pessoa "[...] a Satanás para a destruição da carne, a fim de que o espírito seja salvo no dia do Senhor [Jesus]"? Os melhores intérpretes entendem que isso significa exclusão da comunhão da igreja.

A igreja é onde predomina o governo de Deus. O mundo é o reino de Satanás. Entregar a Satanás significa tirar a pessoa da jurisdição, da comunhão e da proteção da igreja. A comunhão na igreja tem um valor muito importante porque a igreja é um instrumento e uma agência do Reino de Deus. E o que é o Reino de Deus? É o governo de Deus sobre as pessoas.

Quando uma pessoa entra na comunhão da igreja, ela entra no Reino, nasce de novo, nasce de cima, nasce do Espírito. E o que acontece? A partir daí, ela está debaixo do governo de Cristo e das bênçãos do pacto de Deus. Ela está numa cidade refúgio, protegida de muitos males aleivosos de Satanás. A igreja é uma grande protetora da nossa vida! Pertencer à igreja é uma bênção. Por isso, não há crente isolado. Somos membros do corpo de Cristo. Paulo diz que a igreja é protetora. Por isso, quando um crente é disciplinado e excluído da igreja, ele volta à influência daquele que está reinando e governando lá fora. Satanás é o príncipe da potestade do ar. Ele é o deus deste século. Satanás está reinando nas trevas. A exclusão da igreja expõe o membro faltoso à ação de Satanás.

Nessa mesma linha de pensamento John White e Ken Blue afirmam:

> Membros do corpo de Cristo desfrutam proteção dentro desse corpo. A igreja oferece proteção à malícia de Satanás. Não estamos imunes aos seus ataques, mas também não estamos expostos e desamparados diante dele. Ele pode atacar, mas ele nos ataca como membros de um exército inimigo, o exército do Cristo vitorioso. Ser entregue a Satanás significa não marchar mais na fila desse exército. Ao invés disso, ficar isolado, de sorte que a proteção é removida.[89]

É importante ressaltar que Satanás, além de não ter todo o poder, ainda está debaixo da soberania de Deus. Isso é maravilhoso! Satanás está sendo um instrumento da soberania de Deus no exercício da disciplina desse membro faltoso. O objetivo da disciplina é a restauração e a salvação do membro faltoso. Satanás acaba cumprindo os propósitos soberanos de Deus. O membro faltoso não perde a salvação com a disciplina. A igreja não administra a salvação. A salvação é dom de Deus e é Deus quem dá e quando Ele a dá, não tira. O propósito da disciplina não é a condenação do membro, mas sua restauração.

Em quinto lugar, *a disciplina é um ato preventivo* (5.7,8,12,13). A disciplina é um ato preventivo. Ela protege os demais membros da igreja. Paulo escreve: "Lançai fora o velho fermento, para que sejais nova massa..." (5.7). Se você não lançar o velho fermento fora, você não vai ser nova massa. A massa vai ser contaminada. Paulo continua: "Por isso, celebramos a festa não com o velho fermento, nem com o fermento da maldade e da malícia e sim com os asmos da sinceridade e da verdade" (5.8). Paulo prossegue: "Pois com que direito haveria eu de julgar os de fora? Não julgais os de dentro?" (5.12). A igreja deve julgar os seus membros e não os de fora da igreja. Paulo conclui: "Os de fora, porém, Deus os julgará. Expulsai, pois, de entre vós o malfeitor" (5.13).

O que é tirar o fermento? Tirar o fermento não é apenas tirar o pecador. É tirar o pecado. Lembra quando Pedro queria afastar Jesus da cruz? Jesus disse o seguinte: "Arreda Satanás [...] porque não cogitas das coisas de Deus e sim das dos homens" (Mt 16.23). O interessante é que Jesus mandou arredar Satanás e não Pedro. Jesus não disse: Arreda Pedro, e fica Satanás! Foi o contrário. Arreda Satanás, mas Pedro fica. Pedro era discípulo e nele Jesus continuaria investindo. O grande problema é que se não houver discernimento, a igreja pode mandar o membro faltoso ir embora e Satanás ficar. O membro faltoso vai embora e o pecado fica. Paulo é claro: É preciso tirar o fermento. E fermento é símbolo do pecado. Na disciplina, a igreja trata da questão do pecado. Tem de jogar fora o pecado, porque na medida em que o fermento é arrancado da massa, então o pecador pode ser restaurado.

Paulo deixa muito claro nos versículos 12 e 13, que a igreja deve parar de olhar para o mundo. Às vezes ficamos olhando para o mundo e dizemos assim: "É o mundo está podre mesmo. O mundo está muito ruim mesmo. A situação do mundo está desesperadora. Este mundo está de mal a pior mesmo". O apóstolo Paulo lembra: Deixa o mundo para Deus julgar. Julgue os de dentro de casa. Olha para dentro da igreja. Vamos julgar a nós mesmos. Se julgássemos a nós mesmos, não seríamos julgados por Deus. Se parássemos para examinar nossa própria vida, não teríamos tempo para investigar a vida dos outros. Teríamos tanta coisa para chorar, lamentar e acertar diante de Deus que não teríamos tempo para ficar investigando a vida alheia. Os de fora, Deus os julgará; julguem vocês os de dentro.

Em sexto lugar, *a disciplina envolve um ato de perdão* (2Co 2.6-8). A disciplina tem de incluir a disposição para o perdão. É muito importante entender o final dessa história. O que aconteceu com esse membro que foi expulso da igreja? Lembre que o propósito de Paulo era a sua restauração (5.5). A disciplina foi aplicada e o propósito foi cumprido. O jovem faltoso arrependeu-se. Agora, Paulo orienta a igreja a perdoá-lo e restaurá-lo. Vejamos o que Paulo escreve na sua segunda carta aos coríntios:

> Ora, se alguém causou tristeza, não o fez apenas a mim, mas, para que eu não seja demasiadamente áspero, digo que em parte a todos vós; basta-lhe a punição pela maioria. De modo que deveis, pelo contrário, perdoar-lhe e confortá-lo, para que não seja o mesmo consumido por excessiva tristeza. Pelo que vos rogo que confirmeis para com ele o vosso amor. E foi por isso também que vos escrevi, para ter prova de que, em tudo, sois obedientes. A quem perdoais alguma coisa, também eu perdôo; porque, de fato, o que tenho perdoado, se alguma coisa tenho perdoado, por causa de vós o fiz na presença de Cristo; para que Satanás não encontre vantagem sobre nós, pois não lhe ignoramos os desígnios (2Co 2.5-11).

A disciplina precisa ser aplicada, acompanhada e concluída com lágrimas. O que Paulo recomenda agora, uma vez que houve arrependimento? A igreja deve amar, consolar e perdoar esse homem e recebê-lo de volta à comunhão da igreja. Nós somos chamados para odiar o pecado e não o pecador. Para tratar com dureza o pecado e não tolerá-lo. Contudo, para receber com muita ternura o pecador arrependido.

O propósito da disciplina na igreja

Qual é o propósito da disciplina na igreja? Paulo nos oferece dois pontos importantes:

Em primeiro lugar, *a correção do faltoso* (5.5; 2Co 2.6,7). O propósito da disciplina é corrigir e restaurar o faltoso. Não basta a igreja disciplinar. Disciplina não é punição, mas restauração. Diz o apóstolo: "[...] a fim de que o espírito seja salvo..." (5.5). A igreja precisa acompanhar a pessoa que foi disciplinada para que ela possa ser restaurada, curada, e transformada pelo poder de Deus e reconquistada para a comunhão da igreja. A disciplina embora dolorosa, é benéfica e terapêutica.

Em segundo lugar, *a proteção da igreja* (5.6,7). Outro propósito da disciplina é a proteção da igreja. O apóstolo escreve: "Não é boa a vossa jactância. Não sabeis que um pouco de fermento leveda a massa toda? Lançai fora o velho fermento, para que sejais nova massa, como sois de fato sem fermento. Pois também Cristo, nosso Cordeiro pascal, foi imolado. Por isso, celebremos a festa, não com o velho fermento, nem com o fermento da maldade e da malícia; e, sim, com os asmos da sinceridade e da verdade" (5.6-8). A disciplina protege os membros da contaminação e também protege o testemunho da igreja aos olhos da sociedade (5.7). Paulo está dizendo que a igreja deve viver num clima de festa. A vida da igreja tem de ser uma festa de alegria, de exaltação e de celebração. No entanto, há um momento quando o pecado entra na igreja e essa festa se transforma em um funeral. Paulo diz que o fermento pode azedar essa festa. Devemos, então, jogar fora o velho fermento para celebrar a Páscoa com alegria. Não com o fermento da maldade, mas com os asmos da sinceridade e da verdade. Quando você disciplina, você não apenas corrige e objetiva a restauração do faltoso, mas também previne a igreja, e isso gera temor e obediência entre seus membros.

Concluindo, Paulo recomenda três atitudes em relação ao pecado, segundo Warren Wiersbe: lamentar o pecado (5.1,2), julgar o pecado (5.3-5) e expurgar o pecado (5.6-13).[90]

a) A igreja deve chorar por causa do pecado (5.1,2). Em vez de ficar cheio de orgulho por causa do pecado, deveríamos chorar por causa dele. A vida cristã que é uma festa (5.8), transforma-se num funeral quando o pecado contamina a igreja. Uma igreja madura chora por causa do pecado.

b) A igreja deve julgar o pecado (5.3-5). Paulo usou quatro expressões fortes, para mostrar que o faltoso precisava ser tirado da comunhão da igreja: 1) Tirai do vosso meio (5.2); 2) Entregue a Satanás (5.5); 3) Lançai fora (5.7); 4) Expulsai de entre vós (5.13).

c) A igreja deve remover o pecado (5.6-13). A imagem aqui é da Páscoa judia. O cordeiro foi imolado, o sangue foi aplicado nas vigas das portas, e eles tinham de reunir-se dentro de casa para comer o cordeiro e os pães asmos. Todavia, diz a Bíblia que todos eles tinham de investigar a casa durante sete dias. Não poderia ter levedura nem fermento. Se alguém comesse a páscoa com fermento, essa pessoa seria morta e eliminada do arraial de Israel. Cristo é o nosso Cordeiro pascal. Você deve viver a vida cristã fazendo uma faxina e uma limpeza diária na sua vida. Não celebre a Páscoa, não celebre culto a Deus se há fermento, pecado em sua vida. Remova o fermento do pecado da sua vida para que você possa celebrar a Páscoa com os asmos da verdade e da sinceridade.

NOTAS DO CAPÍTULO 5

[82] BARCLAY, William. *I y II Corintios*. 1973: p. 56.
[83] WENHAM, G. J. et all. *New Bible commentary.* Inter-Varsaty Press. Downers Grove. IL. 1994: p. 1168.

[84] RIENECKER, Fritz, e ROGERS, Cleon. *Chave linguística do Novo Testamento grego.* 1985: p. 294.
[85] HODGE, Charles. In *The classic Bible commentary.* Ed. By Owen Collins. 1999: p. 1227.
[86] MACDONALD, William. *Believer's Bible commentary.* 1995: p. 1759.
[87] WIERSBE, Warren W. *Comentário bíblico expositivo.* Vol. 5. 2006: p. 766; BARCLAY, William. *I y II Corintios.* 1973: p. 56.
[88] RIENECKER, Fritz, e ROGERS, Cleon. *Chave linguística do Novo Testamento grego.* 1985: p. 295.
[89] WHITE, John e BLUE, Ken. *Restaurando o ferido.* Editora Vida. Deerfield, FL. 1992: p. 98,99.
[90] WIERSBE, Warren W. *Comentário bíblico expositivo.* Vol. 5. 2006: p. 766-767.

Capítulo 6

Como lidar com as demandas interpessoais e as paixões intrapessoais
(1Co 6.1-20)

PAULO TRATA NESSE CAPÍTULO de forma mais profunda sobre os dois problemas básicos que vem tratando até agora: As tensões dos relacionamentos interpessoais e as paixões intrapessoais.

A igreja de Corinto estava sendo influenciada pelo meio em que vivia em vez de influenciá-lo. A igreja foi colocada no mundo para influenciá-lo e não para ser influenciada por ele. Porém, na igreja de Corinto o mundo estava ditando as normas e os rumos do comportamento da igreja.

Em Corinto os crentes estavam sendo influenciados pela cosmovisão daqueles que viviam fora da igreja. A cidade de Corinto era cheia de vários partidos e também profundamente promíscua. As disputas acaloradas e a impureza sexual entraram na igreja. Esse capítulo foi escrito para corrigir esse erro.

Paulo exorta a igreja sobre essas questões usando seis vezes a expressão: "Não sabeis..." (6.2,3,9,15,16,19). Paulo seis vezes fala a mesma coisa, corrigindo o mesmo problema, o problema das disputas e das brigas dentro da igreja, bem como, o problema da imoralidade pessoal.

As três primeiras exortações estão ligadas às contendas e as três últimas à questão do corpo.

O problema das demandas interpessoais (6.1-11)

Há algumas verdades que vamos destacar na exposição deste texto:

Em primeiro lugar, *a realidade das demandas interpessoais*. O apóstolo Paulo diz: "Aventura-se algum de vós, tendo questão contra outro, a submetê-lo a juízo perante os injustos e não perante os santos?" (6.1). Paulo nos dá a entender aqui que as contendas existem. É um fato. E é um grande fato porque os crentes não são perfeitos. Eles formam uma comunidade de pessoas que ainda não estão prontas e acabadas. Alguém já disse que a igreja é uma fábrica de reciclagem de lixo, onde Deus está trabalhando. Deus está transformando gente complicada, torta, e doente existencialmente, em gente santa. Nós decepcionamos as pessoas e as pessoas nos decepcionam. Isso é um fato: Nós machucamos as pessoas e elas nos machucam. As tensões e as contendas sempre existiram. E elas ainda existem dentro da própria igreja. Nós temos queixas uns contra os outros (Cl 3.13).

As contendas existem também dentro do lar. Existiu entre Caim e Abel, entre Esaú e Jacó, entre Absalão e Amnom, entre Sara e Hagar. Existe hoje entre marido e mulher, entre pais e filhos, filhos e pais, irmãos e irmãs. Isso é um fato.

Há contendas entre as nações e há tensões e contendas dentro da igreja. A Bíblia registra alguns exemplos. Na igreja de Filipos existiam duas mulheres: Evódia e Síntique, que não pensavam concordemente no Senhor (Fp 4.2). Os próprios líderes, Paulo e Barnabé, em um dado momento da caminhada missionária, tiveram desacordo e precisaram se separar, pois já não podiam caminhar juntos (At 15.36-40). A situação em Corinto era tão grave, que além das contendas dentro da igreja, eles estavam arrastando os próprios irmãos para os tribunais do mundo, para julgar suas causas internas e domésticas de maneira secular. Essa é a realidade que Paulo constata na igreja. Triste realidade, porém um fato inegável.

Em segundo lugar, *as consequências das contendas na igreja* (6.1,4,5,6).

a) Os crentes estavam dando um péssimo testemunho aos perdidos (6.1,6). Pergunta o apóstolo: "Aventura-se algum de vós, tendo questão contra outro, a submetê-la a juízo perante injustos e não perante os santos?" (6.1). Paulo não se refere ao caráter dos juízes do mundo. As palavras: "injustos" e "santos" não denotam aqui propriamente o caráter dos juízes. O que Paulo está falando aqui é em *injustos* e *santos* com relação a crentes e não crentes, salvos e não salvos. Não é que Paulo esteja colocando em dúvida a idoneidade moral dos tribunais do mundo nem o caráter dos seus juízes, mas o fato da igreja levar seus assuntos domésticos para fora dos seus portões para serem resolvidos no mundo é um péssimo testemunho. Levar os problemas internos da igreja para os tribunais de fora da igreja é um fraco testemunho do evangelho. O lugar de tratar dos assuntos domésticos é em casa. Paulo pergunta: "Mas irá um irmão a juízo contra outro irmão, e isto perante os incrédulos?" (6.6).

b) Os crentes levavam seus problemas internos e seus relacionamentos machucados para resolvê-los fora da igreja, pois eles estavam fracassando em viver a sua posição em Cristo (6.2,3). A igreja não estava entendendo a posição que ela ocupava aos olhos de Deus. O apóstolo Paulo pergunta: "Ou não sabeis que os santos hão de julgar o mundo? Ora, se o mundo deverá ser julgado por vós, sois, acaso, indignos de julgar as coisas mínimas? Não sabeis que havemos de julgar os próprios anjos? Quanto mais as cousas desta vida!" (6.2,3). O que Paulo está dizendo é que a igreja vai julgar o mundo no dia do juízo final. É a igreja que julga as coisas desta vida. Ela julgará inclusive os anjos, ou seja, as coisas do mundo espiritual. A igreja vai estar numa posição de juíza e não de ré. Quando a igreja de Corinto se colocou numa posição de ré para ser julgada pelo mundo inverteu os papéis. A igreja não estava entendendo que ela fora colocada por Deus numa posição para julgar o mundo, e para julgar os anjos caídos. A igreja de Corinto não estava tomando posse da alta posição que ocupava em Cristo.

c) A igreja levar suas contendas para os tribunais do mundo é que agindo assim, ela acabava cometendo vários erros. Analisemos alguns aspectos:

1. Essa atitude envergonhava a igreja. Diz o apóstolo: "Para vergonha vo-lo digo. Não há, porventura, nem ao menos um sábio entre vós, que possa julgar no meio da irmandade?" (6.5). A atitude da igreja destruía o seu testemunho. Quando a igreja, além de criar o problema das contendas, ainda o leva para fora dos seus portões, expondo seus

escândalos, feridas e nudez diante dos tribunais do mundo, traz opróbrio sobre si mesma. Paulo diz que isso era uma vergonha para a igreja e roubava a sua autoridade espiritual. Essa atitude arranhava a maior evidência do cristianismo, o amor. Uma igreja despida diante do mundo perde a sua autoridade de pregar o evangelho. Perde o poder para dizer ao mundo que o evangelho transforma. Quando uma igreja, além de não resolver os próprios problemas, ainda os leva para os tribunais do mundo, envergonha o evangelho e se torna a vergonha do evangelho.

2. Constitui-se uma profunda falta de sabedoria levar os problemas domésticos da igreja para os tribunais de incrédulos. O apóstolo Paulo argumenta: "Mas irá um irmão a juízo contra outro irmão, e isto perante incrédulos?" (6.6). Será que não tem ninguém sábio no meio da igreja? Será que não existe um conselheiro na igreja, capaz de contornar essa situação? Será que não há aconselhamento pastoral dentro dessa igreja capaz de reverter essa situação? Atacar um irmão é atacar-se a si mesmo. Quando um irmão leva outro perante o tribunal dos incrédulos, ele está destruindo a si mesmo. Isso é um ato suicida do ponto de vista da comunhão cristã.

3. É uma completa derrota para a igreja levar suas contendas para o mundo. Paulo sentencia: "O só existir entre vós demandas já é completa derrota para vós outros" (6.7). Ir a juízo contra um irmão é incorrer em completa derrota, seja qual for o resultado do processo legal. Obter a vitória no veredicto pouco significa. Já se perdeu a causa, quando um cristão abre um processo contra o outro. O dano é ao corpo de Cristo e não aos estranhos. O que Paulo está dizendo é que quando surge o problema e ele não é resolvido à luz da Palavra, isso é uma derrota para a igreja.

4. É uma grande injustiça o criar contendas e provocar danos e depois levá-los para serem julgados em tribunais do mundo. Paulo é enfático: "Mas vós mesmos fazeis a injustiça e fazeis o dano, e isto aos próprios irmãos!" (6.8). O que Paulo está dizendo é que existia uma prática injusta, pecaminosa, e danosa entre os crentes daquela igreja. Não prevalecia a verdade, a justiça, a caridade, e o amor nem muito menos o perdão. Por isso, Paulo disse que além de provocar o dano, eles ainda levavam esse dano e injustiça para fora dos portões da igreja. Os crentes de Corinto estavam ferindo-se uns aos outros, quebrando os laços de comunhão e levando a contenda deles para fora da igreja.

Em terceiro lugar, *as soluções para o problema das contendas na igreja.*

a) A primeira solução apontada por Paulo é evitar os danos e contendas dentro da igreja. Paulo adverte: "O só existir entre vós demandas já é completa derrota para vós outros". Paulo está dizendo o seguinte: Meus irmãos nós não podemos criar esse espaço, ter essa imaturidade espiritual dentro da igreja, a ponto de viver brigando uns com os outros, ficar batendo cabeça, abrindo feridas, machucando uns aos outros. A postura de uma vida cristã madura é evitar contendas a qualquer custo.

b) A segunda solução apontada por Paulo é que caso surjam contendas dentro da igreja, elas não devem ser levadas para tribunais fora da igreja. Vejamos a orientação de Paulo: "Aventura-se algum de vós, tendo questão contra outro, a submetê-lo a juízo perante injustos e não perante os santos? [...] Entretanto, vós, quando tendes a julgar negócios terrenos, constituís um tribunal daqueles que não têm nenhuma aceitação na igreja!" (6.1,4).

c) A terceira solução é buscar dentro da igreja a solução do problema por meio de um sábio aconselhamento. Vejam o que o apóstolo escreve: "Para vergonha vo-lo digo. Não há, porventura, nem ao menos um sábio entre vós, que possa julgar no meio da irmandade? Mas irá um irmão a juízo contra outro irmão, e isto perante incrédulos?" (6.5,6). Paulo diz que caso surja o problema, ele deve ser resolvido internamente.

d) A quarta solução é dispor a sofrer o dano (6.7). A proposta de Paulo não está focada no direito e na justiça, mas no exercício do perdão e da misericórdia. Paulo diz que sofrer o dano é melhor do que ganhar uma causa e envergonhar o nome do evangelho. Leon Morris enfatiza que o ponto que Paulo assinala é que ir a juízo com um irmão já é incorrer em derrota, seja qual for o resultado do processo legal. Obter a vitória no veredicto pouco significa. Já se perdeu a causa quando um cristão abre um processo.[91] Diz o apóstolo: "O só existir entre vós demandas já é completa derrota para vós outros. Por que não sofreis antes a injustiça? Por que não sofreis antes o dano?" (6.7). Nós não gostamos dessa proposta. Definitivamente que não! Os coríntios não estavam prontos para sofrer a injustiça, mas eles estavam ativamente fazendo a injustiça uns aos outros. Assim, eles estavam cometendo um duplo pecado; pecado contra os padrões éticos e pecado contra o amor fraternal.[92]

O alerta de Paulo para nós é este: Cuidado com os seus direitos! Você conhece aquele tipo de gente que diz: "É melhor passar por cima do meu cadáver do que por cima dos meus direitos!" Conhece gente assim? Paulo diz para não brigarmos pelos nossos direitos. Jesus também recomendou sofrer o dano. A nossa atitude é dar a outra face, andar a segunda milha e dar também a capa (Mt 5.38-42). Viver bem com as pessoas quando elas nos tratam bem não é muita coisa. Deus espera de nós reação transcendental! Abraão agiu assim. Quando houve a contenda entre os seus pastores e os pastores de Ló, Abraão se dispôs a sofrer o dano. Ele como o grande líder daquela caravana permitiu a Ló escolher com primazia. Lembra-se da postura de Davi ao ser perseguido por Saul? Davi teve, algumas vezes, a vida de Saul em suas mãos. Ele não se vingou, não revidou ultraje com ultraje. Precisamos entender que é melhor perder dinheiro do que perder um irmão e o testemunho cristão. A única pessoa que ganha no meio de uma querela entre o povo de Deus é Satanás e mais ninguém.

Em quarto lugar, *as contendas dentro da igreja devem levar a igreja a uma autoavaliação* (6.9-11). Paulo mostra à igreja de Corinto que o fato de existir contendas entre os crentes, deve levar-nos a uma autoavaliação. Vejamos a orientação do apóstolo:

> Ou não sabeis que os injustos não herdarão o reino de Deus? Não vos enganeis: nem impuros, nem idólatras, nem adúlteros, nem efeminados, nem sodomitas, nem ladrões, nem avarentos, nem bêbados, nem maldizentes, nem roubadores herdarão o reino de Deus. Tais fostes alguns de vós; mas vós vos lavastes, mas fostes santificados, mas fostes justificados em o nome do Senhor Jesus Cristo e no Espírito do nosso Deus (6.9-11).

A igreja precisava ter claras convicções quanto ao futuro (6.9,10). Paulo é objetivo: "Ou não sabeis que os injustos não herdarão o reino de Deus?" (6.9). Veja que a igreja estava fazendo a injustiça e o dano (6.8). E Paulo diz que o indivíduo que pratica injustiça de maneira constante tem de verificar se de fato é salvo. Paulo lista outros pecados.

"Não vos enganeis: nem impuros..." A palavra "impuro" descreve toda a sorte de pecados sexuais. "[...] nem idólatras..." Trata-se de alguém que tem qualquer ídolo, físico ou imaterial; visível ou subjetivo, no lugar de Deus. "[...] nem adúlteros..." A ideia aqui é daquela pessoa que é infiel ao cônjuge, que macula o leito conjugal. "[...] nem efeminados..." A palavra grega *malakos* significa literalmente "suave, macio, feminino".[93] O efeminado é a parte passiva numa relação homossexual. "... nem sodomitas..." O sodomita, *arsenokoitai,* é o homossexual ativo.[94] Nessa mesma linha, David Prior, citando Barret, diz que essas duas palavras são referências a "parceiros respectivamente passivos e ativos na relação homossexual masculina".[95] Paulo descreve os dois lados da homossexualidade. "[...] nem ladrões..." A palavra ladrão é *cleptês,* de onde vem a palavra cleptomania, mania de furtar. É aquele ladrão barato que pega escondido dos outros. "[...] nem avarentos..." Trata-se daquela pessoa gananciosa, que ama mais o dinheiro que a Deus. "[...] nem bêbados..." É aquela pessoa dominada pelo álcool, que não tem controle sobre ele. "[...] nem maldizentes..." É a pessoa maliciosa que espalha contendas. Trata-se daquela pessoa que fala mal dos outros. "[...] nem roubadores...". Essa palavra aqui já não é *cleptês*. Mas é aquela pessoa que toma do outro de maneira ostensiva. As pessoas, que vivem na prática desses pecados, não herdarão o Reino de Deus.

Voltando à questão da homossexualidade, William Barclay faz uma descrição sombria da realidade do homossexualismo no mundo greco-romano nos seguintes termos:

> O pecado [da homossexualidade] havia se expandido como uma infecção na vida grega, e mais tarde se propagou em Roma. Mesmo um homem notável quanto Sócrates o praticava: o diálogo de Platão *O simpósio* foi assinalado como uma das maiores obras sobre o amor;

mas seu tema não era o amor natural, mas o antinatural. Quatorze dos quinze imperadores romanos praticaram esse vício. Quando Paulo escreveu essa carta, Nero era o imperador. Nero tomara a um jovem chamado Esporo e o castrara. Casara-se com ele em uma grande cerimônia e o levara para o seu palácio em procissão e vivia com ele como se ele fosse uma esposa. Nero ainda casou-se com um homem chamado Pitágoras e o chamava seu esposo. Quando Nero morreu e Oto subiu ao trono, a primeira coisa que fez foi se apossar de Esporo. Muito mais tarde o nome do imperador Adriano associou-se para sempre com o de um jovem de Bitínia chamado Antonio. Viveu com ele inseparavelmente, e quando o jovem morreu, ele o deificou e cobriu o mundo com suas estátuas e imortalizou o seu pecado, chamando a uma estrela com o seu nome. Esse vício, em especial, na época da Igreja primitiva, cobriu o mundo de vergonha; e existem poucas dúvidas de que foi esse pecado, uma das causas principais de sua degeneração, e da caída final de sua civilização.[96]

Paulo diz à igreja: Vocês precisam fazer um diagnóstico na vida de vocês. Examinem e avaliem a vida de vocês, porque se vocês estão vivendo na prática desses pecados, vocês não herdarão o Reino de Deus.

Entrementes, a igreja precisava também ter muita certeza quanto ao passado. Paulo escreve: "Tais fostes alguns de vós" (6.11). Paulo dá um testemunho de conversão genuína naquela igreja de Corinto. Essa é uma frase milagrosa. Houve um milagre da graça de Deus no inferno moral da cidade de Corinto. Paulo chama-os de "irmãos" vinte vezes nessa carta. Quando você começa a ler essa carta, coça a cabeça e pergunta: "Será que esse povo era crente mesmo? Será que esse povo era convertido mesmo?" Paulo tem o cuidado de chamá-los vinte vezes de irmãos. Paulo dá esse testemunho: "Tais fostes alguns de vós...": Injustos, impuros, idólatras, adúlteros, homossexuais, larápios, avarentos, beberrões, maledicentes e assaltantes. Porém, Paulo acrescenta: Houve um momento em que Jesus transformou a vida de vocês e vocês foram mudados.

O problema das paixões intrapessoais (6.12-20)

Paulo passa dos processos legais para o relaxamento sexual[97] e das contendas interpessoais para as paixões intrapessoais. Mark Bubec escreveu em seu livro, *Avivamento satânico*, que estamos vivendo uma revitalização da velha e decadente moralidade do mundo antigo. Na década de 1960 houve uma guinada vertiginosa no campo da pureza moral no mundo. Os Beatles, de Liverpool, tiveram uma grande influência nessa revolução. Talvez nenhum grupo humano tenha influenciado mais o pensamento da juventude ocidental do que esses quatro cantores de Liverpool. Começa com eles uma estreita relação entre rock e sexo; misticismo e drogas. O movimento hippie se incumbiu de divulgar e espalhar essa revolução para o mundo inteiro.

A juventude estava revoltada e vivendo uma grande ressaca. Os pais estavam partindo para o campo de trabalho querendo se enriquecer, encantados com os bens de consumo e já não tinham mais tempo para os filhos. Os pais tentaram substituir presença por presentes. Tentaram tapar a brecha da ausência com quinquilharias eletrônicas. Os pais cobriram os filhos de ricos presentes, mas não preencheram o vazio de seus corações. Essa geração profundamente desencantada com a vida mergulhou nas drogas, no sexo, no rock e se perdeu. Ainda estamos vivendo o drama da ressaca dessa sociedade decadente moralmente.

À luz de 1Coríntios 6.12-20, podemos aprender algumas preciosas lições.

Em primeiro lugar, *vejamos as duas premissas que sustentavam a permissividade dos coríntios* (6.12,13).

a) A primeira premissa deles era: "Todas as coisas me são lícitas". Na cidade de Corinto defendia-se uma liberdade total, irrestrita, e incondicional. Eles estavam transformando a liberdade em libertinagem. Paulo, então, coloca uma adversativa. Ele usa um "mas", um "porém". Isso, porque para a sociedade e para a igreja de Corinto todas as coisas eram lícitas.

Aquela igreja não tinha limites. Eles chegaram a aplaudir o pecado de incesto e se jactaram dessa posição permissiva. A lei que regia a vida deles era: É proibido proibir! Eles consideravam todas as coisas indistintamente como lícitas, sem nenhuma restrição. Eles não suportavam restrições, leis, ou proibições. Leon Morris alerta para o fato de que embora o crente não esteja cercado por uma multidão de restrições, há o perigo de que, ao reclamar a sua liberdade cristã, o homem pode colocar-se na escravidão das coisas que pratica.[98]

b) A segunda premissa deles era: "O alimento é para o estômago assim como o sexo é para o corpo". A máxima da igreja de Corinto para incentivar a imoralidade da igreja era: "O alimento é para o estômago assim como o sexo é para o corpo". Mas Paulo ensina: "Os alimentos são para o estômago, e o estômago para os alimentos; mas Deus destruirá tanto estes como aquele. Porém o corpo não é para a impureza, mas, para o Senhor, e o Senhor, para o corpo" (6.13).

Os coríntios pensavam que assim como o apetite é natural e o corpo precisa de alimento, também o sexo era um desejo natural e precisava ser satisfeito. Para eles uma pessoa não podia reprimir seus apetites sexuais. Eles entendiam que assim como o alimento é preparado para o estômago, o corpo era preparado para o sexo. Dessa maneira eles não deveriam ter quaisquer restrições. Paulo, então, os confronta. Mostra-lhes que eles estavam errados. O alimento é para o estômago e o estômago é para o alimento. Porém, o corpo não é para o sexo. O corpo é para o Senhor e o Senhor é para o corpo. O corpo é para o Senhor e não para a prostituição. O corpo é para o Senhor e não para a impureza. Não há entre o corpo e os desejos sensuais, conexão como a que há entre o estômago e o alimento. Em vez disso, a conexão é entre o corpo e o Senhor.[99]

Paulo ensina que o sexo é uma bênção, mas pode se tornar uma maldição. Ele é uma bênção dentro do casamento, mas um sério problema fora dele. Warren Wiersbe afirma que o sexo fora do casamento é como o assalto a um banco: o ladrão fica com alguma coisa que não lhe pertence e pela qual terá de pagar um dia. O sexo dentro do casamento pode ser como depositar dinheiro num banco: há garantias, segurança e dividendos.[100]

Em segundo lugar, *vejamos as premissas verdadeiras que desafiam à santidade do sexo* (6.12-20). Há duas grandes verdades a serem destacadas:

A primeira delas é o compromisso da Trindade com o nosso corpo.[101] Isso é uma coisa fantástica. Paulo diz que o próprio Deus Pai está comprometido com o nosso corpo. Porque Deus criou o nosso corpo, também o ressuscitará (6.12-14). A filosofia grega não dava nenhum valor ao corpo. O corpo era apenas a prisão da alma. Por isso, os gregos pensavam que tudo aquilo que você faz com o corpo não conta. Paulo, porém, rechaça a filosofia grega e diz que Deus criou o corpo. O corpo é tão importante para Deus que Ele vai ressuscitá-lo. Esse corpo tem uma origem maravilhosa, pois Deus o criou e terá um fim glorioso, pois Deus o ressuscitará. Por conseguinte, o corpo não pode ser usado para a impureza. Ele deve ser usado para a glória de Deus!

Paulo diz também que Jesus Cristo comprou e remiu o nosso corpo (6.15-18). Deus Pai criou o corpo e vai ressuscitá-lo. Jesus Cristo comprou o corpo e o redimiu. Deus Pai criou o seu corpo e Jesus Cristo o comprou. Esse corpo agora não pertence mais a você, pertence a Jesus Cristo. Os membros do seu corpo estão ligados a Cristo. Seu corpo é um membro de Cristo.

Porém, Paulo conclui dizendo que o Espírito Santo habita nesse corpo (6.19). O nosso corpo é o templo vivo do Espírito Santo. Quando Paulo usa a figura do templo emprega a palavra *naós*, o Santo dos Santos, o lugar santíssimo onde a glória de Deus se manifesta. Leon Morris diz que aonde quer que vamos, somos portadores do Espírito Santo, templos em que apraz a Deus habitar. Isso deve eliminar toda forma de conduta que não seja apropriada para o templo de Deus. Nada que seja inconveniente no templo de Deus é decente no corpo do filho de Deus.[102]

Em síntese, Paulo nos ensina que Deus Pai criou o nosso corpo e vai ressuscitá-lo. O nosso corpo tem um começo e um fim glorioso. Jesus Cristo, a segunda pessoa da Trindade, comprou e redimiu o nosso corpo e o Espírito Santo, a terceira pessoa da Trindade, habita nesse corpo e faz desse corpo um santuário para a sua habitação.

A segunda grande verdade que Paulo destaca é o elevado propósito divino para o nosso corpo. David Prior menciona cinco fatos preciosos sobre o corpo:[103]

a) O propósito do corpo no Senhor. Paulo afirma: "[...] o corpo não é para a impureza, mas, para o Senhor, e o

Senhor, para o corpo" (6.13). O propósito de Deus ter lhe dado um corpo é para que você possa viver para Jesus. Servir a Jesus por intermédio do seu corpo.

b) A ressurreição do corpo no Senhor (6.14). Para os coríntios, Deus não dava nenhuma importância ao corpo. O corpo era apenas uma prisão da alma. No entanto, Deus valoriza o corpo. Deus criou o corpo e o ressuscitará.

c) A interação do corpo com o Senhor (6.15-17). O nosso corpo é membro de Cristo. Você não pode unir um membro de Cristo a uma meretriz. Só o pensar nisso é uma blasfêmia. Se o seu corpo é membro de Cristo e se você se entrega à impureza e à prostituição, você está juntando Cristo à prostituição. Isso é uma blasfêmia. Os nossos corpos são membros de Cristo. Não podemos unir o corpo de Cristo à impureza. Os que se unem ao Senhor se tornam um só espírito com Ele.

d) A habitação do corpo pelo Senhor (6.19). O seu corpo é santuário do Espírito. Tudo aquilo que não é digno do santuário de Deus não é digno do seu corpo. Nada que seja inconveniente no templo de Deus é decente no seu corpo. Somos a morada de Deus. O nosso corpo é lugar santíssimo, o Santo dos Santos, onde a glória de Deus se manifesta. Devemos eliminar do nosso corpo toda forma de conduta que não seja apropriada para o templo de Deus.

e) A redenção do corpo pelo Senhor (6.20). Você é de Deus por duas razões: Você é de Deus porque Deus criou você e você é de Deus porque Deus comprou você de volta para Ele.

Em terceiro lugar, *os dois imperativos de Deus em relação ao nosso corpo*. Paulo, agora dá dois conselhos para a igreja. Um negativo e outro positivo. O negativo é: "Fugi da impureza" (6.18). O verbo está no presente contínuo. É um ato contínuo. Precisamos fugir sempre da impureza. "Fazei vosso hábito fugir."[104] Em relação às tentações sexuais a Bíblia nunca nos manda resistir, mas fugir. Ser forte é fugir! É um ledo engano pensar que você conhece seus limites e sabe até onde pode ir e quando deve parar. A mesma Bíblia que nos manda resistir ao diabo, nos manda fugir da impureza. Quanto ao enfrentamento das tentações sexuais a ordem de Deus é fugir, dar o fora, dar no pé, correr!

O conselho de Paulo é: Não queira ser forte. Reconheça a sua fragilidade e vá embora. Não brinque com essa situação. Fuja! A única atitude segura em relação ao sexo é fugir. Não fique flertando com o pecado. Não fique paquerando a tentação. Aquele que zomba do pecado é louco.

O interessante é que o verbo usado por Paulo para fugir está no presente contínuo. É um ato contínuo. Fuja hoje, fuja amanhã, fuja o mês que vem, fuja o ano que vem. Faça como José do Egito. A mulher falava para ele todo dia: "Deita-te comigo". No dia seguinte ela repetia: "Deita-te comigo." No mês seguinte ela voltava e dizia-lhe: "Deita-te comigo". No ano seguinte, a mesma ladainha: "Deita-te comigo". Porém, José fugiu da sedução da sua patroa, dizendo-lhe sempre a mesma coisa: "Não! Não! Não!" E quando a mulher tentou agarrá-lo, ele fugiu, preferindo ir para a cadeia com a consciência limpa, do que ficar livre e preso no cipoal da culpa e do pecado.

O conselho positivo que Paulo diz é: "Agora, pois, glorificai a Deus no vosso corpo" (6.20). O Espírito Santo nos foi dado com o propósito de glorificarmos a Cristo (Jo 16.14). O Espírito Santo usa o nosso corpo para glorificarmos a Jesus (Fp 1.20,21). Glorificamos a Deus no nosso corpo quando o usamos em santidade e pureza. Glorificamos a Deus no nosso corpo quando entregamos nossos membros como instrumentos de justiça e não como servos do pecado (Rm 6.12-14). Glorificamos a Deus no nosso corpo quando empregamos nossas forças, energias, dons e talentos para servirmos ao Senhor e fazermos a Sua vontade.

NOTAS DO CAPÍTULO 6

[91] MORRIS, Leon. *1Coríntios: Introdução e comentário.* 1983: p. 76.
[92] MORRIS, Leon. *1Coríntios: Introdução e comentário.* 1983: p. 77.
[93] BARCLAY, William. *I y II Corintios.* 1973: p. 64.
[94] WIERSBE, Warren W. *Comentário bíblico expositivo.* Vol. 5. 2006: p. 769.
[95] PRIOR, David. *A mensagem de 1Coríntios.* 1993: p. 93.
[96] BARCLAY, William. *I y II Corintios.* 1973: p. 66.
[97] MORRIS, Leon. *1Coríntios: Introdução e comentário.* 1983: p. 79.
[98] MORRIS, Leon. *1Coríntios: Introdução e comentário.* 1983: p. 79.
[99] MORRIS, Leon. *1Coríntios: Introdução e comentário.* 1983: p. 80.
[100] WIERSBE, Warren W. *Comentário bíblico expositivo.* Vol. 5. 2006: p. 769.
[101] WIERSBE, Warren W. *Comentário bíblico expositivo.* Vol. 5. 2006: p. 769.
[102] MORRIS, Leon. *1Coríntios: Introdução e comentário.* 1983: p. 82,83.
[103] PRIOR, David. *A mensagem de 1Coríntios.* 1993: p. 103-107.
[104] MORRIS, Leon. *1Coríntios: Introdução e comentário.* 1983: p. 82.

Capítulo 7

Princípios de Deus para o casamento
(1Co 7.1-40)

O CAPÍTULO 7 DE 1CORÍNTIOS é a mais longa discussão sobre sexualidade e assuntos correlatos em todas as cartas de Paulo. Ele contém informações vitais sobre o assunto, informações essas não encontradas em nenhuma parte de seus escritos.[105] Destaco cinco pontos importantes:

Em primeiro lugar, *Paulo começa a responder as perguntas da igreja de Corinto*. Paulo não se propõe a fazer um tratado teológico completo sobre celibato e casamento. O que na verdade ele faz aqui nesse capítulo é responder a algumas perguntas diretas e específicas que a igreja lhe havia feito. "Quanto ao que me escrevestes..." (7.1). O que Paulo escreve nesse capítulo é uma resposta às perguntas da igreja.

Em segundo lugar, *Paulo não esgota seu ensino sobre casamento nesse capítulo*. Muitos críticos, ao estudarem esse capítulo, têm uma visão pessimista em relação ao casamento. Contudo, esse não é todo o ensino bíblico sobre o assunto nem mesmo é todo o ensino de Paulo sobre a matéria. Lemos em Gênesis 2.18: "Não é bom que o homem esteja só". Lemos em Hebreus 13.4: "Digno de honra entre todos seja o matrimônio, bem como o leito sem mácula". Paulo em Efésios 5.22-33 enaltece o casamento a tal ponto de usá-lo como exemplo da relação mística entre Cristo e a Igreja.

Em terceiro lugar, *alguns críticos acusam Paulo de não ser um autor inspirado* (7.6,10,12,25,40). O que Paulo quer dizer, quando afirma: "Aos mais digo eu, não o Senhor:..." (7.12). Como entender isso? Será que Paulo está dizendo uma coisa e o Senhor outra? Será que eles estão divergindo ou se contradizendo? Observem o que Paulo diz: "Com respeito às virgens, não tenho mandamento do Senhor; porém dou minha opinião, como tendo recebido do Senhor a misericórdia de ser fiel" (7.25). Será que esse texto é apenas uma opinião de Paulo ou é um texto inspirado pelo Espírito Santo com autoridade apostólica? Veja ainda o que Paulo escreve: "Todavia, será mais feliz se permanecer viúva, segundo a minha opinião; e penso também que eu tenho o Espírito de Deus" (7.40).

Qual é o significado dessas palavras? Os liberais exploram essas expressões paulinas para dizer que esse texto não recebe o selo da inspiração divina. Será que é isso que Paulo está dizendo aqui? Não! Paulo faz nesse capítulo uma distinção entre o que Cristo ensinou e o que ele está ensinando. O que Cristo ensinou ele não vai tratar novamente, pois, o assunto já está decidido. Porém, aquilo que Jesus não ensinou, ele vai tratar, dando orientação apostólica e inspirada para a igreja. Não existe conflito entre Cristo e Paulo, nem Paulo está dando apenas uma opinião pessoal sobre o assunto em tela. William MacDonald corrobora com este pensamento:

> Não pode existir qualquer dúvida acerca da inspiração do que Paulo está dizendo nesta porção. Ele está usando ironia aqui. Seu apostolado e seu ensino tinham estado sob ataque por alguns em Corinto. Eles professavam ter a mente do Senhor naquilo que diziam. Paulo, então, afirma: "Seja o que for que alguém esteja falando a meu respeito, eu penso que eu também tenho o Espírito Santo de Deus. Eles professam tê-lo, mas seguramente não têm um monopólio sobre o Espírito Santo".[106]

Em quarto lugar, *Paulo tinha de lidar com algumas perguntas que Jesus não havia tratado*. Quando uma questão levantada pela igreja de Corinto já tinha sido tratada por Cristo, Paulo se referia às Suas palavras. Mas se a pergunta dos coríntios contemplava um tema que Jesus não tinha abordado, Paulo respondia à igreja com autoridade apostólica.

Há alguns assuntos que Jesus não tratou nos evangelhos. Os assuntos que Jesus tratou sobre casamento e divórcio estão registrados em Mateus 5.31,32, Mateus 19.1-12, Marcos 10.1-12 e Lucas 16.18. Quando Paulo se refere ao Senhor, o que o Senhor diz e não ele está se referindo ao que Jesus ensinou sobre a matéria. Quando diz que agora não é o Senhor, mas ele é porque aquele assunto Jesus não havia tratado, e agora ele iria tratar.

Em quinto lugar, *Paulo endereçou seus conselhos sobre casamento a três grupos diferentes*. Warren Wiersbe esclarece que Paulo se dirige aos cristãos casados com cristãos (7.1-11); aos cristãos casados com não cristãos (7.12-24) e aos cristãos não casados (7.25-40).[107]

Cristãos casados com cristãos (7.1-11)

Na igreja de Corinto havia dois extremos. O primeiro grupo pensava que o sexo é pecado, mesmo no casamento. Esse grupo defendia que o celibato é um estado moralmente superior ao casamento. O segundo grupo, talvez formado pela maioria dos judeus, julgava que o casamento não era opcional, mas obrigatório. Para eles, o celibato era uma posição moralmente inferior ao casamento.

Paulo enfrentou essas duas facções, esses dois extremos na igreja e combateu a ambos. Para Paulo tanto o casamento quanto o celibato são dons de Deus. O que é certo: ficar solteiro ou casar-se? O que é melhor: o casamento ou o celibato? O que é correto: o celibato obrigatório ou o casamento compulsório? Paulo diz que as duas posições radicais estão erradas. Depende do dom. Quem recebeu o dom para casar-se, deve se casar. Quem recebeu o chamado, o dom de Deus para o celibato, deve permanecer solteiro.

Dois assuntos são aqui abordados por Paulo: Primeiro, a pureza do casamento (7.1-9). Segundo, a duração do casamento (7.10,11).[108]

Em primeiro lugar, *a pureza do casamento* (7.1-9). Vamos destacar alguns pontos importantes:

a) Paulo proíbe a poligamia no casamento (7.2). Diz o apóstolo: "[...] mas, por causa da impureza, cada um tenha a sua própria esposa, e cada uma, o seu próprio marido" (7.2). Paulo coloca o aspecto singular de que a poligamia não é o padrão moral de Deus para o Seu povo. Cada um deve ter a sua esposa, e cada uma o seu marido. Tanto a poliginia, um homem ter mais de uma mulher, quanto a poliandria, uma mulher ter mais de um marido, estão em desacordo com o ensino das Escrituras.

b) Paulo proíbe a união homossexual (7.2). Quando Paulo diz que cada um tenha a sua esposa e cada uma tenha o seu marido, fica clara a ideia de uma relação heterossexual. Embora a união homossexual fosse algo comum no tempo de Paulo, ele define essa prática como uma paixão infame, um erro, uma disposição mental reprovável, uma abominação para Deus.[109] A relação homossexual pode chegar a ser aprovada pelas leis dos homens, por causa da corrupção dos costumes, mas jamais será chancelada pelas leis de Deus. Uma decisão não é ética, apenas por ser legal. Ainda que a relação homossexual se torne legal pelas leis dos homens, jamais será aprovada por Deus, pois fere frontalmente a Sua Lei.

c) Paulo proíbe o celibato compulsório (7.1). Paulo escreve: "Quanto ao que me escrevestes é bom que o homem não toque em mulher" (7.1). Essa expressão "tocar em mulher" é um eufemismo. É sinônimo de casar-se. É relacionar-se intimamente, fisicamente, sexualmente, regularmente com uma mulher. Paulo proíbe o celibato compulsório. Ele disse que o celibato é bom, mas não é compulsório. O celibato é permitido, mas não ordenado. Nem todos têm o dom do celibato (7.7-9). É por isso que a Igreja Romana enfrenta tantos problemas com a sexualidade de seus sacerdotes. O celibato compulsório não tem base bíblica. O celibato só tem sentido e valor quando é resultado de um dom espiritual. Ele não pode ser imposto obrigatoriamente. Esse é o ensino de Cristo (Mt 19.10-12). Esse é o preceito estabelecido por Deus desde o princípio (Gn 2.18).

d) Paulo destaca a completa mutualidade dos direitos conjugais (7.3,4). Paulo vivia em uma sociedade de profunda influência machista, mas ele quebra esses paradigmas da cultura prevalecente e afirma a igualdade dos direitos conjugais. Diz Paulo: "O marido conceda à esposa o que lhe é devido, e também, semelhantemente, a esposa, ao seu marido" (7.3). O imperativo presente "conceda" indica o dever habitual.[110] Paulo está falando do relacionamento sexual. A mesma Bíblia que condena o sexo antes do casamento, o pecado da fornicação, e também o sexo fora do casamento, o pecado do adultério, está dizendo que a ausência de sexo no casamento é pecado. O marido deve conceder à esposa o que lhe é devido e semelhantemente à esposa ao seu marido. Ambos, marido e mulher, têm direitos assegurados por Deus de desfrutarem a plenitude da satisfação sexual no contexto sacrossanto do matrimônio.

Paulo ainda prossegue: "A mulher não tem poder sobre o seu próprio corpo, e sim o marido; e também, semelhantemente, o marido não tem poder sobre o seu corpo, e sim a mulher" (7.4). Paulo define que o sexo é um direito do cônjuge, um direito legítimo. A satisfação sexual é um direito legítimo do marido e um direito legítimo da mulher. A chantagem sexual no casamento é um pecado. O marido não tem poder sobre o seu corpo nem a mulher tem poder sobre o seu corpo. O corpo de um pertence ao outro. Usar o sexo como uma arma para chantagear o cônjuge está em desacordo com o ensino da Palavra de Deus.

Paulo se torna ainda mais enfático, quando escreve: "Não vos priveis um ao outro" (7.5a). A prática do sexo no casamento é uma ordem apostólica. A ausência da relação sexual no casamento é um pecado. Dentro da normalidade do casamento, a relação sexual precisa existir. É um direito sagrado do cônjuge! Charles Hodge diz que nada pode ser mais estranho à mente do apóstolo Paulo do que o espírito que encheu os mosteiros e conventos da igreja medieval.[111]

e) Paulo afirma a capacidade dos casais se absterem temporariamente das relações sexuais (7.5b). Quando é que um casal pode se abster do sexo? Quando ambos estão em total harmonia e sintonia a respeito da decisão. O homem não pode chegar para a esposa e dizer-lhe: "Esta semana ou este mês eu não estou disponível para a relação sexual". Nem a mulher pode comunicar ao seu marido que ela está indisponível para ele. Se há de se tomar essa decisão, os dois precisam estar em absoluto acordo. Às vezes, muitos casais cometem erros gravíssimos quando começam a dar desculpas infundadas para fugir da relação sexual, alegando cansaço, dor de cabeça e outras desculpas descabidas. A Bíblia diz que essa atitude de boicote sexual no casamento é um pecado. É uma desobediência a um mandamento bíblico.

Mas a abstinência sexual entre o casal não deve ser por um longo tempo. Paulo esclarece: "Não vos priveis um ao outro, salvo talvez por mútuo consentimento, por algum tempo..." (7.5a). Essa palavra tempo é *kairós* e não *kronos*. Um casal sábio não delimita tempo cronológico para se privar da relação, mas apenas se priva da relação por um momento específico, por uma necessidade específica, seja pessoal, seja familiar, seja na igreja, seja no seu país.

Paulo ensina que a abstinência do sexo no casamento tem de ter a intenção expressa de se dedicar à oração. Paulo pontua: "[...] para vos dedicardes à oração..." (7.5). A abstinência sexual não pode ser por qualquer motivo. Tem de ser por uma razão espiritual. Não pode ser por cansaço nem pode ser por muito trabalho. Não pode ser por dor de cabeça ou indisposição emocional. A questão é por uma razão espiritual. É interessante que Paulo não recomenda um longo período de oração nesse caso. Ele diz: "[...] e, novamente, vos ajuntardes" (7.5). Há pessoas que se escondem atrás de uma pretensa espiritualidade para sonegar ao cônjuge a satisfação sexual. Isso está em desacordo com o ensino bíblico.

f) Paulo diz que só pode existir abstinência no casamento quando houver o compromisso deliberado de retornar à relação sexual, quando o *kairós* tiver passado.[112] Por que Paulo é tão enfático nessa questão da relação sexual entre marido e mulher? É porque se o casal abrir brecha nessa área, Satanás vai entrar em campo com sua perversa atividade. Onde há chantagem sexual no casamento, Satanás entra em ação. Paulo conclui, dizendo: "[...] para que Satanás não vos tente por causa da incontinência" (7.5). Quando um casal brinca com essa arma do sexo no casamento e chantageia o cônjuge, privando-o da satisfação a que tem direito, Satanás entra nessa história para colocar uma terceira pessoa na jogada e arrebentar com o casamento. Cabe aqui alertar sobre uma grande ameaça à vida sexual dos casais: a pornografia! A Palavra de Deus determina que o leito conjugal deve ser sem mácula (Hb 13.4). Há muitos homens, mesmo cristãos, que estão se tornando viciados em pornografia. São prisioneiros de um vício avassalador. Alimentam suas mentes com o lixo nauseabundo que sai dos esgotos pútridos dessa indústria pornográfica que destrói vidas e arrebenta famílias. Há muitos homens que, adoecidos por esse vício degradante, ainda aviltam sua mulher querendo importar para o leito conjugal essas práticas aviltantes.

Li certa feita que houve uma greve dos garis em Nova York, a capital mundial do consumo. Depois de vários dias sem o recolhimento do lixo, a cidade ficou suja e emporcalhada. Um homem teve uma ideia para se desvencilhar do lixo da sua casa. Colocou todo o lixo dentro de uma caixa, cobriu-a com um belo papel de presente, e estrategicamente, deixou a caixa dentro do porta-malas aberto do seu carro numa ruma movimentada. Várias pessoas passavam e olhavam para a caixa com cobiça. Até que chegou um espertalhão e pegou a caixa e saiu correndo com ela, levando-a para casa. Quando abriu a caixa, ela estava cheia de lixo. Há muitas pessoas levando lixo para dentro de casa. Lixo cheira mal e deixa o ambiente desagradável. Lixo produz doenças. A Bíblia diz que o sexo é bom e prazeroso, mas também diz que ele precisa ser puro e santo!

Em segundo lugar, *a duração do casamento* (7.10,11). Orienta o apóstolo: "Ora, aos casados, ordeno, não eu, mas o Senhor, que a mulher não se separe do marido" (7.10). Por que Paulo diz isso? Ordeno não eu, mas o Senhor? Porque o Senhor já havia tratado desse assunto do divórcio (Mt 19.3-12). E se o Senhor já tratara não é preciso tratar novamente. Paulo diz que o casamento deve durar enquanto dura a vida (7.39,40). John Stott esclarece esse ponto:

> A antítese que Paulo estabelece entre os versículos 10 e 12 não opõe o seu ensino ao ensino de Cristo. O contraste não é entre o ensino divino infalível (de Cristo) e o ensino humano falível (de Paulo), mas entre duas formas de ensino divino e infalível, uma procedente do Senhor e a outra apostólica.[113]

Paulo agora responde a duas perguntas que a igreja de Corinto fez a ele.

a) A primeira pergunta: "O que fazer se eu estiver arrependido de ter casado?" Essa é a situação de muitos casais ainda hoje. Há muitos casais nessa situação até mesmo dentro das igrejas. Há muitas pessoas que se casaram e depois se arrependeram, reconhecendo que fizeram uma grande besteira. No entanto, agora, o que fazer? Paulo responde, fazendo um desafio inequívoco aos casais que veem poucas esperanças em seu casamento: "Ora, aos casados, ordeno, não eu, mas o Senhor, que a mulher não se separe do marido" (7.10,11). Casou-se, aguente firme! Não desanime! Leve em frente o seu casamento. Não pule fora da relação.

b) A segunda pergunta que a igreja fez: "O que se deve fazer quando a situação se torna insustentável?" Há casamentos que adoecem a tal ponto que a decisão de ficarem juntos pode ser mais arriscada do que se separarem. Nesse caso Paulo oferece duas soluções pastorais. A primeira solução: separe e fique sozinho (7.11a). A segunda solução: faça a devida reconciliação (7.11b). Contudo, de maneira alguma o apóstolo apoia a hipótese do divórcio.[114]

Paulo reafirma, assim, o ensino de Jesus de que o divórcio só é legítimo e permitido para o cônjuge que foi vítima da infidelidade conjugal de seu consorte (Mt 19.9). O ensino bíblico é que "[...] o que Deus ajuntou não o separe o homem" (Mt 19.6). Deus colocou muros ao redor do casamento não para fazer dele uma prisão, mas um lugar seguro.

Cristãos casados com não-cristãos (7.12-24)

Paulo não está tratando nesse texto de casamento misto. O ensino de Paulo sobre isso é claro. O casamento deve ser no Senhor (7.39). Para Paulo, namoro misto se constitui um ato de desobediência aos preceitos divinos. Diz ele: "Não vos ponhais em jugo desigual com os incrédulos; porquanto que sociedade pode haver entre a justiça e a iniquidade? Ou que comunhão, da luz com as trevas? Que harmonia, entre Cristo e o Maligno? Ou que união do crente com o incrédulo?" (2Co 6.14,15).

A igreja de Corinto era uma igreja nova. Algumas pessoas se converteram ao evangelho depois de casadas. De repente, apenas a mulher se converteu e o marido permaneceu incrédulo ou apenas o marido se converteu e a mulher permaneceu incrédula. Essa é a problemática que Paulo trata aqui.

A igreja levanta uma nova pergunta para Paulo: "Devemos nós permanecer casados com cônjuges incrédulos?" Paulo responde com um grande e sonoro SIM! É claro que vocês devem permanecer casados! "Aos mais digo eu, não o Senhor..." (7.12,13). Por que é que ele diz isso? Lembra-se do que dissemos no início? Jesus não tratou dessa matéria de um cônjuge se converter depois de casado. Essa matéria é nova e Jesus não abordou esse assunto nos evangelhos. Por isso, Paulo diz que agora vai tratar do assunto. Paulo diz: "[...] se algum irmão tem mulher incrédula, e esta consente em morar com ele, não a abandone; e a mulher que tem marido incrédulo, e este consente em viver com ela, não deixe o marido" (7.12,13).

É um ato de desobediência um cristão casar-se com um incrédulo. Mas se a pessoa se torna cristã depois de ter se casado, ela não pode usar esse acontecimento como base para separação. Ao contrário! Ela precisa exercer a influência que tem como cristã para mudar e transformar o seu lar e ainda levar o seu cônjuge à conversão (7.17-24). Paulo está dizendo que a conversão não altera as nossas obrigações sociais.

Paulo trata de dois grandes temas aqui: o poder do casamento e a dissolução do casamento.

Em primeiro lugar, *o poder do casamento* (7.12-16). Paulo lista três fatores de encorajamento para se investir num casamento misto em que um dos cônjuges se converteu depois de casado. A pergunta dos coríntios era: "Devemos sair do casamento por estarmos vivendo com um cônjuge incrédulo?" Paulo responde: Não! Antes, vocês devem investir nesse casamento e isso por três motivos.

a) O primeiro motivo para se investir no casamento é a realidade da santificação. Diz Paulo: "Porque o marido incrédulo é santificado no convívio da esposa, e a esposa incrédula é santificada no convívio do marido crente" (7.14). Paulo não está dizendo que o marido incrédulo é convertido e salvo pelo fato de estar casado com uma mulher crente ou vice-versa. O casamento não é um meio de conversão. O que Paulo está dizendo é que o marido crente santifica, ou seja, traz benefícios para a sua família. Esse cônjuge incrédulo fica, assim, exposto à influência benéfica do evangelho.

Quando a fé cristã entra em um lar descrente, ela deve ser uma ponte de novas bênçãos e não de novas desavenças. O fato de um cônjuge incrédulo viver com um cônjuge crente possibilita a esse cônjuge incrédulo conhecer o evangelho e ser abençoado por ele. O cônjuge incrédulo é trazido para mais perto de Deus ao conviver com um cristão na mesma casa. Barret, citando João Calvino, deixa esse ponto mais claro: "A piedade de um contribui mais para a 'santificação' do casamento, do que a impiedade do outro para torná-lo impuro".[115]

b) O segundo motivo para investir no casamento é a inclusão dos filhos no pacto. Paulo afirma: "Doutra sorte, os vossos filhos seriam impuros; porém, agora, são santos" (7.14). Paulo não está dizendo que os filhos de pais crentes são salvos automaticamente pelo simples fato de nascerem num lar cristão. Todavia, significa que esses filhos nascem debaixo do pacto, são filhos da promessa, e estão debaixo da influência do Evangelho. Significa que desde o nascimento eles estão expostos ao ensino e ao exemplo da fé cristã.

A Bíblia preceitua: "Ensina a criança no caminho em que deve andar e, ainda quando for velho, não se desviará dele" (Pv 22.6). A Bíblia assevera que os nossos filhos são herança de Deus (Sl 127.3). Eles estão debaixo do pacto. Que pacto é esse? Eu serei o vosso Deus e o Deus de vossos filhos de geração em geração (Gn 17.7). Essa é uma promessa gloriosa. Paulo está dizendo: Não saia do casamento, ainda que o seu cônjuge não seja crente. Seus filhos são santificados nessa relação, pois Deus é o nosso Deus e o Deus dos nossos filhos. A promessa é para nós e para os nossos filhos. Nossos filhos são filhos da promessa. Eles estão debaixo do pacto da redenção. Os pais têm o privilégio e o dever de levar seus filhos a Cristo.

c) O terceiro motivo para investir no casamento é a possibilidade da conversão do cônjuge incrédulo. Paulo argumenta: "Pois, como sabes, ó mulher, se salvarás teu marido? Ou, como sabes, ó marido, se salvarás tua mulher?" (7.16). Você não sabe, mas você pode ter esperança. Você pode fazer investimento para isso e trabalhar nessa direção. Nessa mesma linha de pensamento o apóstolo Pedro diz: "Mulheres, sede vós, igualmente, submissas a vosso próprio marido, para que, se ele ainda não obedece à palavra, seja ganho, sem palavra alguma, por meio do procedimento de sua esposa, ao observar o vosso honesto comportamento cheio de temor" (1Pe 3.1,2).

Em segundo lugar, *a dissolução do casamento* (7.15). Há casos em que o cônjuge incrédulo se recusa terminantemente a conviver com o cônjuge crente. Caso o cônjuge incrédulo tome a iniciativa de abandonar definitivamente o cônjuge crente, este fica livre do jugo conjugal (7.15). Se o cônjuge incrédulo não quiser permanecer no casamento, a porta para a dissolução do casamento é aberta: "Mas, se o descrente quiser apartar-se, que se aparte; em tais casos, não fica sujeito à servidão nem o irmão, nem a irmã; Deus vos tem chamado à paz" (7.15). John Stott esclarece: "Se o cônjuge incrédulo desejar permanecer casado, então o crente não deve recorrer ao divórcio. Mas se o cônjuge incrédulo não quiser ficar e decidir partir, então o outro ficará livre para se divorciar e casar novamente".[116]

Paulo traz a lume a segunda cláusula exceptiva para o divórcio, que é o abandono irredutível, contumaz, e irreconciliável. Só há duas cláusulas exceptivas para o divórcio: Infidelidade (Mt 19.9) e abandono (7.15). A Confissão de Fé de Westminster ratifica a infidelidade e o abandono como os únicos motivos para o divórcio e um novo casamento:

> No caso de adultério depois do casamento, à parte inocente é lícito propor divórcio (Mt 5.31,32), e, depois de obter o divórcio, casar com outrem, como se a parte infiel fosse morta (Mt 19.9; Rm 7.2,3). Posto que a corrupção do homem seja tal que o incline a procurar argumentos a fim de indevidamente separar aqueles que Deus uniu em matrimônio, contudo nada, senão o adultério, é causa suficiente para dissolver os laços do matrimônio, a não ser que haja deserção tão obstinada que não possa ser remediada nem pela Igreja nem pelo magistrado civil (Mt 19.8; 1Co 7.15).[117]

John H. Gerstner levanta uma questão importantíssima: a cláusula exceptiva do adultério, ensinada por Cristo, não negou, por implicação, o ensino de Paulo sobre o abandono e Paulo positivamente ensinou o que Cristo não negou.

Não há discordância entre o ensino de Jesus e o ensino de Paulo.[118] A restrição de Cristo sobre infidelidade conjugal como fundamento para o divórcio não é inconsistente com a admissão de Paulo sobre o abandono como outro fundamento para o divórcio. O ensino de Paulo não contradiz o ensino de Cristo. Paulo e Cristo não estão em conflito sobre esta questão. Cristo está falando da base positiva para o divórcio e Paulo da base passiva. Cristo está falando que o cônjuge traído pode dar carta de divórcio. A iniciativa do divórcio é do cônjuge inocente. Paulo está falando que o cônjuge abandonado está livre do jugo conjugal. Desse modo, a iniciativa do divórcio não é do cônjuge abandonado, mas daquele que abandonou. O cônjuge abandonado pode apenas reconhecer o fato do seu abandono. No ensino de Paulo é a parte culpada que toma a iniciativa da deserção ou do divórcio. No ensino de Jesus é a parte inocente que toma a iniciativa do divórcio. Cristo falou de uma separação voluntária, Paulo de uma separação contra a vontade do cônjuge abandonado.[119]

Cristãos não casados (7.25-40)

Paulo traz uma palavra para os solteiros, viúvos e viúvas. Ele já havia tocado neste assunto: "E aos solteiros e viúvos digo que lhes seria bom se permanecessem no estado em que também eu vivo. Caso, porém, não se dominem, que se casem; porque é melhor casar do que viver abrasado" (7.8,9). É importante relembrar que nesse capítulo Paulo não faz um tratado teológico completo sobre celibato e casamento. Ele está apenas respondendo a perguntas específicas da igreja de Corinto. Eles deviam estar perguntando algo assim: "O que você acha Paulo, como nosso pastor, um cristão deve se casar ou deve permanecer solteiro?" Paulo responde a essa pergunta tendo em vista dois grupos: As virgens e as viúvas. É muito importante prestarmos atenção nisso, porque senão corremos o risco de interpretar mal o apóstolo Paulo.

Em primeiro lugar, *vejamos o que Paulo ensina sobre as virgens* (7.25-38). A preferência de Paulo pelo celibato (7.1,26,32,38,40) tem fortes razões circunstanciais (7.26,28,29,32). Observe claramente que o apóstolo Paulo parece ter uma predileção pelo celibato em relação ao casamento: "Quanto ao que me escrevestes, é bom que o homem não toque em mulher" (7.1). Ele aponta as razões: "Considero, por causa da angustiosa situação presente, ser bom para o homem permanecer assim como está" (7.26). Paulo ainda argumenta: "O que realmente eu quero, é que estejais livres de preocupações. Quem não é casado cuida das cousas do Senhor, de como agradar ao Senhor" (7.32).

Paulo aconselha os pais: "E, assim, quem casa a sua filha virgem faz bem; quem não a casa faz melhor" (7.38). Paulo aconselha as viúvas: "Todavia, será mais feliz se permanecer viúva, segundo a minha opinião..." (7.40). Por que Paulo adota essa posição, embora tenha combatido a ideia daqueles que achavam que o celibato era moralmente superior ao casamento? Por que ele parece ter uma clara e certa predileção pelo celibato? Por que Paulo toma esse partido uma vez que ensinou que tanto o celibato quanto o casamento são dons de Deus? Nós temos de entender isso, caso contrário vamos chegar a uma conclusão equivocada. Temos de entender que Paulo está mostrando isso por causa de fatores circunstanciais daqueles dias em que estava vivendo.

Que fatores são esses?

a) A angustiosa situação presente. Paulo argumenta: "[...] por causa da angustiosa situação presente..." (7.26). "Ainda assim, tais pessoas sofrerão angústia na carne, e eu quisera poupar-vos" (7.28). "Isto, porém, vos digo, irmãos: o tempo se abrevia; o que resta é que não só os casados sejam como se o não fossem..." (7.29). "O que realmente eu quero, é que estejais livres de preocupações" (7.32). Paulo levanta três fatos circunstanciais sérios para descrever essa questão de que casar é bom, mas permanecer solteiro, viúvo ou viúva é melhor. Que angustiosa situação presente era essa descrita nos versículos 26 e 28? Paulo está se referindo ao tempo tenebroso de implacável perseguição que a igreja estava prestes a enfrentar.

Paulo estava em Éfeso quando escreveu essa carta. Observem o que ele disse: "Porque não queremos, irmãos, que ignoreis a natureza da tribulação que nos sobreveio na Ásia, porquanto foi acima das nossas forças, a ponto de desesperarmos até da própria vida" (2Co 1.8). Esse era o clima que estava surgindo no horizonte. As nuvens estavam ficando densas, escuras, e trevosas. Prenunciava-se a chegada de uma terrível tempestade. Jerusalém estava prestes a ser cercada. As muralhas de Jerusalém seriam quebradas. Jesus já havia falado em seu sermão profético: "Ai das grávidas e das que amamentarem naqueles dias" (Mt 24.19). Por que Jesus disse isso no sermão profético?

No ano 70 d.C., quando Tito Vespasiano entrou em Jerusalém e quebrou os seus muros, seus soldados rasgaram as entranhas das grávidas com a espada. As mulheres grávidas não podiam correr para se livrarem. Paulo está dizendo que quem é casado numa hora de tribulação, de guerra, de perseguição, de fuga, sofre terrivelmente.

Já imaginou um pai fugindo e deixando um filho para trás? Já imaginou uma mãe fugindo da guerra e deixando uma filha indefesa para trás? Já imaginou um marido fugindo e deixando sua mulher para trás? Paulo está mostrando que o clima prenunciava um tempo de guerra e essa guerra estava chegando. Nero já despontava com sua insanidade. O cenário para a perseguição implacável aos cristãos estava montado. Roma seria incendiada em 64 d.C., e os cristãos seriam caçados, perseguidos e mortos por todos os cantos do império.

O que Paulo diz, então? O contexto imediato fala da destruição de Jerusalém e a imediata perseguição dos judeus e cristãos. A loucura crescente do imperador Nero estava vindo à tona. Em vista desse tempo tenebroso de opressão e perseguição é que Paulo acha melhor os homens permanecerem como estavam.[120] Quando os mares se encapelam não é hora de mudar de navio.[121] É nesse contexto que Paulo traz essa palavra para a igreja. Perceba que no versículo 26 Paulo diz que aquele era um tempo de profunda tribulação. No versículo 32, Paulo diz que era um tempo de preocupação. Coloque-se no lugar do apóstolo Paulo. Diante das suas múltiplas viagens e perigos, sendo preso aqui e açoitado ali, de cadeia em cadeia, caso fosse casado e tivesse filhos, seu sofrimento teria sido muito maior. Ele mesmo disse que quem se casa deve cuidar do seu casamento. É nesse contexto que Paulo coloca essa questão.

b) Aquele era um tempo de mudança. Paulo aconselha: "Isto, porém, vos digo, irmãos: o tempo se abrevia; o que resta é que não só os casados sejam como se não o fosse; mas também os que choram, como se não chorassem; e os que se alegram, como se não se alegrassem; e os que compram, como se nada possuíssem; e os que utilizam o mundo, como se dele não usassem; porque a aparência deste mundo passa" (7.29-31).

Num tempo de guerra, perseguição, cerco, e fuga, não se pode estar preso a nada. Paulo está dizendo que a crise estava para começar. Os crentes não podiam se apegar a nada deste mundo. Era um tempo difícil e a crise estava chegando. Paulo recomenda: Se você não está casado, não se case. Agora, se você não aguenta, então case. Você não peca se casar. Mas Paulo diz: Eu queria poupar você desse problema, dessa preocupação, dessa angústia.

c) A aparência deste mundo passa. Paulo conclui: "[...] e os que se alegram, como se não se alegrassem; e os que compram, como se nada possuíssem; e os que se utilizam do mundo, como se dele não usassem; porque a aparência deste mundo passa" (7.30,31). A palavra aparência na língua grega é *schema*. Essa palavra fala de uma forma externa que está mudando sempre. É tolo aquele que investe em um *schema* que está em rápida desintegração.

Por isso, Paulo tem aqui cinco recomendações: Primeira recomendação: Permaneça como você está. Se você está solteiro, fique solteiro; se você está casado não saia do casamento (7.26). Segunda recomendação: Não procure casamento (7.27). Terceira recomendação: Esteja prevenido para o fato de que se casar vai sofrer angústia na carne (7.28). Quarta recomendação: Você vai ter preocupações adicionais se você se casar (7.32). Quinta recomendação: Você vai estar com o coração e o tempo divididos se você se casar (7.34). O coração do casado está fragmentado. O cônjuge tem de cuidar das coisas do mundo de como agradar a esposa e de como agradar o marido. E ele não vai ter tempo integral para cuidar das coisas do Senhor num tempo de perseguição e de fuga.

Se nós não entendermos esse contexto, vamos pensar que Paulo é o maior defensor do celibato e um grande crítico do casamento. E não é esse o ensino geral do apóstolo. Chamo a atenção repetidamente para isso, porque, quando estudamos os outros textos de Paulo sobre casamento e família, ele nos conduz pelos caminhos mais encantadores dessa sacrossanta relação. O que Paulo escreve no texto em tela é em resposta às perguntas objetivas da igreja de Corinto. Precisamos levar isso em consideração para não chegarmos a conclusões apressadas e equivocadas.

Em segundo lugar, *vejamos o que Paulo ensina sobre as viúvas*. Finalmente Paulo traz uma palavra às viúvas e aos viúvos: "A mulher está ligada enquanto vive o marido; contudo, se falecer o marido, fica livre para casar com quem quiser, mas somente no Senhor. Todavia, será mais feliz se permanecer viúva, segundo a minha opinião; e penso que também eu tenho o Espírito de Deus" (7.39,40). Uma verdade importante a destacar é que o casamento é para toda a vida. O casamento deve durar enquanto dura a vida dos cônjuges. Enquanto viver o marido; enquanto viver a esposa dura o casamento. Paulo nem cogita o divórcio aqui. Casamento não é um contrato de experiência; ele é para a vida toda.

Outra verdade a destacar é que o casamento é só para esta vida e não para a eternidade. A teologia mórmon do casamento eterno está em total desacordo com a Palavra de Deus. Tem gente que acredita que vai continuar casado no céu. Isso é tolice. Você não vai ser marido da sua esposa nem esposa do seu marido no céu. O casamento acaba com a morte. Certa feita os críticos de plantão quiseram pegar Jesus no contrapé com uma pergunta de algibeira acerca do levirato. Falaram acerca da mulher que se casou com sete irmãos. Depois que todos morreram, ela também morreu. Então, perguntaram para Jesus: Quem vai ser marido dela lá no céu, uma vez que todos os sete a desposaram? Jesus respondeu: "Errais, não conhecendo as Escrituras nem o poder de Deus.

Porque, na ressurreição, nem casam, nem se dão em casamento; são, porém, como os anjos no céu" (Mt 22.29,30). Portanto, o casamento é para a vida toda, mas não para a eternidade. É importante dizer que no casamento, homem e mulher se tornam uma só carne, mas não se tornam um só espírito. Somos um só espírito com o Senhor (6.17). Se fôssemos um só espírito com o nosso cônjuge, então, a morte não poderia dissolver os laços conjugais.

Paulo dá três conselhos para as viúvas naquele contexto. Primeiro conselho: Fiquem como vocês estão. Segundo conselho: Se você não aguenta, case-se. Terceiro conselho: Case-se, mas somente no Senhor.

Peter Wagner alista cinco aplicações práticas deste texto:[122]

- Leve o dom do celibato a sério. Celibato é dom. Se você anseia pelo casamento é porque não tem dom de celibato (7.8).
- Se você não tem o dom do celibato, case-se. O casamento é uma bênção e digno de honra entre todos. Melhor é serem dois do que um (Ec 4.9). É o próprio criador quem disse: "Não é bom que o homem esteja só" (Gn 2.18). Paulo diz que é melhor casar do que viver abrasado (7.9).
- Se você está para se casar, certifique-se que o seu futuro marido ou esposa seja uma pessoa convertida (7.39).
- Se você está casado com uma pessoa incrédula, faça todos os esforços necessários para manter o seu casamento (7.16).
- Se você quer que o seu casamento seja feliz, nunca deixe de dar a seu cônjuge toda a satisfação sexual que ele precisa e tem direito (7.3-5).

NOTAS DO CAPÍTULO 7

[105] WENHAM, G. J. et all. *New Bible commentary*. 1994: p. 1170.
[106] MACDONALD, William. *Believer's Bible commentary*. 1995: p. 1772.
[107] WIERSBE, Warren W. *Comentário bíblico expositivo*. Vol. 5. 2006: p. 772-776.
[108] WAGNER, Peter. *Se não tiver amor*. 1983: p. 55,56.
[109] Romanos 1.18-32; 1Coríntios 6.9-11; Levítico 18.22.
[110] MORRIS, Leon. *1Coríntios*. Editora Vida Nova. São Paulo, SP. 1989: p. 85.
[111] HODGE, Charles. In *The classic Bible commentary*. Ed. by Owen Collins. 1999: p. 1231.
[112] PRIOR, David. *A mensagem de 1Coríntios*. 1993: p. 125.
[113] STOTT, John. *Grandes questões sobre o sexo*. Vinde Comunicações. Niterói, RJ. 1993: p. 88-91.
[114] PRIOR, David. *A mensagem de 1Coríntios*. 1993: p. 131.
[115] BARRET, C. K. *A commentary on the First Epistle to the Corinthians*. Black's New Commentaries. A& C. Black. 1968: p. 165.
[116] STOTT, John. *Grandes questões sobre sexo*. 1993: p. 88-91.
[117] Confissão de Fé de Westminster, capítulo 24, seções V e VI.
[118] GERSTNER, John H. *The early writings*. Vol. 1. Morgan, Pennsylvania. Soli Deo Gloria Publications. 1997: p. 94.
[119] GERSTNER, John H. *The early writings*. Vol. 1. 1997: p. 96.
[120] PRIOR, David. *A mensagem de 1Coríntios*. 1993: p. 140,141.
[121] MORRIS, Leon. *1Coríntios*. 1989: p. 93.
[122] WAGNER, Peter. *Se não tiver amor*. 1983: p. 60.

Capítulo 8

Como lidar com a liberdade cristã
(1Co 8.1-13)

Todos nós temos com bastante clareza, em nossa mente, que há certas coisas na vida cristã que são absolutamente claras e inequívocas. Em qualquer lugar e época amar o próximo é uma coisa certa. Todavia, também há coisas que são essencialmente erradas. Cometer adultério, assassinar, e odiar as pessoas são práticas reprováveis em todo tempo e lugar. Porém, há determinadas coisas que a igreja fica imaginando: É certo? É errado? Pode fazer? Não pode fazer? Devemos fazer? Não devemos fazer? Por exemplo: O crente pode jogar na loteria esportiva, na megassena ou em qualquer jogo de azar? O crente pode ir à praia no domingo? O crente pode beber cerveja, jogar baralho ou fumar charuto? Pode participar de shows? Essas questões, às vezes, não estão tão claras na mente da maioria das pessoas.

Na igreja de Corinto o problema não era ir à praia no domingo, usar roupa sumária e provocante, participar de jogos de azar ou beber cerveja. Esses não eram os problemas que a igreja de Corinto enfrentava. Contudo, a igreja de Corinto enfrentava outro problema. Os crentes podiam comer carne sacrificada aos ídolos? Para nós não há nenhum problema em comer carne. Comer carne hoje não vai morder sua consciência, mas sim o seu bolso. Os problemas que afligiam a igreja de Corinto eram diferentes dos nossos, mas os princípios para resolvê-los são os mesmos para nós.

O problema dos ídolos na cidade de Corinto não era uma questão tão simples. A cidade toda estava infestada de ídolos. A religião oficial daquele povo era a idolatria. Quando Paulo chegou a Atenas, uma cidade próxima de Corinto, seu espírito ficou revoltado por causa da idolatria reinante na cidade (At 17.16). Corinto era uma floresta de ídolos e uma selva de imagens dos deuses do panteão greco-romano. Para cada casa, pórtico ou departamento público havia uma divindade e um altar. Havia um templo de Afrodite na acrópole, no ponto mais alto da cidade de Corinto, onde os ídolos proliferavam. Os crentes convertidos em Corinto eram egressos da idolatria. Eles eram adoradores de ídolos.

Então, surgia uma dúvida na mente deles: Podemos comer carne que os pagãos oferecem aos ídolos? É pecado fazer isso? A pergunta deles era: Comer carne sacrificada aos ídolos é a mesma coisa que adorar a um ídolo? A resposta de Paulo a essas questões lança luz nesse magno assunto da liberdade cristã.

Paulo diz que comer carne era um assunto amoral. Não era virtuoso nem pecaminoso. Ele esclarece: "Não é a comida que nos recomendará a Deus, pois nada perderemos, se não comermos, e nada ganharemos, se comermos" (8.8). Você não se torna mais espiritual ou menos espiritual por comer carne ou deixar de comer. Paulo está dizendo que o ato de comer carne não era moral, como amar o próximo nem imoral como cometer adultério. Porém, dependendo de certas circunstâncias comer carne poderia tornar-se imoral. Aqui estão alguns aspectos que vamos considerar no desenvolvimento deste texto.

O problema: Carne sacrificada aos ídolos (8.1,2)

Quero destacar cinco pontos importantes no texto:

Em primeiro lugar, *toda a população de Corinto praticava a idolatria, exceto a pequena colônia judia.* A idolatria era a religião nacional. Como dissemos, o templo de Afrodite estava cheio de ídolos. A adoração aos ídolos estava no sangue dos coríntios. Somente os membros da colônia judia, que faziam parte da sinagoga, não estavam comprometidos com a idolatria de Corinto.

Em segundo lugar, *os convertidos entenderam que a idolatria violava o primeiro mandamento da lei de Deus* (8.4). Os crentes da igreja de Corinto vieram do paganismo, da idolatria e se converteram ao evangelho. Alguns deles estavam com a teologia muito clara acerca do que era um ídolo: "No tocante à comida sacrificada a ídolos, sabemos que o ídolo, de si mesmo, nada é no mundo e que não há senão um só Deus". (8.4). Os convertidos da igreja de Corinto tinham clareza de que um ídolo era simplesmente barro, pedra, madeira ou gesso, e nada além disso. O ídolo não tem vida em si mesmo. A teologia deles estava correta. Mas os aspectos sociais da idolatria traziam problemas. Nem sempre era fácil para eles separar a questão religiosa da vida social ou cultural.

Em terceiro lugar, *havia três lugares onde se encontrava carne sacrificada aos ídolos em Corinto*. Nesses lugares os crentes precisavam se acautelar. Quais eram esses lugares?

a) O próprio templo dos ídolos (8.10). Paulo argumenta: "Porque, se alguém te vir a ti, que és dotado de saber, à mesa, em templo de ídolo, não será a consciência do que é fraco induzida a participar de comidas sacrificadas a ídolos?" (8.10). Os membros da igreja de Corinto haviam sido convertidos, mas quando alguém é convertido, não rompe os relacionamentos com as pessoas que ainda continuam não convertidas. As pessoas convertidas ao evangelho ainda mantêm laços de amizade com pessoas que ainda estão no mundo. Paulo já havia ensinado que ser crente não é viver num gueto. Ser crente não é entrar numa incubadora e numa estufa espiritual e cortar todos os vínculos de amizade com os pagãos. Do contrário teríamos de sair do mundo, diz Paulo (5.10).

No templo dos ídolos pagãos havia muitas festas e os crentes eram convidados a participar dessas celebrações festivas, e muitos deles participavam. Ali, sacrificava-se aos ídolos. A carne que era sacrificada nesse templo pagão era dividida em três partes. Uma parte era sacrificada no altar desse templo pagão, a um ídolo pagão. A outra parte ficava com o sacerdote pagão e a terceira parte da carne era entregue ao adorador do ídolo. Esse adorador nem sempre consumia toda essa carne. Parte dela, ele a vendia para o mercado, para os açougues públicos, e o restante ele levava para a sua casa.

Certamente, Paulo está dizendo, que os crentes não deviam comer carne sacrificada aos ídolos nos templos de ídolos. Comer carne, que é um ato amoral, nesse contexto, se torna imoral. Comer carne é lícito, mas comer carne em templo de ídolo não convém.

b) A casa dos amigos idólatras (10.27,28). Esse era o segundo lugar onde as pessoas poderiam encontrar carne sacrificada aos ídolos, na casa de algum amigo incrédulo. Paulo ensina: "Se algum dentre os incrédulos vos convidar, e quiserdes ir, comei de tudo o que for posto diante de vós, sem nada perguntardes por motivo de consciência. Porém, se alguém vos disser: Isto é coisa sacrificada a ídolo, não comais, por causa daquele que vos advertiu e por causa da consciência" (10.27,28). Algumas pessoas traziam a carne para casa depois do sacrifício e convidavam seus amigos para comer. A festa não transcorria na frente do ídolo, mas a carne servida era a mesma oferecida ao ídolo lá no templo pagão. O que o crente deveria fazer neste caso: comer ou não comer? Paulo orienta que se o crente viesse a saber que a carne havia sido sacrificada, não deveria comer. Porém, se não soubesse, não havia problema em comer.

c) Nos mercados públicos (10.25). Paulo aconselha: "Comei de tudo o que se vende no mercado, sem nada perguntardes por motivo de consciência" (10.25). Tanto os sacerdotes quanto os adoradores costumavam vender a carne que sobrava dos sacrifícios para os açougueiros. Agora veja duas informações importantes:

Primeira: Os animais sacrificados tinham de ser perfeitos, portanto, a carne sacrificada aos ídolos era a melhor carne. Então a dona de casa que não tivesse nenhum escrúpulo em relação ao assunto ia até o açougue e procurava saber qual a carne sacrificada aos ídolos. Tinha preferência por essa carne. Segunda: Os estudiosos dizem que a parte que sobejava dessa carne sacrificada no templo era vendida por preço menor ao comercializado no mercado de carnes. Portanto, comprava-se uma carne de melhor qualidade por um preço menor. Como é que se desenrola a questão da liberdade cristã nesse caso? Vejamos como Paulo orienta!

Em quarto lugar, *na igreja de Corinto formaram-se dois grupos opostos*. Que grupos eram esses?

a) Os abstinentes e legalistas. Algumas pessoas, que Paulo identifica como os de consciência mais fraca, diziam: "Nós não podemos comer carne em hipótese nenhuma, pois corremos o grave risco de comer carne sacrificada a ídolos". Para não correr riscos, eles decidiram cortar a carne do cardápio. Tornaram-se vegetarianos para não caírem no perigo de comer carne sacrificada aos ídolos.

b) Os permissivos e libertinos. Paulo os chama de fortes. Eles diziam: "Não! O ídolo é nada! Não passa de um pedaço de barro ou madeira e ele não tem valor algum, vamos comer carne a valer! Não importa o lugar ou a circunstância, vamos comer carne sem qualquer drama de consciência".

Os crentes de Corinto dividiram, com a sua imaturidade, a igreja em quatro partidos; agora cometem mais um pecado em nome do conhecimento: Ferir a comunhão da igreja! A igreja se dividiu em dois grupos: Uns achando que não podiam comer carne de maneira nenhuma; outros achando que podiam comer em qualquer circunstância. E, assim, a igreja mais uma vez sofreu um abalo da quebra de comunhão.

Em quinto lugar, *Paulo chama os dois grupos de fracos e fortes*. O grupo que Paulo batizou de *fracos*, os que se abstinham totalmente de comer carne, chamava o grupo denominado de *fortes*, que comiam carne em quaisquer circunstâncias, de crentes mundanos. E esses *fortes* chamavam os abstinentes, *os fracos*, de fanáticos, pessoas sem entendimento da verdade.

Qual é o princípio que deve reger a questão da liberdade cristã? O princípio geral de Paulo era: "[...] quem come não despreze o que não come; e o que não come não julgue o que come, porque Deus o acolheu" (Rm 14.3). A orientação de Paulo é que não devemos ser fiscais da vida alheia. É preciso que o crente tenha sabedoria para adotar uma postura coerente dentro da liberdade cristã.

O princípio: O amor deve controlar o conhecimento (8.3-6)

Paulo elogia o conhecimento dos cristãos *fortes* que não tinham problemas com a carne sacrificada aos ídolos: "No tocante à comida sacrificada a ídolos, sabemos que o ídolo, de si mesmo, nada é no mundo e que não há senão um só Deus" (8.4). A teologia estava certa, mas o problema é que esses cristãos não estavam associando corretamente essa teologia com uma atitude certa. Não estavam regendo essa teologia pelo amor. Paulo escreve: "No que se refere às coisas sacrificadas a ídolos, reconhecemos que todos somos senhores do saber" (8.1). Os crentes de Corinto tinham uma vaidade muito grande devido ao seu vasto conhecimento. Paulo já os havia elogiado por isso: "[...] porque, em tudo, fostes enriquecidos nele, em toda a palavra e em todo o conhecimento" (1.5). Os crentes de Corinto tinham uma forte tendência para a vaidade, orgulho, e altivez. Eles estavam cheios como um balão. Paulo, então, exorta-os dizendo que o saber ensoberbece, mas o amor edifica. "Se alguém julga saber alguma coisa, com efeito, não aprendeu ainda como convém saber. Mas, se alguém ama a Deus, esse é conhecido por ele" (8.2,3).

Leon Morris destaca o fato de que a coisa realmente importante não é que conhecemos a Deus, mas que Ele nos conhece.[123] Paulo entende que o amor *ágape* precisa controlar o conhecimento, *gnosis*. Conhecimento sem amor não traz edificação, mas tropeço. Sem amor facilmente pecamos contra o irmão. De que maneira nós corremos o risco de pecar contra o nosso irmão? É possível golpear a consciência fraca do irmão (8.12). Paulo alerta: "E deste modo, pecando contra os irmãos, golpeando-lhes a consciência fraca, é contra Cristo que pecais" (8.12).

Não somos uma ilha. Nossas palavras, ações e reações afetam as pessoas à nossa volta. Vivemos em comunidade, por isso, nossas atitudes nunca são neutras. Elas ajudam ou estorvam as pessoas. Nossa conduta não deve ser regida apenas por nossas opiniões. Precisamos levar em conta, também, as pessoas que estão perto de nós.

Nossa ética é governada pelo amor e não apenas pelo conhecimento. Nem todos na comunidade têm o mesmo conhecimento e a mesma consciência que temos. Aquilo que pode ser certo para você, pode ser errado para o seu irmão. O que para você não é tropeço, para o seu irmão pode ser causa de escândalo. O que não escandaliza você pode escandalizar o seu irmão. O que é normal aos seus olhos pode ser extremamente chocante para o seu irmão. A ética cristã é regida não só pelo conhecimento que você tem, mas pelo amor que você nutre pelo seu irmão. Se a sua atitude provoca e escandaliza a seu irmão, você está pecando contra ele, golpeando-lhe a consciência fraca.

O princípio de Paulo é que o amor deve reger a nossa liberdade cristã: "E, por isso, se comida serve de escândalo a meu irmão, nunca mais comerei carne, para que não venha a escandalizá-lo" (8.13). É preciso abrir mão de um direito seu, porque a vida do seu irmão é mais importante que o seu direito. Isso é ética cristã! O amor deve nos reger. O princípio que Paulo está ensinando é que o amor ao seu irmão deve reger a sua liberdade cristã. Para as pessoas *fracas*, a carne sacrificada aos ídolos era contaminada. Comê-la, portanto, era pecado: "Entretanto, não há esse conhecimento em todos; porque alguns, por efeito da familiaridade até agora com o ídolo, ainda comem dessas coisas como a ele sacrificadas" (8.7).

Paulo conclui identificando-se com o grupo *forte*. Contudo, ele está disposto a abrir mão do privilégio de comer carne para não escandalizar os irmãos *fracos*. O crente maduro não é regido pelos seus direitos, mas pelo amor.

Paulo mostra que o problema do grupo *forte* era o conhecimento sem amor. Quero abordar três coisas a esse respeito:

a) O perigo do falso conhecimento. Existe um grande perigo na vida cristã de se desenvolver uma espiritualidade apenas do conhecimento. Tem muita gente que pensa que um crente maduro é aquele que conhece a Bíblia e estuda teologia. Então, se a pessoa conhece bem a Bíblia e estuda profundamente teologia, se ela conhece bem as correntes teológicas, e domina as leis da hermenêutica sagrada, ela se julga madura na fé. É claro que o conhecimento é fundamental. Não há maturidade cristã sem conhecimento. Porém, é possível uma pessoa ter conhecimento e não ser madura.

A Bíblia sempre faz esse balanceamento entre conhecimento e amor, entre conhecimento e experiência. Paulo alerta para o perigo de um conhecimento separado do amor. O conhecimento não pode ser separado da experiência (2Pe 3.18; Mt 22.39; Jo 1.14; 1Co 14.5). Há pessoas que sabem muito, mas não amam, conhecem muito, mas não vivem. Têm interesse apenas pelo conhecimento teórico, mas têm um coração vazio de Deus. Essas pessoas podem conhecer a respeito de Deus, mas não conhecem a Deus.

b) Os sinais e as indicações do falso conhecimento. O apóstolo adverte: "O saber ensoberbece..." (8.1). O problema é que o conhecimento sem amor incha as pessoas de vaidade. Esse é o grande perigo de uma pessoa pensar que sabe demais e é dona da verdade. Ela começa a arrotar o seu intelectualismo teológico e a olhar os outros de cima para baixo. Ela despreza as pessoas por causa do conhecimento que tem. Essas pessoas se tornam arrogantes e sectaristas, pois imaginam que aqueles que pensam diferente delas não são espirituais como elas. Paulo diz que esse tipo de saber ensoberbece.

A palavra grega que Paulo usa para ensoberbecimento é um balão. Um balão está cheio de vento, de ar, mas se você espetá-lo com um alfinete, ele esvazia. Um balão só tem ar, mas nenhum conteúdo. O verdadeiro conhecimento não é arrogante. Quem sabe não toca trombetas. Quem sabe não tenta ser fiscal da vida alheia. O verdadeiro conhecimento produz humildade e não arrogância. Lata vazia é que faz barulho. Só restolho fica empinado, as espigas cheias se dobram. O que Paulo está dizendo é que onde há presunção e patrulhamento alheio o saber é balofo com um balão cheio de ar, mas não traz nenhuma edificação para as pessoas.

A soberba intelectual engana. "Se alguém julga saber alguma coisa, com efeito, não aprendeu ainda como convém saber" (8.2). Paulo diz que se você acha que sabe muito, você ainda não sabe nada. Você não deve ficar soberbo por aquilo que sabe, mas muito humilde por aquilo que ainda não sabe. O que você sabe é apenas um grão diante daquilo que ainda não sabe. Você está apenas arranhando a superfície do conhecimento. Por isso, o sábio não toca trombeta. Ele sabe que não sabe. A orientação de Paulo é: Não se ensoberbeça! O conhecimento precisa andar de mãos dadas com a humildade, pois quanto mais sabemos, tanto mais sabemos que não sabemos. Leon Morris citando W. Kay diz: "O conhecimento orgulha-se de ter aprendido tanto. A sabedoria humilha-se por não saber mais".[124]

A soberba intelectual nos afasta do íntimo conhecimento de Deus. "Mas, se alguém ama a Deus, esse é conhecido por ele" (8.3). Ninguém pode chegar diante do Deus Altíssimo com soberba. Quem pode se jactar diante de Deus? O ponto nevrálgico levantado por Paulo não é só a questão de conhecer a Deus, mas de ser conhecido por Deus. Se você conhece e só conhece e não ama, isso é balão de vento. Mas se você amar, você é conhecido por Deus. Pode alguém se orgulhar de conhecer muito o Altíssimo, o insondável, o profundo? Quem pode jactar-se diante do Todo-Poderoso? Se uma pessoa de fato conhece a Deus, se renderá aos Seus pés em admiração e louvor e amará os seus irmãos.

c) As vantagens do conhecimento regido pelo amor (8.1). Paulo chama a atenção acerca das vantagens do conhecimento regido pelo amor: "[...] o amor edifica..." (8.1). Ao mesmo tempo em que Paulo diz que o conhecimento ensoberbece, diz que o amor edifica, constrói, e eleva. O amor edifica aos outros e a si mesmo. Paulo diz que quando o conhecimento é regido pelo amor somos levados a amar a Deus e ao nosso próximo. Quando somos regidos pelo amor, pensamos não em nós mesmos, mas nos irmãos. Vivemos, então, não para nós mesmos, mas para o Senhor e para o próximo.

O problema da consciência cristã – aplicações práticas (8.7-13)

Paulo trata agora de um sério problema da vida cristã, o problema da consciência. O que é a nossa consciência? A nossa consciência é um tribunal que o próprio Deus instalou dentro de nós. Pela consciência temos uma noção do que é certo e errado.

Emmanuel Kant, filósofo alemão, dizia que duas coisas o encantavam: o céu estrelado acima dele e a lei moral dentro dele. Deus colocou essa lei moral dentro de nós. Esse tribunal da consciência nos defende e nos acusa (Rm 2.14,15). Quando você faz uma coisa errada acende-se uma luz vermelha dentro de você. Uma sirene toca e o alarme dispara. É a consciência que o próprio Deus colocou em você trabalhando.

A consciência é o tribunal interno onde as nossas ações são julgadas, aprovadas ou condenadas (Rm 2.14,15). A consciência não é a lei; ela produz um testemunho diante da lei de Deus. A consciência depende do conhecimento. Quanto mais conhecemos a Deus e Sua Palavra, tanto mais forte é a nossa consciência, lembra Warren Wiersbe.[125]

O puritano Richard Sibbes imagina a consciência como um tribunal no conselho do coração humano. Na sua imaginação, a consciência assume o papel de cada integrante do drama do tribunal. E o arquivista grava com detalhes exatos tudo o que foi feito (Jr 17.1). É o acusador que apresenta uma denúncia contra o culpado, e o defensor que apoia o inocente (Rm 2.15). Ela também atua como uma testemunha contra ou a favor (2Co 2.12). É o juiz, que condena ou absolve (1Jo 3.20,21). É o carrasco que castiga o culpado com tristeza quando a culpa é descoberta (1Sm 24.5).[126]

Paulo diz que alguns crentes de Corinto tinham um problema de consciência fraca. John MacArthur Jr. corretamente afirma que consciência fraca é hipersensível e exageradamente ativa quanto às questões que não são pecado. Essa consciência é chamada de fraca nas Escrituras porque ela se ressente mui facilmente. Uma consciência fraca tende a se afligir por coisas que não trariam culpa para cristãos maduros que conhecem a verdade de Deus.

Uma consciência fraca é o resultado de uma fé imatura ou frágil.[127] Ele usa três vezes a questão da consciência fraca. Veja o que Paulo diz: "Entretanto, não há esse conhecimento em todos; porque alguns, por efeito da familiaridade até agora com o ídolo, ainda comem dessas coisas como a ele sacrificadas; e a consciência destes, por ser fraca, vem a contaminar-se" (8.7). Paulo ainda diz: "Porque, se alguém te vir a ti, que és dotado de saber, à mesa, em templo de ídolo, não será a consciência do que é fraco induzida a participar de comidas sacrificadas a ídolos?" (8.10).

Paulo conclui: "E deste modo, pecando contra os irmãos, golpeando-lhes a consciência fraca, é contra Cristo que pecais" (8.12). Por que esses irmãos tinham consciência fraca? Talvez por serem ainda neófitos na fé, ou seja, novos convertidos. Não tinham ainda o doutrinamento necessário para saber que o ídolo era nada. Talvez eram ainda bebês ou imaturos espiritualmente por não usar os recursos da graça de Deus. Paulo já havia identificado e denunciado cssc problema (3.1-3). Os crentes ainda estavam tomando leite, vivendo nos rudimentos da fé, quando deveriam ter amadurecido para comer carne e alimento sólido. Eles tinham tempo de vida cristã, mas não tinham maturidade cristã. É possível isso acontecer. É possível ter dentro da igreja uma pessoa com vários anos de convertida e ainda ser um bebê espiritualmente. É possível que haja na igreja um crente que tenha frequentado milhares de aulas da Escola Bíblica Dominical e ouvido milhares de sermões, mas ainda seja um bebê na fé. Há pessoas que passam a vida inteira na igreja e nunca deixam de ser crianças precisando de leite. Nunca crescem, nunca amadurecem. Estão sempre nos primeiros rudimentos da fé. Por isso sempre vão ter uma consciência fraca. Qualquer coisinha as escandaliza.

Paulo diz que alguns cristãos têm consciência fraca (8.7,10,12) porque são novos na fé, ou porque não cresceram espiritualmente (3.1-4), ou porque têm medo da liberdade. A consciência de um cristão fraco é facilmente contaminada (8.7), golpeada (8.12) e escandalizada (8.12,13). Por isso, Paulo chama a atenção não para o crente fraco, mas para o crente forte. O crente forte precisa ter cuidado com suas atitudes para não escandalizar os crentes fracos (8.9).

O crente maduro que tem conhecimento, e é regido pelo amor, precisa ajudar o crente fraco. É o crente maduro que tem de cuidar do crente fraco para ele não naufragar. Assim, Paulo diz que nenhum cristão tem liberdade de assegurar os seus direitos se isso significar dano às outras pessoas.

Paulo, agora, mostra o que pode e o que não pode na liberdade cristã. Ele cria as três circunstâncias já mencionadas, fazendo as devidas aplicações práticas.

1) Quando comer e quando não comer? O crente pode comer carne sacrificada ao ídolo no templo do ídolo? Paulo diz que não. Comer carne sacrificada ao ídolo não é o problema. Você não tem a obrigação de fazer uma investigação da procedência de tudo aquilo que compra no supermercado. É uma tolice o crente ficar perturbado com isso. Isso é consciência fraca. Isso é imaturidade espiritual. Porém, Paulo diz o seguinte: "Olha meus irmãos, o fato de vocês irem a um templo pagão, diante de um ídolo pagão, numa festa pagã e comer carne sabidamente sacrificada ao ídolo é ir longe demais. Abstenham-se disso". Comer carne no templo do ídolo é ir longe demais. Esse é um uso abusivo da liberdade cristã.

Contudo, por que você deve se abster? Paulo diz que o ídolo é nada neste mundo (8.4). Porém, também, afirma:

> Que digo, pois? Que o sacrificado ao ídolo é alguma coisa? Ou que o próprio ídolo tem algum valor? Antes, digo que as coisas que eles sacrificam, é a demônios que as sacrificam e não a Deus; e eu não quero que vos torneis associados aos demônios. Não podeis beber o cálice do Senhor e o cálice dos demônios; não podeis ser participantes da mesa do Senhor e da mesa dos demônios. Ou provocaremos zelos no Senhor? Somos, acaso, mais fortes do que ele?" (10.19-22).

Paulo diz que, embora o ídolo não seja nada, uma vez que não tem vida em si mesmo e é feito de barro, gesso, pedra, ouro, madeira, o que está por trás desse ídolo são demônios. Embora o ídolo seja material, o que está por trás dele é espiritual.

Comer carne, um ato amoral, se torna imoral quando é feito num templo de ídolo. Dependendo da situação, o mesmo ato pode ter conotações diferentes. Comer carne é amoral, mas comer carne consagrada ao ídolo, no templo do ídolo, se torna imoral. Se o cristão participa de uma festa na presença do ídolo, mesmo sabendo que o ídolo é nada no mundo, ele atravessou a linha que separa uma ação amoral (comer carne) de um pecado (idolatria). Embora, o ídolo seja nada, mas quem está atrás dele são demônios (10.19-22).

O envolvimento com idolatria é um envolvimento com demônios (Dt 32.15-17). Por isso, comer carne sacrificada aos ídolos, uma coisa amoral para Paulo, se torna imoral no templo pagão. Esse princípio vale para os fracos e para os fortes!

Imaginemos que um crente em Corinto fosse convidado à casa de um incrédulo para uma festa. Paulo diz que o crente pode ir à festa na casa de um amigo pagão. Jesus entrou na casa de publicanos e pecadores e isso escandalizou os fariseus. Jesus até bebeu vinho e os críticos de plantão o chamavam de beberrão. Os mais radicais e legalistas chegaram a pensar que Jesus blasfemava e até estava endemoninhado. Paulo diz que nós não devemos cortar os nossos vínculos com as pessoas não cristãs. Temos de ter amigos fora da igreja também. Como vamos influenciar as pessoas se não nos relacionarmos com elas? Como vamos evangelizá-las se não encontrarmos com elas? Precisamos ser luz para aqueles que ainda não conhecem a luz.

Não podemos ser sal apenas dentro do saleiro. Por isso, Paulo diz que os crentes podiam ir às festas dos amigos não crentes e comer de tudo que fosse colocado na mesa, sem ficar fazendo interrogatório acerca da procedência da carne. Porém, se o anfitrião o informasse que aquela carne foi sacrificada aos ídolos, o crente deveria se abster de comer para não ser conivente com a idolatria.

Comer carne era amoral, mas a partir do momento que o crente tomava conhecimento que a carne estava consagrada ao ídolo, o que era amoral se tornava imoral. Lembra-se de Daniel na Babilônia? Ele não era vegetariano, mas resolveu firmemente no seu coração não se contaminar com as iguarias da mesa do rei (Dn 1.8). Por que ele não quis comer as iguarias da mesa do rei? Porque essas iguarias eram oferecidas aos ídolos. Então, esta deve ser a postura do cristão: se eu sei, eu não como.

2) Quando comprar e quando não comprar? Outra circunstância que exigia cautela era ir ao mercado. Parte da carne sacrificada no templo vinha para os açougues. Talvez a melhor carne, pelo preço mais barato. Paulo orienta: "Comei de tudo o que se vende no mercado, sem nada perguntardes

por motivo de consciência" (10.25). O crente pode ir ao mercado, comprar a carne e comê-la? Paulo responde: Sim, não e talvez! Comer de tudo que vende no mercado? Sim. No templo do ídolo? Não. Na casa do amigo? Sim ou não. Depende da informação que você tiver. Se for à casa do amigo, não pergunte a procedência da carne (10.27). Se souber que é sacrificada aos ídolos, não coma (10.28).

No mercado público havia carne sacrificada a ídolos nos ganchos do açougue e carne não sacrificada (10.25). A aparência da carne era a mesma. Cristãos fracos diziam que não se devia comprar carne de espécie alguma porque sempre havia a possibilidade de comprar carne sacrificada. Para Paulo, eles estavam levando seus escrúpulos longe demais (10.25). Estando no mercado, o simbolismo religioso da carne não tinha mais importância. A teologia de Paulo não estava neurotizada pelo demonismo. Paulo não via demônios em tudo. Carne no mercado é amoral e os fracos tinham de parar de dizer que era imoral.

3) Quando comer e quando não comer: O caso que Paulo trata agora é dentro do contexto de um crente sendo convidado para comer carne na casa de um amigo pagão. Essa era a situação mais complexa. Uma coisa amoral pode se tornar imoral dependendo da situação. Você pode comer de tudo que se coloca na mesa. Jesus disse que não é o que entra pela boca que contamina o homem, mas o que sai do seu coração (Mc 7.18-23). Agora se você sabe a procedência do que lhe é oferecido, se lhe é passado o que foi feito com aquela comida, então, já deixou de ser amoral para ser imoral.

Ir ao cinema é amoral. Agora, ir ao cinema para ver um filme pornográfico é imoral. Beber vinho é amoral, mas, fazê-lo num bar pode escandalizar muita gente. A pessoa que passa na rua não sabe se você está bebendo um copo, uma garrafa ou um barril. E a ética cristã é essa: cuidado! "Vede, porém, que esta vossa liberdade não venha, de algum modo, a ser tropeço para os fracos" (8.9). Você tem de reger a sua consciência não apenas pelo seu conhecimento, mas também, e, sobretudo, pelo amor. É preciso discernimento. O amor cristão tem preferência sobre o conhecimento cristão.

Os argumentos usados por Paulo (8.9-13) sobre a liberdade cristã nos ensinam alguns princípios práticos:

a) A liberdade cristã, se não for dirigida pelo conhecimento e pelo amor pode se tornar pedra de tropeço para o cristão fraco (8.10).

b) Devemos sempre olhar para cada cristão como um irmão pelo qual Cristo morreu (8.11). Esse irmão é muito valoroso para Deus, pois Cristo morreu por ele.

c) Quando pecamos contra um irmão, ferindo a sua consciência fraca, estamos na realidade pecando contra Cristo (8.12). É fácil ignorar a presença real de Jesus em nosso irmão. Quando você peca contra seu irmão, também está pecando contra Cristo. Quando Paulo perseguiu a Igreja, Jesus perguntou-lhe: "Saulo, Saulo, por que me persegues?" (At 9.4). Quando você fere um membro da igreja, você está atingindo também o cabeça da Igreja, que é Cristo.

d) Fazer "coisas duvidosas" apenas por exibicionismo nunca é uma demonstração da verdadeira liberdade cristã (8.13). Se comer carne vai escandalizar meu irmão, nunca mais eu vou comer carne. Se beber vinho vai escandalizar meu irmão, eu nunca mais vou beber vinho. Esse é o princípio que Paulo está ensinando (Rm 15.1,2).

Concluindo, Paulo nos oferece a lei áurea para nos conduzir com segurança pelos caminhos da liberdade cristã: "Portanto, quer comais, quer bebais ou façais outra coisa qualquer, fazei tudo para a glória de Deus" (10.31). Esse é o princípio máximo da liberdade cristã. Para qualquer coisa que você for fazer, pare para pensar: É por que eu gosto? É por que me faz bem? É por que me dá prazer? É por que é meu *hobby*? A pergunta mais adequada deveria ser: É para a glória de Deus?

Notas do capítulo 8

[123] Morris, Leon. *1Coríntios: Introdução e comentário.* 1983: p. 100.
[124] Morris, Leon. *1Coríntios: Introdução e comentário.* 1983: p. 100.
[125] Wiersbe, Warren W. *Comentário bíblico expositivo.* Vol. 5. 2006: p. 778.

[126] SIBBES, Richard. *Commentary on 2Corinthians.* Banner of Truth. Edimburgo. 1981: p. 210,211.
[127] MACARTHUR JR., John. *Sociedade sem pecado.* Editora Cultura Cristã. São Paulo, SP. 2002: p. 41.

Capítulo 9

A liberdade da graça
(1Co 9.1-27)

JÁ EXAMINAMOS O CAPÍTULO 8 que fala sobre a liberdade cristã. Vimos que a liberdade do cristão não é regida por seus direitos, mas pelo amor ao próximo.

No capítulo 9, Paulo apresenta o seu exemplo, trazendo à baila a questão do suporte financeiro dos obreiros. Em princípio parece que ele está interrompendo o tema que começou no capítulo 8, sobre comida sacrificada aos ídolos. Contudo, longe desse capítulo ser uma interrupção do tema tratado no capítulo anterior, é uma ilustração pessoal dele.[128] No capítulo 9, Paulo ilustra o que pregou no capítulo 8, dando o seu exemplo, elucidando o que é a liberdade da graça. Apresentando o seu testemunho, Paulo mostrou à igreja que praticava aquilo que pregava.

O capítulo 9 lida com o ensino de Paulo sobre o suporte financeiro dos obreiros. Aqui, Paulo dá um exemplo positivo, enquanto no capítulo 10 aponta um exemplo negativo. Israel usou mal a sua liberdade.

Paulo ensinou sobre o seu direito de receber o sustento financeiro da igreja. O sustento financeiro era direito seu e responsabilidade da igreja. Embora seja princípio claro das Escrituras que o trabalhador é digno do seu salário, Paulo abriu mão desse direito, por um propósito mais elevado. Dessa maneira, ele ilustra como se trabalha com a liberdade cristã. Receber salário da igreja era um direito seu, mas ele abriu mão desse direito.

Paulo apresenta dois argumentos em defesa da sua política sobre o sustento financeiro daqueles que trabalham na obra de Deus: o direito de receber sustento da igreja (9.1-14) e o direito de recusar esse mesmo sustento (9.15-27).[129]

Paulo defendeu o seu direito de receber suporte financeiro da igreja (9.1-14)

Paulo defendeu o direito do obreiro de ser sustentado pela igreja e o direito de recusar o suporte financeiro. Primeiro ele construiu a base para dizer que é direito seu, que é legal e bíblico receber o salário da igreja. Depois, ele usou outro argumento, a liberdade e o direito que tem de abrir mão do seu sustento por uma causa maior.

Warren Wiersbe diz que nos versículos 1-14 Paulo evidencia cinco argumentos para provar seu direito de receber o sustento financeiro da igreja de Corinto: Seu apostolado (9.1-6), sua experiência (9.7), a lei do Antigo Testamento

(9.8-12), a prática do Antigo Testamento (9.13) e o ensino de Jesus (9.14).[130] Vejamo-los:

Em primeiro lugar, *seu apostolado* (9.1-6). O primeiro argumento que ele usou para defender o direito de receber o sustento financeiro foi o seu apostolado. O que estava acontecendo é que alguns crentes da igreja de Corinto questionavam a autenticidade do apostolado de Paulo. Alguns o consideravam um impostor. Paulo, então, defende seu apostolado mostrando que ele era autêntico e não espúrio. Paulo começa levantando a seguinte questão: Qual é a prova de um verdadeiro apóstolo? Para ser um apóstolo, uma pessoa precisava possuir duas credenciais: Ter visto a Jesus (1Co 9.1; At 1.21,22) e realizar sinais (2Co 9.1,2; 12.12). Um apóstolo era uma testemunha da ressurreição de Cristo (At 2.32; 3.15; 5.32; 10.39-43).

Paulo tinha essas duas credenciais (1Co 15.8; 2Co 12.12). Ele viu o Jesus ressurreto na estrada de Damasco. Ele mesmo afirma à igreja de Corinto: "[...] e, afinal, depois de todos, foi visto também por mim, como por um nascido fora de tempo" (1Co 15.8). Sim, ele viu Jesus no caminho de Damasco, o Cristo ressurreto. Paulo era uma testemunha da ressurreição de Cristo.

Qual era a segunda credencial de um apóstolo? Um ministério recebido de Cristo e confirmado por sinais. O ensino de Paulo foi recebido de Cristo? Foi. Ele testemunha esse fato com clareza (Gl 1.11,12). E sobre os sinais? Paulo poderia cumprir esse requisito de um verdadeiro apóstolo? Sim! Veja o seu testemunho: "Pois as credenciais do apostolado foram apresentadas no meio de vós, com toda a persistência, por sinais, prodígios e poderes miraculosos" (2Co 12.12). Paulo tinha todas as credenciais de um verdadeiro apóstolo. Ele era um apóstolo genuíno.

Paulo ainda argumenta que qualquer pessoa poderia questionar a genuinidade do seu apostolado, menos os membros da igreja de Corinto. Isso, porque a conversão deles era uma prova da eficácia do seu ministério e o selo do seu apostolado (9.1,2). Aqueles que estavam questionando a legitimidade do seu apostolado não deveriam questionar. Por quê? Por duas razões:

a) O primeiro argumento de Paulo é colocado por meio de uma afirmativa: "Se não sou apóstolo para outrem, certamente, o sou para vós outros; porque vós sois o selo do meu apostolado no Senhor" (9.2). Ou seja, aquela igreja era filha do apóstolo Paulo. Ele gerou aqueles irmãos em Cristo Jesus. Paulo diz: "[...] ainda que tivésseis milhares de preceptores em Cristo, não teríeis, contudo, muitos pais; pois eu, pelo evangelho, vos gerei em Cristo Jesus" (4.15).

b) O segundo argumento de Paulo é outra afirmativa enfática: "[...] vós sois o selo do meu apostolado no Senhor" (9.2). E o que é um selo? Alguma coisa que dá ao outro o direito de posse. Quando se marcava alguma coisa ou objeto com o selo, ninguém poderia violar aquele objeto; era propriedade exclusiva e inalienável do dono. A igreja de Corinto tinha provas de sobejo da legitimidade do apostolado de Paulo.

Paulo menciona dois direitos essenciais de um apóstolo (9.4-6):

1) Primeiro, o direito de casar-se e levar consigo uma esposa; de ser acompanhado de uma mulher irmã no ministério itinerante, como fizeram os demais apóstolos, os irmãos do Senhor e Cefas (9.5).

2) O segundo direito que ele tinha como apóstolo era o direito de não ter de trabalhar secularmente enquanto estivesse trabalhando na obra do ministério. Atentemos para

o seu argumento: "A minha defesa perante os que me interpelam é esta: não temos nós o direito de comer e beber? [...] Ou somente eu e Barnabé não temos direito de deixar de trabalhar?" (9.3,4,6). Assim, um apóstolo tinha dois direitos: O direito de casar-se e o direito de ser sustentado pela igreja. Paulo, porém, abriu mão desses dois direitos. Ele não se casou nem foi sustentado pela igreja de Corinto, antes trabalhou com as próprias mãos para o seu sustento pessoal. Mas Paulo deixou claro o seu direito: "Se outros participam desse direito sobre vós, não o temos nós em maior medida? Entretanto, não usamos desse direito; antes, suportamos tudo, para não criarmos qualquer obstáculo ao evangelho de Cristo" (9.12).

Havia obreiros que estavam sendo sustentados pela igreja de Corinto, enquanto Paulo precisou trabalhar para o próprio sustento. Paulo não brigava por salário. Ele escreveu: "[...] eu, porém, não me tenho servido de nenhuma destas coisas e não escrevo isto para que assim se faça comigo..." (9.15). Em outras palavras, Paulo está dizendo: "Eu não usei o direito de ser sustentado nem estou escrevendo esta carta para que vocês me sustentem". Para arrematar o seu argumento, Paulo usa uma expressão extremamente forte: "[...] porque melhor me fora morrer, antes que alguém me anule esta glória" (9.15b). Paulo não só trabalhou para seu sustento em Corinto, mas também em Tessalônica (1Ts 2.9): "Porque, vos recordais, irmãos, do nosso labor e fadiga; e de como, noite e dia labutando para não vivermos à custa de nenhum de vós, vos proclamamos o evangelho de Deus" (1Ts 2.9). Era direito seu ser sustentado pelas igrejas, mas, Paulo trabalhou também em Éfeso enquanto pastoreou aquela igreja três anos. Vejamos seu testemunho: "De ninguém cobicei prata, nem ouro, nem vestes; vós mesmos sabeis que estas mãos serviram para o que me era necessário a mim e aos que estavam comigo" (At 20.33,34).

Direitos, direitos, direitos! Paulo tinha muitos direitos, mas não reclamava esses direitos. Paulo renunciou voluntariamente aos direitos que tinha de ser sustentado pela igreja por uma causa maior. Que causa maior era essa? Essa causa está muito claramente delineada nos versículos 12, 19 e 22. Ele argumenta: "Se outros participam desse direito sobre vós, não o temos nós em maior medida? Entretanto, não usamos desse direito, antes suportamos tudo para não criarmos qualquer obstáculo ao evangelho de Cristo" (9.12).

A palavra "obstáculo" é uma fenda no solo, um obstáculo no caminho. Paulo não quer criar impedimento para o avanço do evangelho. Em seguida ele afirma: "Porque, sendo livre de todos, fiz-me escravo de todos, a fim de ganhar o maior número possível" (9.19). Seus objetivos eram claros: não criar obstáculo para o evangelho e ganhar o maior número possível de pessoas para Cristo. Paulo conclui seu argumento dizendo: "Fiz-me fraco para com os fracos, com o fim de ganhar os fracos. Fiz-me tudo para com todos, com o fim de, por todos os modos, salvar alguns" (9.22). O propósito dele em abrir mão dos seus direitos, inclusive o direito de ser sustentado pela igreja era a salvação dos perdidos.

Em segundo lugar, *a experiência humana* (9.7). O segundo argumento que Paulo usa é o seguinte: "Quem jamais vai à guerra à sua própria custa? Quem planta uma vinha e não come do seu fruto? Ou quem apascenta um rebanho e não se alimenta do leite do rebanho?" (9.7).

Paulo utiliza três metáforas comuns para descrever um ministro cristão. O ministro é um soldado, um agricultor e um pastor. E ele diz o seguinte: Que soldado vai à guerra às próprias custas? Qual é o agricultor que colhe o fruto da lavoura e não tem o direito de comer desse fruto? Qual é o pastor que cuida do rebanho e não se alimenta do leite do rebanho?

Paulo usa a linguagem da experiência humana nessas três figuras para dizer que ele tinha o direito de receber o sustento da igreja. Ele utiliza também três figuras para a igreja. A igreja é como um exército, um campo e um rebanho. A lição era clara: O ministro cristão tem o direito de esperar os benefícios do seu labor. Se isso é verdade no âmbito secular, quanto mais no âmbito espiritual!

Em terceiro lugar, *a lei do Antigo Testamento* (9.8-12). O terceiro argumento que Paulo usa para reafirmar o direito de receber sustento da igreja é a lei do Antigo Testamento. Atentemos mais uma vez ao que o apóstolo escreve:

> Porventura, falo isto como homem ou não o diz também a lei? Porque na lei de Moisés está escrito: Não atarás a boca ao boi, quando pisa o trigo. Acaso, é com bois que Deus se preocupa? Ou é, seguramente, por nós que ele o diz? Certo que é por nós que está escrito; pois o que lavra cumpre fazê-lo com esperança; o que pisa o trigo faça-o na esperança de receber a parte que lhe é devida. Se nós vos semeamos as coisas espirituais, será muito recolhermos de vós bens materiais? Se outros participam desse direito sobre vós, não o temos nós em maior medida? (9.8-12).

Era muito comum usar o boi para debulhar o trigo. E Deus proveu meios na Sua Palavra para cuidar até dos animais. Se o animal deve comer depois de trabalhar, quanto mais os seus obreiros! Como Deus é maravilhoso! Até dos animais Ele tem cuidado. Deus impediu que se atasse a boca do boi na hora que estava trabalhando. Paulo pega esse princípio e aplica-o ao sustento pastoral. Paulo diz: Será que é com bois que Deus está preocupado?

O princípio está na Palavra não por causa de bois, mas por causa de seus servos. Paulo está dizendo que o obreiro que trabalha na obra de Deus tem o direito de estar sendo sustentado pela obra. Corroborando com esse argumento, Paulo ainda escreve: "Devem ser considerados merecedores de dobrados honorários os presbíteros que presidem bem, com especialidade os que se afadigam na palavra e no ensino. Pois a Escritura declara: Não amordaces o boi, quando pisa o grão. E ainda: O trabalhador é digno do seu salário" (1Tm 5.17,18). A lógica do apóstolo é a seguinte: "Se nós vos semeamos as coisas espirituais, será muito recolhermos de vós bens materiais?" (9.11).

Isso pode ser ilustrado com a experiência do povo judeu. Assim como os judeus semearam bênçãos espirituais na vida dos gentios, os gentios, agora, deveriam retribuir aos judeus as bênçãos materiais. Observe mais uma vez as palavras do apóstolo Paulo: "Porque aprouve à Macedônia e a Acaia levantar uma coleta em benefício dos pobres dentre os santos que vivem em Jerusalém. Isto lhes pareceu bem, e mesmo lhes são devedores; porque, se os gentios têm sido participantes dos valores espirituais dos judeus, devem também servi-los com bens materiais" (Rm 15.26,27). Esse é o princípio que Paulo está trabalhando e ele o repete na carta aos Gálatas: "Mas aquele que está sendo instruído na palavra faça participante de todas as coisas boas aquele que o instrui" (Gl 6.6).

Paulo recebeu suporte financeiro de outras igrejas para poder servir a igreja de Corinto (Fp 4.15,16; 2Co 11.8,9; 12.11-13). Na própria igreja de Corinto, outros obreiros receberam suporte financeiro (9.12), mas Paulo abriu mão desse direito para não criar obstáculo ao evangelho (9.12; 2Ts 3.6-9).

A linguagem que Paulo usou para os crentes de Corinto foi forte: "Despojei outras igrejas, recebendo salário, para vos poder servir, e, estando entre vós, ao passar privações, não me fiz pesado a ninguém; pois os irmãos, quando vieram da Macedônia, supriram o que me faltava; e, em tudo, me guardei e me guardarei de vos ser pesado" (2Co 11.8,9). Paulo chegou a passar privações enquanto pastoreou a igreja de Corinto, mas mesmo nessas circunstâncias adversas, ele não exigiu os seus direitos. A igreja de Corinto não foi inocentada pela sua omissão, Paulo deixou isso bem claro:

> Tenho-me tornado insensato; a isto me constrangestes. Eu devia ter sido louvado por vós; porquanto em nada fui inferior a esses tais apóstolos, ainda que nada sou. Pois as credenciais do apostolado foram apresentadas no meio de vós, com toda a persistência, por sinais, prodígios e poderes miraculosos. Porque, em que tendes vós sido inferiores às demais igrejas, senão neste fato de não vos ter sido pesado? Perdoai-me esta injustiça" (2Co 12.11-13).

Em quarto lugar, *a prática do Antigo Testamento* (9.13). Paulo cita outro exemplo para legitimar o seu direito de receber sustento da igreja. O argumento agora está fundamentado na prática do Antigo Testamento. "Não sabeis vós que os que prestam serviços sagrados do próprio templo se alimentam? E quem serve ao altar do altar tira o seu sustento?" (9.13).

Se você ler atentamente o capítulo 9 de 1Coríntios perceberá que quase todo ele está em forma de perguntas. Eu imagino Paulo como um orador no tribunal, defendendo a sua causa. Ele está fazendo perguntas retóricas. Ele recorda o sacerdote e o levita no Antigo Testamento que cuidavam do templo, do ministério, e do altar. Quando alguém trazia a oferta, o dízimo e o sacrifício, o levita e o sacerdote recebiam para o seu sustento as primícias de tudo aquilo que era trazido à casa de Deus.

Os sacerdotes e os levitas recebiam o sustento financeiro dos sacrifícios e ofertas que eram trazidos ao templo. A regulamentação que governava a parte deles nas ofertas e nos dízimos está em Números 18.8-32; Levítico 6.14-7.36; Levítico 27.6-33. A aplicação feita pelo apóstolo Paulo é clara: Se os ministros do Antigo Testamento, que estavam sob a lei, recebiam sustento financeiro do povo a quem eles ministravam, não deveriam os ministros de Deus, no Novo Testamento, sob a graça, receberem também suporte financeiro?

Em quinto lugar, *o ensino de Jesus* (9.14). O último argumento que Paulo usa é provavelmente o mais forte, pois se trata de uma palavra do próprio Senhor Jesus: "Assim ordenou também o Senhor aos que pregam o evangelho, que vivam do evangelho" (9.14). Talvez Paulo esteja citando o que Jesus mencionou em Mateus 10.10 e Lucas 10.7 – "[...] digno é o trabalhador do seu salário". Paulo diz que esse é um princípio fundamental que a igreja não pode negligenciar. Essa não é uma ordem qualquer, mas um mandamento direto do Senhor Jesus. Aquele que trabalha no ministério deve viver do ministério. A ordem é revestida da mais alta autoridade, visto que veio de Cristo. Dessa maneira, Paulo fecha o seu argumento dizendo que receber sustento da igreja era um direito legítimo e bíblico que lhe pertencia como apóstolo.

Ele defendeu seu direito de recusar o suporte financeiro da igreja (9.15-27)

Paulo tinha o direito de receber suporte financeiro da igreja, mas sendo um cristão maduro, desistiu de seus direitos. Quais foram os motivos levantados por Paulo que o levaram a abrir mão dos seus direitos? Warren Wiersbe nomeia três motivos: amor ao evangelho (9.15-18), amor aos pecadores (9.19-23) e amor a si mesmo (9.24-27).[131]

Em primeiro lugar, *ele recusou o suporte financeiro da igreja por amor ao evangelho* (9.15-18). O apóstolo Paulo constrói seu argumento com as seguintes palavras:

> [...] eu, porém, não me tenho servido de nenhuma destas coisas e não escrevo isto para que assim se faça comigo; porque melhor me fora morrer, antes que alguém me anule esta glória. Se anuncio o evangelho, não tenho de que me gloriar, pois sobre mim pesa essa obrigação; porque ai de mim se não pregar o evangelho! Se o faço de livre vontade, tenho galardão; mas, se constrangido, é, então, a responsabilidade de despenseiro que me está confiada. Nesse caso, qual é o meu galardão? É que, evangelizando, proponha, de graça, o evangelho, para não me valer do direito que ele me dá" (9.15-18).

Paulo não deseja ser um obstáculo ao evangelho (9.12). Ele não vê o ministério como uma fonte de lucro nem o evangelho como um produto de mercado. Paulo não era um mercadejador do evangelho (2Co 2.17). Ele não se servia do evangelho, ele servia ao evangelho. Ele não estava no ministério para locupletar-se, mas para gastar-se a favor das almas. Paulo não via a igreja como um balcão de negócio.

A igreja não era para o veterano apóstolo uma empresa familiar. Paulo não era o dono da igreja. Há líderes, atualmente, que fazem da igreja uma empresa particular, onde o evangelho é um produto, o púlpito é um balcão, o templo uma praça de negócios e os crentes consumidores. Há pastores que embolsam todo o dinheiro arrecadado na igreja para fins pessoais e se tornam grandes empreendedores, acumulando fortunas e vivendo no fausto. Há muitos pregadores inescrupulosos que enriquecem em nome do evangelho. Paulo tinha um comportamento diferente. Ele se recusou a aceitar dinheiro daqueles para quem ele ministrava. Ele queria que o evangelho estivesse livre de qualquer obstáculo para avançar.

Paulo não escreve essa carta para pedir suporte financeiro à igreja (9.15). Ele chega a dizer que preferia morrer a ter de fazer isso. A recompensa de Paulo não era financeira. Sua alegria era pregar o evangelho. Ele diz: "[...] pois sobre mim pesa essa obrigação; porque ai de mim se não pregar o evangelho!" (9.16).

É lamentável que haja hoje tantas igrejas que parecem mais uma empresa financeira do que uma agência do Reino de Deus; que haja tantos pastores com motivações duvidosas no ministério; que haja tantas pessoas enganadas, abastecendo a ganância insaciável de líderes avarentos e inescrupulosos. É triste ver que as indulgências da Idade Média estejam ressurgindo com roupagens novas dentro de algumas igrejas chamadas evangélicas. A salvação está sendo vendida e comercializada. A religião está sendo usada como um instrumento de exploração dos incautos e para o enriquecimento dos inescrupulosos.

Em segundo lugar, *Paulo recusou o suporte financeiro da igreja por amor aos pecadores* (9.19-23). Paulo dá o seu testemunho:

> Porque, sendo livre de todos, fiz-me escravo de todos, a fim de ganhar o maior número possível [...]. Aos sem lei, como se eu mesmo o fosse, não estando sem lei para com Deus, mas debaixo da lei de Cristo, para ganhar os que vivem fora do regime da lei. Fiz-me fraco para com os fracos, com o fim de ganhar os fracos. Fiz-me tudo para com

todos, com o fim de, por todos os modos, salvar alguns. Tudo faço por causa do evangelho, com o fim de me tornar cooperador com ele (9.19,21-23).

Paulo não estava preso por ninguém, mas, voluntariamente ele se fez escravo de todos. Com que propósito? A fim de ganhar o maior número possível. Livre de todos os homens e ainda servo de todos os homens (9.19). Porque Paulo era livre, ele estava capacitado a servir aos outros e renunciar aos próprios direitos por amor a eles.

Muitos críticos julgam equivocadamente a atitude de Paulo, pensando que ele estivesse procedendo igual a um camaleão, mudando suas atitudes e mensagem a cada nova situação. Não é isso o que Paulo está ensinando. Paulo não está falando de vida dupla. O que ele está defendendo é uma maleabilidade, uma flexibilidade, e uma adaptabilidade metodológica para apresentar o evangelho em diversos contextos. William Barclay, corroborando com essa ideia, diz que Paulo não estava adotando uma personalidade hipócrita de duas caras, sendo uma coisa para uns e outra para outros.[132]

Paulo não apoia a ideia de ajustar a mensagem para agradar ao auditório. Paulo era um embaixador e não um político populista. Ele, porém, ensinava que precisamos ser sensíveis à cultura das pessoas a quem pregamos a fim de não criarmos obstáculo ao progresso do evangelho. Há dois perigos quanto à evangelização: o primeiro é mudar a mensagem, o segundo é engessar os métodos.

Paulo variou seus métodos para alcançar os melhores resultados. Quando ele pregava para os judeus, normalmente, começava o seu sermão com os patriarcas, vinculando as boas-novas do evangelho com a história do povo judeu. Porém, quando Paulo pregava aos gentios, ele tinha outra abordagem. Quando ele estava no Areópago, falando para os gregos, ele começou com o Deus da criação. Isso é ser sensível e usar sabedoria. Ele não adulterou o conteúdo do evangelho, mas apresentou-o de forma adequada aos seus ouvintes. O pregador precisa conhecer o texto e o contexto. Precisa conhecer a Palavra e as pessoas para quem prega.

Jesus também adotou um método flexível em Suas abordagens. Para Nicodemos, um doutor da lei, Jesus disse: Você precisa nascer de novo. Para a mulher samaritana, proscrita da sociedade e que se sentia escorraçada, Jesus pede um favor: Dá-me de beber. Para Zaqueu, um publicano odiado, Jesus disse: Eu quero ir à sua casa hoje. Para um paralítico desanimado, Jesus perguntou: Você quer ser curado? Jesus tinha diferentes abordagens para pessoas diferentes. Ele nunca mudou a mensagem, mas sempre variou os métodos.

O grande propósito da flexibilidade metodológica de Paulo era a salvação dos judeus, dos gentios e do maior número de pessoas (9.19-23). Uma abordagem flexível constrói pontes em vez de erguer muros. A sensibilidade cultural abre caminho para a evangelização eficaz.

Em terceiro lugar, *Paulo recusou o suporte financeiro da igreja por amor a si mesmo* (9.24-27). Vejamos suas palavras:

> Não sabeis vós que os que correm no estádio, todos, na verdade, correm, mas um só leva o prêmio? Correi de tal maneira que o alcanceis. Todo atleta em tudo se domina; aqueles, para alcançar uma coroa corruptível; nós, porém, a incorruptível. Assim corro também eu, não sem meta; assim luto, não como desferindo golpes no ar. Mas esmurro o meu corpo e o reduzo à escravidão, para que, tendo pregado a outros, não venha eu mesmo a ser desqualificado (9.24-27).

Por que Paulo usa essa figura? A cidade de Corinto era uma das cidades mais importantes do mundo antigo na área dos esportes. Afora os jogos olímpicos de Atenas, os jogos ístmicos eram os mais importantes do planeta naquela época. Paulo usa, agora, a figura do atleta. Ele se compara a um corredor e a um lutador. Paulo diz que o alvo do atleta é vencer. O ministro é um atleta, cujo alvo é vencer!

Paulo ensina quatro lições práticas.[133]

a) A vida cristã é um campo de batalha e não uma colônia de férias. É uma luta renhida e sem trégua. Você entra nessa luta como um boxeador, como alguém que vai travar uma batalha de vida ou morte. A palavra "luta", no grego, traz a ideia de agonia. Trata-se de uma luta agônica. Um atleta mal treinado não pode ganhar a corrida nem a luta.

b) A vitória na luta exige grande disciplina. Um atleta sem disciplina jamais será um vencedor. O que é disciplina? Um atleta, por exemplo, abdica de coisas boas por causa das coisas melhores. De que maneira? Ele tem de cuidar da sua dieta!

Quando alguém chega para um atleta com algumas guloscimas; por amor ao seu propósito de vencer, se dispõe a abrir mão dessas iguarias. Essas coisas podem ser boas, mas interferem no seu alvo maior. Assim, essas coisas se tornam impedimento para o cumprimento de seu alvo. Então, ele abre mão de um direito que tem, de uma coisa boa em si mesma, por algo melhor. Um atleta indisciplinado é desclassificado e se torna inapto para a luta.

O atleta, também, precisa correr de acordo com as normas. Não adianta vencer, é preciso fazê-lo de acordo com os princípios estabelecidos. Deus requer do atleta não apenas desempenho, mas também, fidelidade. Só o atleta que corre e luta segundo as normas pode ter uma vitória legítima e ser coroado.

c) O atleta precisa se concentrar na sua meta. Um corredor não fica olhando para trás ou para os lados, jogando beijos para a torcida que está nas arquibancadas. Ele mira o alvo e corre na direção do alvo. Ele não pode depender do aplauso do público nem se intimidar com vaias. Ele precisa fixar-se obsessivamente no alvo e avançar com determinação.

Paulo diz que nós estamos numa pista de corrida e não podemos nos distrair por nenhuma coisa. E qual é a nossa meta? Glorificar a Deus através de ganhar o máximo de pessoas para o evangelho! Paulo diz: Eu faço tudo para ganhar o máximo de pessoas para Jesus. Eu abro mão dos meus direitos quando se trata de promover o evangelho.

d) Só podemos ganhar outros se dominarmos a nós mesmos. Paulo diz: "Mas esmurro o meu corpo" (9.27). Paulo tratava o seu corpo com severidade, para não ser desqualificado. Paulo não está falando de perder a salvação, mas de perder o prêmio; está falando na possibilidade de se chegar ao final da corrida e não agradar ao seu Senhor.[134] Agora, se um atleta treina e corre à exaustão para receber uma medalha perecível, quanto mais nós deveríamos exercitar a disciplina para recebermos a coroa incorruptível.

Para alcançarmos o alvo de glorificar a Deus, levando aos pés de Jesus o maior número de pessoas, vale a pena todo esforço e disciplina. Precisamos sacrificar ganhos imediatos por recompensas eternas; prazeres imediatos por alegrias eternas.

Enfim, o apóstolo Paulo diz o seguinte: Meus irmãos, eu estou abrindo mão dos meus direitos por amor a mim mesmo. Eu não quero ser desqualificado. Como é triste ver tantas pessoas desqualificadas no meio da corrida, no meio do ministério.

O que é liberdade cristã? A liberdade cristã se manifesta de forma madura quando você tem direitos legítimos, mas, por amor aos outros, abre mão desses direitos. No dicionário do cristão, o *outro* vem na frente do *eu*. Na ética cristã, o amor prevalece sobre o próprio conhecimento. Paulo ensina e Paulo demonstra; e demonstra com a própria vida.

Notas do capítulo 9

[128] Wiersbe, Warren W. *Comentário bíblico expositivo.* Vol. 5. 2006: p. 783.
[129] Wiersbe, Warren W. *Comentário bíblico expositivo.* Vol. 5. 2006: p. 783-788.
[130] Wiersbe, Warren W. *Comentário bíblico expositivo.* Vol. 5. 2006: p. 783,784.
[131] Wiersbe, Warren W. *Comentário bíblico expositivo.* Vol. 5. 2006: p. 785-788.
[132] Barclay, William. *I y II Corintios.* 1973: p. 95.
[133] Barclay, William. *I y II Corintios.* 1973: p. 97,98.
[134] Morris, Leon. *1Coríntios: Introdução e comentário.* 1983: p. 112.

Capítulo 10

O uso sábio da liberdade cristã
(1Co 10.1-33)

O APÓSTOLO PAULO PROSSEGUE o seu ensinamento, concluindo essa seção sobre liberdade cristã. No capítulo 8, ele enfatizou que precisamos balancear o conhecimento com o amor, uma vez que o conhecimento ensoberbece, mas o amor edifica. No capítulo 9, o apóstolo exemplifica a questão da liberdade com a própria vida, evocando o tema do sustento pastoral, revelando que embora fosse um direito seu receber salário da igreja, voluntariamente abriu mão por razões mais nobres: amor ao evangelho, aos pecadores e a si mesmo.

No capítulo 10, concluindo essa seção, Paulo dá um exemplo negativo. Ele apresentou um exemplo positivo no capítulo 9, o exemplo da própria vida. Agora, no capítulo 10, ele dá um exemplo negativo, o exemplo do povo de Israel. Segundo Warren Wiersbe, Paulo nos ensina duas grandes lições nesse capítulo: nossa experiência religiosa deve ser balanceada com a precaução, cuidado e vigilância e também deve ser balanceada com a responsabilidade cristã.[135]

A experiência deve ser balanceada com a precaução (10.1-22)

Talvez a frase central do capítulo 10, seja o versículo 12: "Aquele, pois, que pensa estar em pé veja que não caia". Talvez o grande orgulho do povo da igreja de Corinto é que essa igreja se gloriava do seu elevado grau de espiritualidade. Eles estavam vaidosos de si mesmos. Eles estavam entusiasmados com o grau de espiritualidade que possuíam. Eles eram crentes narcisistas e vaidosos. Paulo, então, precisa adverti-los. A vaidade é o primeiro degrau da queda. A soberba precede a ruína. Um crente que aplaude a si mesmo e entoa "quão grande és tu" diante do espelho está à beira de uma queda. O apóstolo Paulo adverte sobre o grande perigo da autoconfiança (10.12).

Paulo usou a nação de Israel como exemplo para advertir os crentes de Corinto. Ele faz três advertências: privilégios não são garantia de sucesso (10.1-4), um bom começo não é garantia de um final feliz (10.5-12) e Deus pode capacitar-nos para vencermos as tentações se dermos ouvidos à sua Palavra (10.13-22).[136]

Em primeiro lugar, *Paulo adverte que privilégios não são garantia de sucesso*. Vejamos o que Paulo escreve:

> Ora, irmãos, não quero que ignoreis que nossos pais estiveram todos sob a nuvem, e todos passaram pelo mar, tendo sido todos batizados,

assim na nuvem como no mar, com respeito a Moisés. Todos eles comeram de um só manjar espiritual e beberam da mesma fonte espiritual; porque bebiam de uma pedra espiritual que os seguia. E a pedra era Cristo (10.1-4).

A nação de Israel recebeu muitas bênçãos de Deus: proteção, orientação, sustento, perdão, mas, a despeito de tantos privilégios, Israel fracassou. Israel foi tirado do Egito com mão forte e poderosa. Israel tinha sido libertado do Egito pelo poder de Deus da mesma forma que os crentes têm sido redimidos do pecado (5.7,8). A Páscoa é um símbolo da cruz. E o êxodo que Israel recebeu de Deus é o mesmo êxodo que nós recebemos através da redenção em Cristo Jesus.

O êxodo do Egito foi a libertação da nação de Israel das garras do inimigo, assim como nós fomos libertos das garras do diabo e do pecado por intermédio do sacrifício de Cristo. Israel foi liberto; ele teve o seu êxodo.

O povo de Israel se identificou com Moisés no mar Vermelho (batismo) da mesma forma que os cristãos se identificaram com Cristo pelo batismo. O que Paulo está querendo dizer? Ele usa duas figuras dos sacramentos. O povo de Israel passou pelos mesmos ritos sacramentais, que nós experimentamos no tempo da graça. O texto diz que todos eles passaram pelo mar e todos foram batizados assim na nuvem como no mar, com respeito a Moisés. Eles se identificaram com Moisés por meio desse batismo, ficando debaixo da liderança espiritual de Moisés, assim como nós, ao sermos batizados, ficamos debaixo da autoridade e do governo de nosso Senhor Jesus Cristo. Assim como o povo de Israel se identificou debaixo da liderança de Moisés, nós estamos identificados debaixo da liderança de Cristo.[137]

O povo de Israel comeu e bebeu alimentos espirituais e sobrenaturais do mesmo jeito que os cristãos se alimentam do corpo e do sangue de Cristo na Santa Ceia (Jo 6.63,68; 7.37-39). Eles receberam não apenas o batismo, mas, também, comeram de um só manjar espiritual e beberam de uma só fonte espiritual. Assim como nós comemos e bebemos uma comida espiritual, o corpo e o sangue de Jesus, eles comeram e beberam o alimento espiritual e sobrenatural. Eles também receberam o prenúncio dos sacramentos. Tanto Israel quanto a Igreja experimentaram os dois sacramentos profundamente significativos: Ser batizado numa demonstração de lealdade ao guia designado por Deus; e ser regularmente nutrido com alimento e bebida "sobrenaturais".

Esses privilégios todos, de ser arrancado da escravidão, de passar por um resgate milagroso, de passar por um batismo e de ser alimentado espiritualmente de maneira sobrenatural não pouparam Israel de um fragoroso fracasso espiritual.

Paulo é claro: "Entretanto, Deus não se agradou da maioria deles..." (10.5). Por que Paulo fala isso? Ele está corrigindo a vaidade e a soberba da igreja de Corinto. Paulo está evocando o exemplo negativo de Israel para exortar a igreja. Ele está dizendo à ensoberbecida igreja de Corinto para olhar para o exemplo de Israel e ver que a despeito de tantos privilégios que essa nação teve, Deus não se agradou da maioria deles. E para ser mais exato, de toda aquela multidão que saiu do Egito, eram seiscentos mil homens, fora crianças e mulheres, apenas duas pessoas entraram na terra prometida.

Aquele deserto se transformou no maior cemitério da História. Deus não se agradou da maioria daquele povo. O grande problema foi a exagerada autoconfiança. Eles caíram porque confiaram que eram fortes. Privilégios espirituais não são garantia de sucesso espiritual. O fato de você ser crente, de ler a Bíblia, de ter sido batizado, de participar da Ceia, de frequentar a igreja, de ouvir a mensagem de Deus, de cantar e orar ao Senhor não lhe garante sucesso espiritual.

Em segundo lugar, *Paulo adverte que um bom início não é garantia de um final feliz* (10.5-12). Quem começa bem nem sempre termina bem. Muitos que corriam bem, hoje estão longe do Senhor. Paulo mostra um fato extremamente marcante. Nenhuma geração da história da humanidade viu tantos milagres como aquela geração de quem Deus não se agradou. Aquela geração não apenas viu prodígios e milagres, mas foi a beneficiária desses milagres.

Israel viu as dez pragas no Egito nocauteando as divindades do panteão egípcio; viu o mar Vermelho se abrindo para eles passarem; viu o maná caindo do céu, a rocha brotando água, a sandália não envelhecendo em seus pés e a roupa não ficando rota no seu corpo. Que geração viu tantos prodígios? Contudo, mesmo assim, aquela geração foi reprovada por Deus. As gerações que mais viram milagres foram as mais endurecidas.

A Bíblia faz referência a três gerações que viram abundantes milagres. A primeira geração que viu estupendos milagres foi exatamente a geração de Moisés. A segunda geração foi a de Elias e Eliseu. A terceira geração que viu extraordinários e portentosos milagres foi a geração da época de Jesus e dos apóstolos. É perturbador saber que nunca houve tanta dureza de coração e incredulidade como nessas três gerações.

Os milagres em si não podem trazer o nosso coração para perto de Deus. Daquela geração toda, apenas dois homens entraram na terra. Os demais ficaram prostrados no deserto (Nm 14.30).

A geração de Moisés cometeu cinco tipos de pecados, todos gravíssimos. Paulo cataloga esses pecados que marcaram aquela geração reprovada. "Entretanto, Deus não se agradou da maioria deles, razão por que ficaram prostrados no deserto. Ora, estas coisas se tornaram exemplos para nós..." (10.5,6). Que pecados são esses?

a) *Cobiça*. Paulo diz: "[...] a fim de que não cobicemos as coisas más, como eles cobiçaram" (10.6). Aquele povo tinha tudo o que Deus dava: o maná que caía, a água que jorrava, as codornizes que Deus mandava. Mas aquele povo ainda estava insatisfeito e cobiçando mais coisas. Deus tinha prometido a eles uma terra que manava leite e mel. E eles cobiçaram as coisas ruins. Às vezes o mesmo acontece conosco. Deus nos promete toda a sorte de bênçãos em Cristo e nós continuamos a cobiçar as coisas más. Ficamos insatisfeitos com o que temos e queremos aquilo que é mau.

b) *Idolatria*. Paulo escreve: "Não vos façais, pois, idólatras, como alguns deles; porquanto está escrito: O povo assentou-se para comer e beber e levantou-se para divertir-se" (10.7). Quando Moisés subiu ao monte para receber as tábuas da lei, o povo fez um bezerro de ouro e começou a dançar e adorá-lo. Muitos de nós não temos um ídolo feito de ouro ou prata diante de quem nos prostramos, mas idolatria é tudo aquilo que ocupa o lugar de Deus em nossa vida, sejam pessoas, coisas ou sentimentos. Há muitos ídolos modernos que podem estar tomando o lugar de Deus em nossa vida.

c) *Imoralidade*. Paulo adverte: "E não pratiquemos imoralidade, como alguns deles o fizeram, e caíram, num só dia, 23 mil" (10.8). Houve um tempo em que os israelitas se misturaram com as mulheres moabitas e eles começaram não só a se prostituir, mas também a adorar os deuses dos moabitas. Há uma estreita conexão entre prostituição e idolatria na Bíblia. Onde se vê idolatria, aí também a prostituição está presente; onde se vê prostituição aí também a idolatria aparece.

d) *Colocar Deus à prova.* Paulo prossegue: "Não ponhamos o Senhor à prova, como alguns deles já fizeram e pereceram pelas mordeduras das serpentes" (10.9). Eles começaram a reclamar do pão que os fartava. Eles não aguentavam mais o maná. Começaram a murmurar contra Deus e contra Moisés. Quantas vezes murmuramos contra Deus! Quantas vezes, também, somos mal-agradecidos pelas bênçãos de Deus!

e) *Murmuração contra Deus.* Paulo conclui: "Nem murmureis, como alguns deles murmuraram e foram destruídos pelo exterminador" (10.10). A murmuração provoca a ira de Deus. Ela é uma negação da bondade, da providência, do cuidado e do amor de Deus. O povo de Israel foi reprovado e pereceu no deserto por causa desses pecados.

Todos esses pecados que levaram Israel ao fracasso espiritual estão presentes na igreja de Corinto. Os mesmos pecados que levaram Israel ao fracasso levaram a igreja de Corinto também ao fracasso espiritual.

Paulo, agora, faz uma aplicação do que vem ensinando até agora, e diz: "Estas coisas lhes sobrevieram como exemplos e foram escritas para advertência nossa, de nós outros sobre quem os fins dos séculos têm chegado" (10.11). Hoje, Deus está usando o exemplo da História para nos advertir. A Bíblia foi escrita para a nossa advertência. Deus está nos advertindo quanto ao cuidado que devemos tomar para não cairmos no mesmo erro, não caminharmos pela mesma estrada, não termos o mesmo comportamento. Quem não aprende com as lições da História comete os mesmos erros da História. Precisamos fazer da História a nossa pedagoga e não a nossa coveira.

Os pecados da igreja são mais sérios do que os pecados dos israelitas que estavam sob a lei. Quando a igreja peca, o seu pecado é pior do que o do povo de Israel. E por duas razões: Primeiro, porque nós temos o exemplo deles como advertência. Segundo, porque eles estavam debaixo da lei e nós estamos debaixo da graça. O pecado do crente é pior do que o pecado do ateu. Quando um crente comete pecado, ele o faz contra o conhecimento, a bondade e a graça de Deus. Quando um crente comete pecado, ele ultraja a graça de Deus e pisa o sangue do Cordeiro.

Paulo menciona o castigo que Israel recebeu e usa três expressões: Ficaram prostrados (10.5b), caídos (10.8) e destruídos pelo exterminador (10.9,10). As mesmas causas que levaram o povo de Israel a cair derrubam os crentes ainda hoje. Acautelemo-nos!

Paulo, finalmente, adverte sobre o perigo da síndrome da superespiritualidade: "Aquele, pois, que pensa estar em pé veja que não caia" (10.12). Há aqueles que não estão em pé, mas pensam que estão. Muitos estão num terreno escorregadio e ainda estão batendo no peito e se ufanando. E Paulo adverte: Aquele que pensa que está em pé, veja que não caia!

Em terceiro lugar, *Paulo ensina que Deus pode nos capacitar para vencermos as tentações se permanecermos fiéis à Sua Palavra* (10.13-22). Atentemos para as palavras do apóstolo: "Não vos sobreveio tentação que não fosse humana; mas Deus é fiel e não permitirá que sejais tentados além das vossas forças; pelo contrário, juntamente com a tentação, vos proverá livramento, de sorte que a possais suportar" (10.13).

Deus permite que sejamos tentados (provados), porque Ele sabe até onde podemos suportar. A palavra "tentação" mencionada nesse versículo é *peirasmos,* uma palavra muito mais próxima de prova e teste, do que tentação. A tentação tem uma conotação negativa para nós. É algo colocado no nosso caminho para nos fazer pecar enquanto a prova é algo que Deus permite em nossa vida para nos depurar, purificar e fortalecer. Deus não tenta a ninguém, Deus prova (Tg 1.13). Quem tenta é o diabo. Quando Deus permite uma prova em nossa vida é para nos fortalecer e nos conduzir à vitória.

Paulo não diz que Deus vai livrá-lo da prova, mas com a prova Ele vai prover livramento. Às vezes queremos ficar livres da prova e libertos do problema. Deus não impediu que os três amigos de Daniel fossem jogados na fornalha; não impediu que Daniel fosse jogado na cova dos leões nem que Pedro fosse para a prisão. Deus não os livrou da prova, mas na prova.

Paulo fala três coisas acerca das provas: A tentação ou a prova é um fato para todos. É inevitável. Também, as tentações que nos sobrevêm não são únicas. Outras pessoas já passaram por elas. Finalmente, Deus sempre provê uma saída para a tentação. Temos livramento divino (10.13).

Paulo já tinha advertido os crentes de Corinto a fugirem da fornicação (6.18). Agora ele os adverte a fugirem da idolatria: "Portanto, meus amados, fugi da idolatria" (10.14). Havia sempre o perigo do crente convertido e batizado que participava da Ceia do Senhor ser convidado para ir ao templo do ídolo e participar de banquetes oferecidos aos ídolos. Paulo diz que se sentar à mesa do ídolo é ter associação com os demônios. Envolver-se com ídolo é envolver-se com demônios.

A idolatria é algo demoníaco. Quando se oferece um sacrifício a um ídolo é a demônios que ele é oferecido. Moisés diz: "Sacrifícios ofereceram aos demônios, não a Deus" (Dt 32.17). A mesma verdade é proclamada pelo salmista: "[...] pois imolaram seus filhos e suas filhas aos demônios" (Sl 106.37). A idolatria é extremamente perigosa. Ela é demoníaca e Paulo mostra à igreja a necessidade de se afastar de qualquer ritual que tenha conotação de idolatria.

Paulo, então, passa a usar duas ilustrações: A Santa Ceia e os sacrifícios judeus (10.16-22). Quando o crente participa da Santa Ceia, do pão e do vinho, ele está mantendo comunhão com o corpo e com o sangue de Cristo. Ele está entrando numa relação de intimidade com Jesus. Através da recordação da morte de Cristo, o crente entra em comunhão com o Cristo ressurreto. Da mesma maneira, quando o crente se assenta numa mesa e come a comida sacrificada a um ídolo, ele está participando e entrando em comunhão com os demônios. Se na Santa Ceia o crente está em contato com Jesus, na mesa do ídolo ele está em contato com os demônios.

Todos os que participam do cálice da bênção na celebração da Ceia participam dos resultados da morte expiatória de Cristo (10.16). David Prior cita Calvino: "A alma tem uma comunhão tão verdadeira no sangue, quanto o vinho em contato com a boca".[138] A aplicação é clara: Um crente não pode se tornar participante da comida do Senhor e participar da comida oferecida aos demônios sem expor a si mesmo a um grande perigo e sem provocar o Senhor

(10.18-20). Paulo está dizendo que o crente é livre, mas não para fazer o que Deus condena. Ele não é livre para assentar-se à mesa dos ídolos. Ele não é livre para comer alimentos sacrificados a ídolos. Isso é estar associado a demônios e beber o cálice dos demônios.

David Prior diz que por trás de toda idolatria se esconde uma atividade demoníaca.[139] Diz o apóstolo: "Não podeis beber o cálice do Senhor e o cálice dos demônios" (10.21). Não se pode participar da Santa Ceia e depois ir participar de uma festa idólatra. Essas pessoas oferecem seus sacrifícios aos demônios (10.20), bebem o cálice dos demônios (10.21), e participam da mesa dos demônios (10.21).[140] Esse contato com as forças demoníacas provoca zelos no Senhor. Quando um crente faz isso, ele provoca a ira de Deus (10.22).

Alguns se julgavam tão fortes que não se importavam nem mesmo com o que Deus havia determinado. Alguns diziam: A minha consciência não me agride, eu não sinto nenhum problema com isso. Paulo pergunta: Você é mais forte do que Deus? Você pode até se considerar mais forte que os crentes fracos, que se escandalizam em ver você assentado numa mesa de ídolos, mas você é mais forte do que Deus? Tentar a Deus é loucura. Por isso Paulo é categórico: "[...] fugi da idolatria".

A liberdade deve ser balanceada com a responsabilidade (10.23-33)

Como balancear a liberdade cristã com a responsabilidade cristã? Paulo responde: "Todas as coisas são lícitas, mas nem todas convêm; todas são lícitas, mas nem todas edificam" (10.23). Paulo está dizendo para termos cuidado com a nossa liberdade, para que ela não venha ser motivo de tropeço na vida dos nossos irmãos. Você pode ter liberdade, mas se a sua liberdade for tropeço na vida do seu irmão, isso é pecado. Paulo já havia advertido: "Vede, porém, que esta vossa liberdade não venha, de algum modo, a ser tropeço para os fracos" (8.9). Paulo, agora, reforça: "Todas as coisas são lícitas, mas nem todas convêm; todas são lícitas, mas nem todas edificam".

Em momento algum Paulo negou a liberdade do crente maduro para desfrutar seus privilégios em Cristo. Todas as coisas são lícitas, mas algumas atividades podem causar tropeço para os irmãos mais fracos. "E assim, por causa do teu saber, perece o irmão fraco, pelo qual Cristo morreu. E deste modo, pecando contra os irmãos, golpeando-lhes a consciência fraca, é contra Cristo que pecais" (8.11,12). A maturidade equilibra a liberdade com a responsabilidade.

Paulo fala sobre três tipos de responsabilidades que o crente precisa ter:

Em primeiro lugar, *precisamos ter responsabilidade com os irmãos da igreja* (10.24-30). A nossa liberdade precisa ter responsabilidade e a primeira responsabilidade que nós temos é para com os nossos irmãos: "Ninguém busque o seu próprio interesse e sim o de outrem" (10.24). Temos a responsabilidade de edificar nossos irmãos na fé e procurar o bem deles. A nossa liberdade em Cristo não nos dá o direito de ferirmos os nossos irmãos.

Paulo fala que comer carne é um assunto amoral, ou seja, não é virtude nem vício. Aquilo que é amoral, porém, dependendo do contexto, pode se tornar imoral. Paulo, entretanto, disse que comer carne poderia ser imoral e se tornar um ato prejudicial à consciência dos irmãos mais fracos em três circunstâncias: no templo do ídolo (8.10), no mercado (10.25) e na casa do incrédulo (10.27,28). Paulo com isso ensina que temos de ter responsabilidade com a nossa liberdade cristã para que não seja um tropeço na vida dos irmãos. Pecar contra um irmão é o mesmo que pecar contra Cristo (8.12).

Se o que eu estou fazendo, se o comportamento que estou adotando, se o vestuário que estou usando, as palavras que estou empregando, as atitudes que estou tomando em minha vida são motivos de tropeço para o meu irmão, a minha liberdade está em desacordo com o ensino das Escrituras.

Em segundo lugar, *nós temos a responsabilidade de glorificar a Deus em todas as coisas* (10.31). O apóstolo acentua: "Portanto, quer comais, quer bebais ou façais outra coisa qualquer, fazei tudo para a glória de Deus" (10.31).

Os crentes de Corinto estavam pensando assim: Por que eu não poderia desfrutar gostosamente a comida que eu dou graças? Ora, eu estou comendo comida sacrificada ao ídolo, mas eu dei graças. E tudo o que é santificado pode ser recebido. Por que minha liberdade seria limitada pela consciência do irmão mais fraco? A resposta de Paulo é que não podemos glorificar a Deus sendo um tropeço para os nossos irmãos.

Então, Paulo lança o seguinte princípio: Fazei tudo para a glória de Deus. "Portanto, quer comais, quer bebais ou façais outra cousa qualquer, fazei tudo para a glória de Deus" (10.31). O primeiro princípio é não escandalizar o irmão. O segundo é que Deus seja glorificado. Deus nunca é glorificado se com a minha liberdade eu estou causando escândalo e tropeço para o meu irmão.

A glória de Deus não é promovida onde uso minha liberdade para fazer o irmão tropeçar e cair. Não temos o direito de usar nossa liberdade cristã para ferir a comunhão fraternal.

Em terceiro lugar, *nós temos a responsabilidade de procurar ganhar os perdidos* (10.32,33). O apóstolo Paulo acentua: "Não vos torneis causa de tropeço nem para judeus, nem para gentios, nem tampouco para a igreja de Deus" (10.32,33). Os judeus e gentios mencionados por Paulo aqui são os judeus e gentios convertidos. Além de não sermos motivo de tropeço para os salvos, devemos, também, nos esforçar para ganhar os perdidos para Cristo. Não devemos ser uma pedra de tropeço, mas uma pedra de passagem; não um abismo, mas uma ponte. Não podemos estorvar as pessoas de entrarem no Reino de Deus.

Jesus falou a respeito dos fariseus que ficavam à porta do Reino de Deus, e não entravam nem deixavam as outras pessoas entrarem. Há sempre o perigo de uma pessoa ser um entrave na conversão de outras pessoas por causa das suas atitudes e do mau uso da sua liberdade. Nós não devemos viver para satisfazer os nossos interesses, mas buscar o interesse e a salvação dos outros. Paulo dá o próprio testemunho: "[...] assim como também eu procuro, em tudo, ser agradável a todos, não buscando o meu próprio interesse, mas o de muitos, para que sejam salvos" (10.33).

Como temos usado nossa liberdade cristã? Há pessoas que estão defendendo a sua liberdade, mas na verdade são escravas dos próprios vícios. Elas são pedra de tropeço (8.13); destroem em vez de edificar (10.23); agradam a si mesmas em vez de glorificar a Deus (10.31), afastam as pessoas de Cristo em vez de ganhá-las para Cristo (10.33).

David Prior diz que encontramos a liberdade cristã em sua verdadeira criatividade quando seguimos as cinco regras fundamentais de Paulo para a convivência entre os cristãos:

- o Façam tudo para a glória de Deus (10.31) – em vez de determinar a sua liberdade.
- o Procurem em tudo ser agradável a todos (10.33) – sem reclamar os seus direitos.
- o Busquem o interesse de muitos (10.33) – não o seu bem-estar ou a sua satisfação pessoal.
- o Busquem a salvação de muitos (10.33) – sem ficar preocupado apenas com a sua salvação pessoal.
- o Sejam imitadores de Cristo (11.1) – sem promover a sua reputação.

Isso é liberdade cristã: livrar-se de si mesmo para glorificar a Deus, tornando-se semelhante a Cristo.[141]

Notas do capítulo 10

[135] WIERSBE, Warren W. *Comentário bíblico expositivo*. Vol. 5. 2006: p. 779-782.
[136] WIERSBE, Warren W. *Comentário bíblico expositivo*. Vol. 5. 2006: p. 779,780.
[137] PRIOR, David. *A mensagem de 1Coríntios*. 1993: p. 179.
[138] PRIOR, David. *A mensagem de 1Coríntios*. 1993: p. 185.
[139] PRIOR, David. *A mensagem de 1Coríntios*. 1993: p. 186.

[140] PRIOR, David. *A mensagem de 1Coríntios.* 1993: p. 187.
[141] PRIOR, David. *A mensagem de 1Coríntios.* 1993: p. 189.

Capítulo 11

A postura da igreja no culto
(1Co 11.1-34)

O MUNDANISMO DA IGREJA acabou afetando o culto e refletindo na adoração. Três problemas principais surgiram na igreja em relação ao culto: A posição da mulher, a maneira que a Ceia do Senhor estava sendo celebrada e o uso correto dos dons espirituais.[142] Do capítulo 11 ao 14, Paulo trata desses três problemas. Os dois primeiros são tratados aqui no capítulo 11.

Esse capítulo começa com o elogio de Paulo à igreja (11.2). "De fato, eu vos louvo porque, em tudo, vos lembrais de mim e retendes as tradições assim como vo-las entreguei" (11.2). O que seriam essas tradições? Os ensinamentos orais e o conteúdo da pregação que Paulo passava para a igreja. E ela estava guardando esse conteúdo. Paulo deu à igreja o que recebeu de Cristo: "Porque eu recebi do Senhor o que também vos entreguei: que o Senhor Jesus, na noite em que foi traído, tomou o pão" (11.23).

A tradição, portanto, era o ensino oral de Paulo. O evangelho que Paulo recebeu de Deus ele o transmitiu à igreja e esta o guardou e o observou. "E o que de minha parte ouviste através de muitas testemunhas, isso mesmo transmite a homens fiéis e também idôneos para instruir a outros" (2Tm 2.2). Hoje o ensino está fundamentado não no ensino oral, mas na Palavra escrita. Nós temos a Palavra de Deus completa. Porém, ainda hoje, muitas pessoas confundem a tradição com o tradicionalismo. A tradição é a fé viva das pessoas que já morreram e o tradicionalismo é a fé morta das pessoas que ainda estão vivas.

Nesse capítulo Paulo cuidou de três problemas em relação ao culto.

O comportamento das mulheres no culto (11.3-16)

Para discernirmos o ensino de Paulo sobre a questão do véu, precisamos compreender o contexto cultural em que o véu foi usado. Leon Morris faz o seguinte comentário:

> Nas terras orientais o véu é o poder, a honra e a dignidade da mulher. Com o véu na cabeça, ela pode ir a qualquer lugar com segurança e profundo respeito. Ela não é vista; é sinal de péssimos modos ficar observando na rua uma mulher velada. Ela está só. As demais pessoas à sua volta lhe são inexistente, como ela o é para elas. Ela é suprema na multidão... Porém, sem o véu, a mulher é algo nulo, que qualquer um pode insultar... A autoridade e a dignidade da uma mulher se esvaem com o véu que tudo cobre, quando ela se descarta dele.[143]

Corinto era uma cidade grega. Na província grega a manifestação religiosa mais popular eram os cultos ou as religiões de mistério. E nessas religiões, todos os membros eram do sexo masculino. As mulheres eram excluídas desses cultos de mistério.[144] Essas religiões refletiam o distorcido conceito de que as mulheres eram inferiores aos homens e não precisavam de religião. Esse era o pano de fundo cultural da época que Paulo chegou a Corinto.

No entanto, esse bandeirante do cristianismo chegou com uma mensagem nova, com as boas-novas do evangelho de Cristo. A pregação de Paulo trouxe uma nova perspectiva para as mulheres. As boas-novas do evangelho de Cristo trouxeram uma revolução profunda acerca do valor da mulher na sociedade. O cristianismo resgatou o valor e a dignidade da mulher. Ela não foi criada para ser inferior ao homem nem ocupar um lugar inferior a ele no plano da redenção. Paulo dá o seu testemunho: "Dessarte, não pode haver judeu nem grego; nem escravo nem liberto; nem homem nem mulher; porque todos vós sois um em Cristo Jesus" (Gl 3.28). O homem não é mais importante nem a mulher é menos importante, pois aos olhos de Deus, os dois estão no mesmo nível; têm o mesmo valor. Cristo morreu para o homem e para a mulher. A salvação é para o homem e também para a mulher.

Nessa mesma linha de pensamento, Paulo orienta: "No Senhor, todavia, nem a mulher é independente do homem, nem o homem, independente da mulher" (11.11). Há uma igualdade de direitos.

As mulheres cristãs de Corinto, porém, saíram de um extremo, onde eram desprezadas para outro extremo, o feminismo. As mulheres da igreja de Corinto começaram um movimento de libertação da mulher, quebrando alguns paradigmas culturais e com isso, elas provocaram escândalo no culto.

As mulheres cristãs de Corinto queriam abolir o uso do véu no culto. O véu era um símbolo da submissão e da integridade da mulher. Elas, porém, no afã de tomarem posse da sua liberdade, disseram: "Abaixo o véu"![145] Porém, o que era o véu? Ele não era apenas uma peça da indumentária feminina.

Na Grécia as roupas dos homens e das mulheres eram muito parecidas, exceto pela "cobertura da cabeça".[146] O que distinguia a mulher dos homens era o véu. Toda mulher descente e honrada usava o véu. Nenhuma mulher honesta ousava sair de casa sem o véu. Nenhuma mulher frequentava uma reunião pública sem usar o véu. Somente as prostitutas tinham ousadia e coragem de sair às ruas sem o véu. As profetisas pagãs do mundo greco-romano exerciam seu ofício com as cabeças descobertas e desgrenhadas.

Esse comportamento naturalmente causava uma série de distração para os homens durante o culto, além de representar uma negação da submissão no Senhor que as mulheres casadas deviam ao marido.[147]

O véu, portanto, representava duas coisas na cultura de Corinto: A honradez e modéstia da mulher e a submissão ao seu marido.[148] Nesse sentido o véu era símbolo da dignidade e da modéstia feminina. Apenas as prostitutas e as sacerdotisas cultuais dos cultos pagãos saíam a público sem véu ou participavam de um culto pagão sem véu. Quando uma mulher era vista sem véu, seja na rua ou em uma cerimônia pagã ou mesmo na igreja, essa mulher estava desonrando a si mesma, dando motivo para que sua reputação fosse questionada. Agindo assim, ela também desonrava a seu marido (11.5).

Uma mulher em Corinto participando do culto público sem véu seria a mesma coisa que uma mulher chegar hoje num culto com trajes de banho. Você pode imaginar a reação? Isso provocaria escândalo e seria absolutamente inconveniente.

A cabeça coberta da mulher é a sua autoridade para orar e adorar, ou seja, usar seus dons espirituais na igreja, desde que mostre estar submissa a seu marido.[149]

O que aconteceu com as mulheres de Corinto quando elas receberam as boas-novas do evangelho? Elas perceberam que em Cristo eram livres. Não estavam mais debaixo do jugo cultural da cidade de Corinto. A reação imediata foi abolir o uso do véu. Paulo, porém, as exorta dizendo que se elas orarem e profetizarem sem o véu desonrarão a própria cabeça e o cabeça da mulher é o marido.

David Prior diz que nesse contexto, Paulo trabalha sobre quatro questões importantes para solucionar o problema do comportamento das mulheres no culto público.[150]

Em primeiro lugar, *submissão*. Observemos a orientação do apóstolo Paulo:

> Quero, entretanto, que saibais ser Cristo o cabeça de todo homem, e o homem, o cabeça da mulher, e Deus, o cabeça de Cristo. Todo homem que ora ou profetiza, tendo a cabeça coberta, desonra a sua própria cabeça. Toda mulher, porém, que ora ou profetiza com a cabeça sem véu desonra a sua própria cabeça, porque é como se a tivesse rapada. Portanto, se a mulher não usa véu, nesse caso, que rape o cabelo. Mas, se lhe é vergonhoso o tosquiar-se ou rapar-se, cumpre-lhe usar véu (11.3-6).

O apóstolo Paulo mostra o padrão de relacionamento que Deus estabeleceu na comunidade cristã (11.3). E ele nos mostra também uma ordem no Reino de Deus.

Podemos dizer que é uma ordem lógica, pois a hierarquia divina é: Deus-Cristo-Homem-Mulher. A submissão da mulher ao homem não é uma questão de superioridade do homem ou inferioridade da mulher. Esse argumento é tão falso, quanto é falso o argumento de que Deus como cabeça de Cristo, torna Cristo inferior a Deus. A superioridade do marido em relação à esposa não é maior do que a de Deus em relação a Cristo, esclarece David Prior.[151]

Cristo não é inferior a Deus. Ele é coigual, coeterno e cossubstancial com o Pai. Porém, na economia da redenção, Cristo se submeteu ao Pai para vir ao mundo, fazer-se carne e morrer na cruz para resgate dos pecadores. A mulher não é inferior ao marido. No entanto, na posição que Deus a estabeleceu, ela está sujeita ao marido. Assim como Cristo se submeteu ao Pai, a mulher deve se submeter ao marido como cabeça.

O termo grego traduzido por "cabeça" é *kephale*, que em raras ocasiões significa "governante de uma comunidade", transmitindo normalmente o sentido de fonte ou origem, sendo usado em relação à nascente de um rio. Deus é, portanto, a fonte de Cristo. O Filho é eternamente gerado do Pai. Cristo (como criador) é a fonte do homem, e o homem (cedendo uma das suas costelas) é a fonte da mulher (11.8).[152]

As mulheres têm espaço na igreja. Paulo fala que a mulher orava e profetizava na igreja (11.5). Elas exerciam um ministério de oração e palavra na igreja. Mas essa prática deveria ser exercida reconhecendo a dignidade dela e a sujeição ao seu marido. Por isso, elas deveriam usar o véu, como símbolo de submissão. O véu era uma questão de segurança para a mulher. Protegia sua reputação e seu casamento.

Quando uma mulher saía às ruas com o véu demonstrava que tinha compromisso com a honra e com o marido. O uso do véu era proteção e escudo para a mulher. Ela caminhava firme e segura diante da multidão. Mexer com essa mulher era arriscado. Ela estava protegida pelo véu. Porém, se uma mulher saísse à rua sem o véu, ela se tornava totalmente vulnerável, com a sua honra comprometida.

Paulo orienta as mulheres dentro desse contexto cultural a usarem o véu também na igreja. Elas não deviam dar motivo para as pessoas suspeitarem da sua honra ou da sua submissão ao marido. Ao cobrir a cabeça, a mulher assegurava o seu lugar de dignidade e subordinação ao marido. Por isso, Paulo recomendou o uso do véu para a mulher no culto público. Devemos ser sensíveis à cultura em que vivemos para não criarmos obstáculo ao evangelho.

O véu é um símbolo. Ele fala da necessidade da prática da decência no culto divino. Transportando para nossa cultura esse costume, Paulo mostraria às mulheres a necessidade de elas se trajarem com decência para irem ao culto público na igreja. A maneira da mulher apresentar-se e trajar-se não deve criar escândalo nem trazer desconforto para os membros da congregação.

Em segundo lugar, *glória* (11.7-10). Depois de falar sobre a questão da submissão, Paulo fala sobre o homem como glória de Deus e a mulher como glória do marido. Ele usa três argumentos para provar que o homem é glória de Deus e a mulher é a glória do seu marido.

O primeiro argumento é o da origem. "Porque o homem não foi feito da mulher, e sim a mulher, do homem" (11.8). O segundo argumento é o da finalidade. Paulo fala que o homem reflete a glória de Deus, pois o homem não veio da mulher, ele procedeu de Deus e a mulher procedeu do homem. "Porque também o homem não foi criado por causa da mulher, e sim a mulher, por causa do homem" (11.9). O terceiro argumento é o da relação com os anjos. "Portanto, deve a mulher, por causa dos anjos, trazer véu na cabeça, como sinal de autoridade" (11.10). Leon Morris sugere: "Ao cobrir a sua cabeça, a mulher assegura o próprio lugar de dignidade e autoridade. Ao mesmo tempo, ela reconhece a sua subordinação".[153] F. F. Bruce afirma: "Em Cristo a mulher recebeu posição igual à do homem: ela podia orar ou profetizar nas reuniões da igreja, e o seu véu era um sinal dessa nova autoridade".[154] Barrett concorda: "O véu representa a autoridade dada à mulher sob a nova dispensação para fazer coisas que antes não lhe eram permitidas".[155]

O que os anjos têm a ver com o uso do véu na igreja por parte das mulheres? Existem duas razões. A primeira é que quando estamos reunidos em culto público, os anjos estão reunidos conosco. Isso é indiscutível. Eles estão reunidos para aprender com a igreja (Ef 3.10). A igreja está ensinando os anjos a multiforme sabedoria de Deus.

Paulo, então, mostra a necessidade das mulheres reconhecerem a sua submissão aos seus maridos no culto público, usando o véu, sobretudo, em face da presença dos anjos. Os anjos não apenas estão presentes nos nossos cultos, mas eles aprendem com a igreja e cobrem o rosto quando adoram a Deus. De que maneira os anjos adoram a Deus? O profeta Isaías registra: "Serafins estavam por cima dele; cada um tinha seis asas: com duas cobria o rosto, com duas cobria os seus pés e com duas voava" (Is 6.2). Se os anjos cobrem o rosto para adorar a Deus, por reconhecer a majestade e a santidade de Deus, da mesma forma as mulheres devem cobrir o rosto, com o véu, por causa da autoridade que Deus tem sobre o homem e por causa da sujeição que elas têm a seu marido.

Em terceiro lugar, *interdependência*. O apóstolo é claro: "No Senhor, todavia, nem a mulher é independente do homem, nem o homem, independente da mulher. Porque, como provém a mulher do homem, assim também o homem é nascido da mulher; e tudo vem de Deus" (11.11,12).

Se a mulher veio do homem, por ter Deus criado a mulher a partir da costela do homem e o homem é nascido da mulher, então eles são interdependentes. O homem é a causa inicial da mulher, ela é a sua causa instrumental, mas ambos devem sua origem a Deus.[156] No Senhor, não há superioridade do homem nem inferioridade da mulher. Ambos são um e ambos são interdependentes. Não existe nenhuma chance de um querer se sobressair em detrimento do outro. Homem e mulher têm sua origem um no outro e ambos devem a sua existência a Deus. E no final Paulo diz: "[...] e tudo vem de Deus" (11.12).

Em quarto lugar, *natureza*. O apóstolo Paulo escreve: "Julgai entre vós mesmos: é próprio que a mulher ore a Deus sem trazer o véu? Ou não vos ensina a própria natureza ser desonroso para o homem usar cabelo comprido? E que, tratando-se da mulher, é para ela uma glória? Pois o cabelo lhe foi dado em lugar de mantilha" (11.13-16). Deus fez o homem e a mulher diferentes um do outro. O homem precisa manter sua diferença física da mulher. Seu vestuário deve ser diferente. O papel do homem é diferente do papel da mulher. O homem deve ser verdadeiramente masculino e a mulher verdadeiramente feminina, pois eles foram criados diferentes, têm características físicas, mentais e emocionais distintas. Eles exercem no casamento papéis diferentes e devem se vestir de forma diferente. Paulo diz que a apresentação do homem precisa ser diferente da apresentação da mulher. Essa diferença deve se manifestar na maneira de se vestir, e também, no comprimento do cabelo. Portanto, homem e mulher devem viver essa diferença tanto no seu aspecto físico, sexual, quanto, no vestuário e corte de cabelo.

A cultura moderna ocidental está tentando de todas as maneiras acabar com essa diferença entre homem e mulher. Fala-se hoje na moda *unissex*. Compra-se roupa que serve tanto para o homem quanto para a mulher. Os homens querem imitar as mulheres nos adereços, no tamanho do cabelo, na forma de se vestir e na maneira de se comportarem.

Todavia, esse não é o princípio de Deus. O propósito de Deus é que o homem seja diferente da mulher em todos os aspectos. O Criador não os fez um ser androgênico. Fê-los homem e mulher; macho e fêmea (Gn 1.27). O plano de Deus é que homens e mulheres tenham papéis diferentes, embora complementares. O homem deve ser plenamente masculino e a mulher plenamente feminina.

Se Paulo tivesse de ensinar esse princípio a uma de nossas igrejas no Ocidente, ele não diria às mulheres que usassem véu na igreja. O véu não faz parte da nossa cultura. William Barclay chega a dizer que o uso do véu tem um significado puramente local e transitório.[157] Porém, o princípio permanece. As mulheres devem ser submissas aos seus maridos e precisam vestir-se com modéstia e pureza.

Problemas com respeito à Ceia do Senhor (11.17-34)

Há quatro grandes verdades que vamos destacar nesta exposição:

Em primeiro lugar, *as repreensões do apóstolo Paulo à igreja* (11.17-22). O apóstolo Paulo acabara de fazer um elogio à igreja de Corinto (11.2). Agora, porém, traz uma séria exortação: "Nisto, porém, que vos prescrevo, não vos louvo, porquanto vos ajuntais não para melhor, e sim para pior" (11.17).

O que estava acontecendo? Mais uma vez divisão na igreja de Corinto. As divisões na igreja haviam chegado a proporções alarmantes. Além do culto à personalidade em torno de alguns líderes (1.12), agora Paulo mostra que os crentes estavam indo à igreja e voltando para casa piores (11.17). O culto na igreja estava desembocando em certo esnobismo perverso e odioso por parte dos ricos. Eles estavam desprezando os pobres.[158] Os ricos estavam desprezando a Igreja de Deus e envergonhando os pobres. "Porque, ao comerdes, cada um toma, antecipadamente, a sua própria ceia; e há quem tenha fome, ao passo que há também quem se embriague" (11.21).

A Ceia era precedida pela Festa do Amor, a festa do *Ágape*. A Bíblia fala dessa festa em Judas 12. No dia em que a Ceia do Senhor era celebrada servia-se uma refeição completa. Os crentes comiam, bebiam, repartiam, se confraternizavam e depois, num clima de comunhão, celebravam a Ceia do Senhor. Essa foi uma prática da igreja apostólica que se perdeu na História.

A Festa do *Ágape* era não apenas um tempo de comunhão, mas, também, e sobretudo, um ato de amor aos membros mais pobres da igreja. Era uma oportunidade para os cristãos ricos repartirem um pouco de seus bens materiais com os pobres. Uma vez que todos traziam de casa alguma coisa para comer e faziam uma espécie de ajunta-prato, os pobres poderiam participar de uma boa refeição pelo menos uma vez na semana. Depois desse banquete, então, eles celebravam a Ceia.[159]

Em segundo lugar, *a deturpação da Festa do Amor* (11.17-22,33,34). Na igreja de Corinto, durante a Festa do Amor, os ricos se isolavam e comiam à vontade as finas iguarias dos próprios banquetes que traziam de casa, e bebiam a ponto de se embriagarem. Do outro lado, porém, ficavam os pobres, que não tinham condições de trazer alimentos de casa e passavam fome. Depois de toda essa atitude odiosa de preconceito e desamor, eles se reuniam e celebravam a Ceia do Senhor. É nesse contexto que Paulo os reprova, dizendo-lhes que estavam se reunindo para pior. Essa não é a Ceia do Senhor que eles estavam participando. A atitude deles não era compatível com a celebração da Ceia do Senhor. Agindo dessa forma eles estavam desprezando a Igreja de Deus.

O que estava acontecendo nessa festa? Vejamos os seis pontos apresentados por Paulo que apontam a deturpação da Festa do Amor.

a) Eles se ajuntavam para pior. Paulo escreve: "Nisto, porém, que vos prescrevo, não vos louvo, porquanto vos ajuntais não para melhor, e sim para pior" (11.17). O culto deles não estava centrado em Deus nem era sensível ao próximo. Tudo girava em torno deles mesmos, de tal maneira que quando eles iam para a igreja, eles não adoravam a Deus nem serviam ao próximo. Assim, ao voltarem para casa, voltavam em estado pior. Eles cultuavam a si mesmos. Eles buscavam a satisfação do próprio eu. Então Paulo os exorta: Vocês estão se reunindo para pior. Leon Morris diz que "em vez da comunhão ser um ato eminentemente edificante, estava tendo um efeito dilacerante".[160]

b) Eles se reuniam, mas não havia harmonia no meio deles. Paulo diz: "Porque, antes de tudo, estou informado haver divisões entre vós quando vos reunis na igreja; e eu, em parte, o creio" (11.18). Havia divisões, partidos, e cismas entre eles.

A palavra grega para "divisões" é *schismata*, a mesma palavra que Paulo empregou em (1.10), acerca das dissensões que tinham cindido a igreja em facções. Essas se intrometeram na mais santa das práticas de culto.[161] Eles estavam dentro da igreja, mas não tinham uma só alma. Os ricos estavam de um lado e os pobres do outro. Os crentes de Corinto valorizavam as pessoas pela grife da roupa que usavam, pelo título que as pessoas tinham e pela posição que as pessoas ocupavam na sociedade. O *status* social das pessoas dividia a igreja. Eles não tinham uma só alma, um só coração, um só sentimento, e um só propósito. Havia ajuntamento, mas não comunhão.

c) Eles participavam dos elementos da Ceia, mas não era a Ceia que eles celebravam. Paulo afirma: "Quando, pois, vos reunis no mesmo lugar, não é a ceia do Senhor que comeis" (11.20). Paulo está combatendo o perigo do ritualismo. Você pode assentar-se para celebrar a Ceia, comer o pão e beber o vinho e, ainda assim, não ter usufruído as bênçãos da comunhão da Mesa do Senhor. Por quê? Porque a motivação pode estar errada.

Os crentes de Corinto seguiam um ritual, mas o coração deles estava afastado do propósito divino. Eles tinham o ritual, mas não a essência representada pelo ritual. Deus está mais interessado na sinceridade do coração do que em rituais. Nós devemos celebrar a Páscoa com os asmos da sinceridade. Se participarmos do culto, assentando-nos ao redor da mesa do Senhor, não refletirmos sobre o significado da Ceia e ainda desprezarmos nossos irmãos, então, esse ritual é desprovido de qualquer valor. Deus não se impressiona com rituais pomposos, Ele quer a verdade no íntimo. O cerimonialismo é um grande perigo. Deus não se impressiona com os nossos ritos e cerimônias. Ele vê o coração do adorador.

d) Eles eram esnobes e orgulhosos (11.21). Os ricos, de um lado, comiam os melhores churrascos e bebiam os melhores vinhos até a embriaguez enquanto os pobres ficavam do outro lado passando fome. De um lado estavam os pobres com fome e do outro estavam os ricos bêbados.[162] Depois dessa feira de vaidades, os ricos ainda tinham a petulância de dizer: "Agora nós vamos celebrar a Ceia do Senhor". Agindo assim, feriam a comunhão, humilhavam os irmãos pobres e desonravam a Deus. É importante ressaltar que a atitude egoísta dessas pessoas estava em flagrante contraste com a oferta altruísta e sacrificial de Cristo que deu Sua vida para o resgate dos pecadores. A Ceia que eles celebravam apontava para a oferta sacrificial de Cristo e eles a celebravam com gestos de egoísmo e não de amor altruísta.[163]

e) Eles se entregavam a excessos dentro da igreja (11.21). Eles bebiam a ponto de chegar à embriaguez na Festa do Amor, antes da celebração da Ceia. Os ricos deixavam os pobres passando fome, enquanto comiam, empanturravam-se e embebedavam-se num claro sinal de excesso e falta de domínio próprio. Paulo diz que a atitude deles estava errada. Eles estavam se reunindo para pecar. Tanto a glutonaria quanto a bebedeira são obras da carne e não fruto do Espírito (Gl 5.19-21).

f) Eles desprezavam a Igreja de Deus e envergonhavam os pobres (11.22). A deturpação da Festa do Amor na Igreja primitiva acabou abolindo-a completamente. Eles desprezavam a santidade de Deus, a santidade da igreja e o amor ao próximo.

Em terceiro lugar, *o significado da Ceia do Senhor* (11.23-26). A Ceia do Senhor está centralizada na morte expiatória de Cristo e no Seu sacrifício vicário. A cruz de Cristo e não o egoísmo humano está no centro dessa celebração.

O sangue de Cristo é o selo da nova aliança. Por meio dele Deus perdoa os nossos pecados e nos salva da ira vindoura.

A Ceia do Senhor é uma proclamação dramatizada de quatro verdades essenciais da fé cristã. Não podemos nos assentar à mesa sem olhar para o sacrifício de Cristo. Warren Wiersbe destaca quatro pontos que Paulo ensinou sobre a Ceia e que devemos ainda hoje observar sempre que nos reunirmos ao redor da mesa do Senhor: devemos olhar para trás, para a frente, para dentro e ao redor.[164]

a) Devemos olhar para trás. Quando você participa da Ceia, você deve olhar para trás, para a cruz de Cristo (11.26). Todas as vezes que comemos o pão e bebemos o cálice, anunciamos a morte do Senhor. Quando Jesus pegou o pão e o partiu, Ele disse: "Este pão é o meu corpo, que é partido por amor de vós. Tomai e comei, fazei isto em memória de mim". Jesus está ordenando que a igreja se lembre não dos Seus milagres, mas da Sua morte. Devemos olhar para trás e nos lembrar por que Cristo morreu, como Cristo morreu, por quem Cristo morreu. Cristo é o centro da Ceia. A Ceia é uma pregação dramatizada do calvário.

b) Devemos olhar para a frente. Quando participa da Ceia, você não olha somente para trás, mas também para a frente. Paulo diz: "Porque, todas as vezes que comerdes este pão e beberdes o cálice, anunciais a morte do Senhor, até que ele venha" (11.26). A Ceia nos aponta para a segunda vinda de Cristo. A eucaristia aponta para a *parousia*. Há um clima de expectativa em toda celebração da Ceia do Senhor (Lc 22.16,18). A segunda vinda de Cristo é a grande esperança do cristão num mundo onde o mal tem feito tantos estragos. Atrás, aponta para a sua morte; à frente, aponta para a sua volta.[165] William MacDonald, citando Godett, afirma: "A Ceia do Senhor é o elo entre Suas duas vindas, o monumento de uma, a garantia de outra".[166]

c) Devemos olhar para dentro. Quando você celebra a Ceia, não somente olha para trás e para a frente, mas também olha para dentro. Paulo exorta: "Examine-se, pois, o homem a si mesmo" (11.28). Você não olha para o seu irmão. Você não é o juiz do seu irmão. Em vez de examinar e julgar a vida alheia; volte as baterias para você mesmo, examine-se a si mesmo e julgue-se a si mesmo. Investigue o seu coração. Analise a sua vida. É digno observar que Paulo diz: Examine-se o homem a si mesmo e coma. Paulo não diz: Examine-se o homem e deixe de comer. Você não deve fugir da Ceia por causa do pecado, mas fugir do pecado por causa da Ceia. A Ceia é um instrumento de restauração. A Ceia é um tempo de cura, de reconciliação e restauração. A Ceia é o momento em que devemos aguçar os sentidos da nossa alma para examinar-nos e nos voltarmos para o Senhor. Na Ceia devemos correr do pecado para Deus e não de Deus para o pecado. A ordem de Paulo é: Examine-se e coma!

d) Devemos olhar ao redor. Quando você participa da Ceia, você olha para trás, para a cruz; você olha para a frente, para a segunda vinda de Cristo; você olha para dentro, para um autoexame e você também olha ao redor (11.33,34). O apóstolo Paulo escreve: "Assim, pois, irmãos meus, quando vos reunis para comer, esperai uns pelos outros. Se alguém tem fome, coma em casa, a fim de não vos reunirdes para juízo. Quanto às demais cousas, eu as ordenarei quando for ter convosco" (11.33,34). Paulo está orientando os crentes a esperarem uns pelos outros para uma comunhão verdadeira na Festa do Amor.

Na igreja de Corinto era costume os crentes trazerem suas iguarias de casa e comerem fartamente sem esperar uns pelos outros. Quando os menos favorecidos chegavam só encontravam as sobras. Havia até alguns pobres que passavam fome. O que Paulo nos ensina? Não temos essa prática da Festa do Amor atualmente, mas temos o princípio. Quando você se reunir para a Ceia, olhe ao seu redor, para seu irmão que está perto de você. Tem alguém faltando à igreja? Por que este ou aquele irmão ou irmã não está aqui assentado perto de nós?

A Ceia é um momento de comunhão. Somos um só pão. É isso o que Paulo deseja que a igreja entenda sobre a Ceia. Devemos procurar o Senhor e também os nossos irmãos. Devemos encontrar-nos com o Senhor e também com os nossos irmãos. Na Ceia os céus e a terra se tocam.

Em quarto lugar, *os perigos em relação à Ceia do Senhor* (11.27-32). Paulo alista alguns perigos com respeito à Ceia do Senhor.

a) Participar da Ceia do Senhor indignamente. Paulo escreve: "Por isso, aquele que comer o pão ou beber o cálice do Senhor, indignamente, será réu do corpo e do sangue do Senhor" (11.27). O que é participar da Ceia do Senhor dignamente?

João Calvino diz que participar da Ceia de forma digna é ter consciência da nossa própria indignidade. Quando temos consciência da nossa indignidade, mas ao mesmo tempo reconhecemos que por meio de Cristo somos habilitados a nos assentarmos à mesa, então participaremos da Ceia dignamente. A nossa dignidade é a consciência da nossa indignidade.

Leon Morris afirma que há um sentido em que todos têm de participar indignamente, pois ninguém jamais pode ser digno da bondade de Cristo para conosco. Mas em outro sentido podemos vir dignamente, isto é, com fé, e com a devida realização de tudo que é pertinente a tão solene rito. Negligenciar nisto é vir indignamente no sentido aqui censurado.[167] Participar da Ceia indignamente é assentar-se à mesa de forma leviana e irrefletida.

Precisamos discernir o que Cristo fez na cruz por nós. Precisamos compreender o Seu sacrifício vicário. Participar da Ceia irrefletidamente ou participar da Ceia hospedando pecado no coração, sem a devida disposição de arrependimento é fazê-lo de forma indigna. É tornar-se réu do corpo e do sangue de Jesus.

Ser réu do corpo e do sangue de Cristo Jesus é um pecado gravíssimo. Você só tem dois lados para estar em relação ao sangue. Você está debaixo dos benefícios do sangue ou está do lado daqueles que levaram Jesus para a cruz e o mataram. Você é assassino de Cristo ou é beneficiário do sangue de Cristo. Participar indignamente da Ceia e ser réu do corpo e do sangue de Cristo; é estar na mesma posição de Anás, Caifás, Pilatos e os soldados romanos que pregaram Jesus na cruz. Assim, só existem duas possibilidades: Você está debaixo dos benefícios do sangue de Cristo ou é réu do corpo e do sangue do Senhor. O apóstolo Paulo está dizendo que quem participa da Ceia indignamente se torna culpado de derramar o sangue de Cristo; isto é, coloca-se não do lado dos que estão participando dos benefícios da Sua paixão, mas do lado dos que foram culpados por Sua crucificação.[168]

b) Participar da Ceia do Senhor sem discernimento. O apóstolo Paulo escreve: "Examine-se, pois, o homem a si mesmo, e assim coma do pão, e beba do cálice; pois quem come e bebe sem discernir o corpo, come e bebe juízo para si. Eis a razão por que há entre vós muitos fracos e doentes e não poucos os que dormem" (11.28-30). Discernir o quê?

Discernir o corpo! Que corpo? Paulo está falando de dois corpos aqui. O primeiro corpo é o corpo físico de Cristo. É o corpo que foi moído e traspassado na cruz. Contudo, há outro corpo que precisa ser discernido. É o corpo místico de Cristo. Qual é o corpo místico de Cristo? A Igreja!

Quando você vem para a Ceia, mas, despreza o seu irmão, fazendo acepção de pessoas, ou nutrindo mágoa em seu coração, você está participando da Ceia sem discernir o corpo. E se você participa da Ceia sem discernir o corpo, você está participando de forma indigna. O resultado é que um pecado espiritual produz consequências físicas: "Eis a razão por que há entre vós muitos fracos e doentes e não poucos que dormem" (11.30). Essas são as doenças *hamartiagênicas*, ou seja, doenças produzidas pelo pecado.

A igreja de Corinto, em virtude de pecados não tratados, tinha pessoas fracas, doentes e algumas que já haviam morrido. Leon Morris nessa mesma linha de pensamento diz que males espirituais podem ter resultados físicos. A razão da má saúde e mesmo da morte de alguns crentes de Corinto tem atrás de si uma atitude errada para com esse ofício sumamente solene.[169]

A igreja de Corinto não estava cumprindo o mandamento de amar uns aos outros. Portanto, ela não estava discernindo o corpo. A consequência da falta de discernimento do corpo levou a igreja a comer e beber juízo para si: fraqueza, doenças e morte (11.30).

c) Participar da Ceia do Senhor sem autojulgamento. Paulo alerta: "Porque, se nos julgássemos a nós mesmos, não seríamos julgados. Mas, quando julgados, somos disciplinados pelo Senhor, para não sermos condenados com o mundo" (11.31,32). Não podemos ser frouxos com nós mesmos. Se nós participarmos da Ceia do Senhor com pecados não confessados sobre nós; não teremos, então, discernido o corpo que foi partido para que esse pecado fosse perdoado.[170]

Não podemos ser condescendentes com os nossos próprios erros. Precisamos enfrentar a nós mesmos. Quando você vier para a Ceia, não trate a si mesmo com condescendência. Julgue a si mesmo. Enfrente os seus pecados com rigor. Porque se você não julgar a si mesmo, vai ser condenado com o mundo.

A celebração da Ceia é um momento de autoconfronto. O autoengano é um grande perigo. A igreja de Laodiceia olhou no espelho e disse: Estou rica e abastada. A igreja de Sardes disse: Eu estou viva! Mas, Jesus disse à primeira igreja que ela era pobre e miserável e a segunda que ela estava morta. Paulo é enfático: Julgue a si mesmo, examine a si mesmo para que você não seja julgado e condenado com o mundo. Matthew Henry diz que as ordenanças de Cristo podem nos fazer melhores, ou nos farão piores; se elas não nos quebrantarem e nos amolecerem; nos tornarão mais endurecidos.[171]

Quando você julga a si mesmo, é disciplinado por Deus e a disciplina de Deus traz salvação, cura, e vida. Todavia, quando não julgamos a nós mesmos, nos tornamos autoindulgentes, e o juízo torna-se inevitável. O juízo de Deus para o crente não é a perda da salvação nem a condenação eterna, mas a disciplina.

Na vida do crente, fraqueza, doença e morte podem ser disciplina de Deus para nos afastar de pecados mais terríveis e de consequências mais danosas. A disciplina de Deus visa a sempre nos fazer voltar para Ele e nos livrar da condenação do mundo.

Notas do capítulo 11

[142] WAGNER, Peter. *Se não tiver amor.* 1983: p. 75.
[143] MORRIS, Leon. *1Coríntios: Introdução e comentário.* 1983: p. 123,124.
[144] WAGNER, Peter. *Se não tiver amor.* 1983: p. 75.
[145] WAGNER, Peter. *Se não tiver amor.* 1983: p. 77.
[146] PRIOR, David. *A mensagem de 1Coríntios.* 1993: p. 192.
[147] PRIOR, David. *A mensagem de 1Coríntios.* 1993: p. 193.
[148] WAGNER, Peter. *Se não tiver amor.* 1983: p. 79.
[149] RIENECKER, Fritz, e ROGERS, Cleon. *Chave linguística do Novo Testamento grego.* 1985: p. 313.
[150] PRIOR, David. *A mensagem de 1Coríntios.* 1993: p. 192-198.
[151] PRIOR, David. *A mensagem de 1Coríntios.* 1993: p. 194.
[152] PRIOR, David. *A mensagem de 1Coríntios.* 1993: p. 194.
[153] MORRIS, Leon. *1Coríntios: Introdução e comentário.* 1983: p. 124.
[154] BRUCE, F. F. *1 and 2Corinthians.* The New Century Bible Commentaries. Eerdmans and Marshall, Morgan & Scott. 1971: p. 106.
[155] BARRET, C. K. *A commentary on the First Epistle to the Corinthians.* Black's New Commentaries. A & C. Black. 1968: p. 255.
[156] RIENECKER, Fritz, e ROGERS, Cleon. *Chave linguística do Novo Testamento grego.* 1985: p. 313.
[157] BARCLAY, William. *I y II Corintios.* 1973: p. 108.
[158] PRIOR, David. *A mensagem de 1Coríntios.* 1993: p. 199.
[159] WAGNER, Peter. *Se não tiver amor.* 1983: p. 80.
[160] MORRIS, Leon. *1Coríntios: Introdução e comentário.* 1983: p. 126.
[161] MORRIS, Leon. *1Coríntios: Introdução e comentário.* 1983: p. 126.
[162] MORRIS, Leon. *1Coríntios: Introdução e comentário.* 1983: p. 127.
[163] WENHAM, G. J. et all. *New Bible commentary.* 1994: p. 1179.
[164] WIERSBE, Warren W. *Comentário bíblico expositivo.* Vol. 5. 2006: p. 792,793.
[165] PRIOR, David. *A mensagem de 1Coríntios.* 1993: p. 201.
[166] MACDONALD, William. *Believer's Bible commentary.* 1995: p. 1789.
[167] MORRIS, Leon. *1Coríntios: Introdução e comentário.* 1983: p. 131.
[168] PRIOR, David. *A mensagem de 1Coríntios.* 1993: p. 202.
[169] MORRIS, Leon. *1Coríntios: Introdução e comentário.* 1983: p. 132.
[170] MACDONALD, William. *Believer's Bible commentary.* 1995: p. 1789.
[171] HENRY, Matthew. *Matthew's Henry commentary in one volume.* Zondervan Publishing House. Grand Rapids, MI. 1961: p. 1817.

Capítulo 12

O propósito de Deus para os dons espirituais
(1Co 12.1-31)

A igreja de Corinto tinha sérios problemas relacionados ao culto cristão. Analisamos dois desses problemas no capítulo anterior: A questão da decência, o traje feminino no culto e a questão do domínio próprio dos crentes em relação à Ceia do Senhor.

Veremos neste capítulo que a igreja de Corinto tinha, também, problemas em relação ao uso dos dons espirituais. Eles não estavam usando, mas abusando dos dons espirituais. Ainda hoje, o mau uso dos dons espirituais é um grave problema na igreja. Muitos crentes usam os dons como um instrumento de autopromoção. Essa altivez espiritual é um sintoma de imaturidade.

Os dons espirituais não foram dados à igreja para projeção humana nem como um aferidor para medir o grau da espiritualidade de uma pessoa. Os dons foram dados para a edificação do corpo. Pelo exercício dos dons a igreja cresce de forma saudável. Assim, os dons são importantíssimos e vitais para a igreja. Eles são os recursos que o próprio Espírito de Deus concedeu à igreja para que ela pudesse ter um crescimento saudável e também suprir as necessidades dos seus membros.

Há pelo menos quatro posições em relação aos dons dentro da igreja:

1. Os cessacionistas. São aqueles que creem que os dons de sinais registrados em 1Coríntios 12 foram restritos ao tempo dos apóstolos. Para os cessacionistas esses dons não são contemporâneos nem estão mais disponíveis na igreja contemporânea.

2. Os ignorantes. São aqueles que não conhecem nada sobre os dons. Paulo orienta os coríntios para não serem ignorantes com respeito aos dons espirituais. Havia gente na igreja que ignorava esse assunto, e por isso, não podia utilizar a riqueza dessa provisão divina para a igreja.

3. Os medrosos. São aqueles que têm medo dos dons. Aqueles que têm medo dos excessos. Medo de cair em extremos. O medo leva essas pessoas a enterrar os seus dons e não utilizá-los para a glória de Deus nem para a edificação do corpo.

4. Os que creem na contemporaneidade. São aqueles que creem que os mesmos dons espirituais concedidos pelo Espírito Santo no passado estão disponíveis para a igreja atualmente.

Desejo examinar algumas lições sobre os dons espirituais à luz desse texto.

O problema: os dons espirituais como símbolo de *status* (12.1-12)

O primeiro problema que encontramos na igreja de Corinto é que ela usou mal os dons. A igreja tinha todos os dons (1.7). Não lhe faltava dom algum. Porém, ela tentou colocar o dom de variedade de línguas como o dom mais importante, como um símbolo de *status* espiritual.[172]

É imperativo ressaltar que os dons espirituais não são aferidores de espiritualidade. Você não mede a espiritualidade de uma igreja pela presença dos dons espirituais nela. Se você fosse medir o grau de espiritualidade de uma igreja pelos dons, a igreja de Corinto seria campeã de espiritualidade, pois tinha todos os dons; mas a realidade dessa igreja era outra.

Os crentes de Corinto não eram espirituais, mas carnais. Eles não eram maduros, mas infantis. Eles tinham carisma, mas não caráter. Eles tinham dons, mas não piedade. Era uma igreja que vivia em êxtase, mas não tinha um testemunho consistente. Tinha uma liturgia extremamente viva, mas a igreja não tinha a prática do evangelho. Faltava amor entre os crentes e santidade aos olhos de Deus. Era uma igreja de excessos, onde faltavam ordem e decência.

Os tempos mudaram, mas os mesmos erros do passado ainda estão sendo repetidos nas igrejas contemporâneas. Há igrejas que ainda ensinam que o dom de variedade de línguas é o selo e a evidência do batismo com o Espírito Santo. Há quem pense que o dom de variedade de línguas é o sinal da verdadeira espiritualidade. Assim, um crente que não fala em outras línguas não é uma pessoa espiritual, mas um crente de segunda categoria. Essa posição não tem amparo bíblico. É um equívoco. Todos os salvos são batizados pelo Espírito no corpo de Cristo (12.13), mas nem todos os crentes têm o dom de variedade de línguas (12.30).

É importante ressaltar que o dom de variedade de línguas tem valor. Tudo o que Deus dá é importante. Se o Espírito Santo é quem dá esse dom, então, ele tem valor. Porém, você precisa olhar a posição que esse dom ocupa na lista dos dons. Ele é o único dom que não é para a edificação do corpo, mas para a autoedificação. Portanto, na lista dos dons, ele sempre vem em último lugar. Também é importante ressaltar que em momento algum a Palavra de Deus coloca um dom espiritual, seja ele qual for, como o selo ou como a evidência do batismo com o Espírito Santo.

O batismo com o Espírito Santo é a sua inserção no corpo de Cristo (12.13). Todo aquele que foi regenerado, também foi batizado pelo Espírito no corpo de Cristo. Não é o falar em línguas que evidencia essa ligação no corpo, mas a conversão.

Vamos destacar alguns pontos para a nossa reflexão.

Em primeiro lugar, *o contraste entre o outrora e o agora*. Na vida do cristão há uma distinção entre o OUTRORA e o AGORA. Paulo fala da experiência de conversão, daquele divisor de águas na vida que separa o passado do presente. Assim diz o apóstolo: "Sabeis que, outrora, quando éreis gentios, deixáveis conduzir-vos aos ídolos mudos, segundo éreis guiados" (12.2,3). O que é que Paulo está ensinando? É que há uma distinção entre o outrora e o agora. Os ídolos, embora, mudos, guiavam, controlavam e dominavam os crentes de Corinto antes da conversão deles. O ídolo é mudo. Ele não tem vida, não fala, não ouve, não age, mas, a despeito disso o ídolo guia, controla, e dirige a vida daqueles que o veneram (Os 4.12). De que maneira? É que por trás do ídolo estão os demônios (10.20).

Assim, quando uma pessoa está sendo guiada por ídolos, ela está sendo controlada por demônios. O ídolo, ou uma imagem de escultura tem boca, mas não fala; tem olhos, mas não vê; tem ouvidos, mas não ouve; tem garganta, mas nenhum som sai da sua boca; tem mão, mas não apalpa; tem pé, mas não anda. Do mesmo modo são os que fazem e os que seguem os ídolos (Sl 115.5-8). A pessoa que faz um ídolo e o segue perde a capacidade de ver, ouvir e entender as coisas. Ela é controlada e guiada cegamente.

Os ídolos eram demônios que estavam agindo na vida dos coríntios e guiando a vida deles antes da conversão (12.2). David Prior alerta para o fato de que muitos cristãos de Corinto procediam do paganismo. Convém ressaltar, sobretudo, que as religiões gregas de mistério tinham as experiências espirituais como norma. As pessoas estavam acostumadas a ser guiadas por algum tipo de força sobrenatural ou demoníaca a um estado de transe, ou êxtase, ou a alguma atitude estranha.[173]

Paulo, então, mostra para a igreja que outrora eles eram conduzidos e guiados pelos ídolos. Mas agora, são guiados e controlados pelo Espírito Santo de Deus. "Por isso, vos faço compreender que ninguém que fala pelo Espírito de Deus afirma: Anátema, Jesus! Por outro lado, ninguém pode dizer: Senhor Jesus!, senão pelo Espírito Santo" (12.3).

Os crentes da igreja de Corinto vieram, na sua maioria, das religiões de mistério, do politeísmo pagão, onde eles eram incorporados por espíritos malignos e falavam em estado de êxtase. Agora, alguns desses crentes queriam importar essas práticas para a igreja.

O grande problema é que algumas pessoas na igreja de Corinto estavam falando em estado de êxtase. E nesse momento de êxtase, algumas pessoas diziam: Anátema Jesus! Amaldiçoado seja Jesus! Paulo, então, corrige essa prática dizendo que uma pessoa guiada pelo Espírito de Deus não pode fazer isso, porque o Espírito de Deus não leva uma pessoa a falar e agir de maneira contrária a Jesus Cristo.

O ministério do Espírito Santo é glorificar e exaltar a Jesus. Ninguém pode confessar Jesus como Senhor e viver de conformidade com essa realidade sem a ação e o poder do Espírito Santo (12.3).

Em segundo lugar, *o contraste entre os ídolos e o Deus trino*. Paulo argumenta: "Ora, os dons são diversos, mas o Espírito é o mesmo. E também há diversidade nos serviços, mas o Senhor é o mesmo. E há diversidade nas realizações, mas o mesmo Deus é quem opera tudo em todos" (12.4-6). Aqui, a Trindade está presente. No versículo 4, Paulo se refere ao Espírito Santo; no versículo 5, a palavra *kyrios* refere-se ao Senhor Jesus Cristo e no versículo 6, Paulo refere-se a Deus Pai. A igreja de Corinto precisava entender isso. Ela havia abandonado os ídolos mudos e agora estava seguindo uma nova direção: A direção do Pai, do Filho e do Espírito Santo.

Em terceiro lugar, *a natureza dos dons espirituais* (12.4-6). Veja que Paulo está falando de "dons", de "serviços" e de "realizações". Isso vai nos falar acerca da natureza dos dons espirituais. Por que Paulo fala sobre dons, serviços e realizações? O dom tem uma tríplice natureza.

a) Quanto à origem dos dons eles são *charismata*. Paulo diz: "Ora os dons são diversos" (12.4). A palavra *charismata* vem de *charis,* graça. Assim, Paulo está falando da origem dos dons. O dom espiritual procede da graça de Deus. Nenhum homem tem competência para distribuir dons espirituais. Essa não é uma competência humana. Os dons são originados na graça de Deus e são ministrados, doados e distribuídos pelo Espírito Santo de Deus. Nenhum homem tem competência de distribuir dons espirituais. A origem dos dons nunca está no homem, mas sempre na graça de Deus.

b) Quanto ao modo de atuar, o dom é *diaconia*. Paulo prossegue: "E também há diversidade nos serviços" (12.5). A palavra "serviços" no grego é *diaconia*. Isso se refere ao modo de atuação do dom que é prontidão para servir. Os dons são dados não para projeção pessoal, mas para o serviço. O dom é *diaconia*, é para o serviço.

Deus nos dá dons para servirmos uns aos outros e não para tocarmos trombeta exaltando nossas virtudes ou habilidades. Um indivíduo jamais deveria acender as luzes da ribalta sobre si mesmo no exercício do dom espiritual. A finalidade do dom espiritual não é a autopromoção, mas a edificação do próximo.

c) Quanto à sua finalidade os dons são *energémata*. Paulo conclui: "E há diversidade nas realizações" (12.6). A palavra *energémata* vem de energia, de obras exteriores. É a energia de Deus operando nos cristãos e transbordando para a vida da comunidade.[174] O dom espiritual tem uma finalidade. Sua finalidade é a exteriorização de um ato, de um trabalho, de alguma realização. O dom espiritual é para ajudar alguém, fazer algo para alguém, trabalhar por alguém e realizar alguma coisa por alguém. Não é uma espiritualidade intimista e subjetiva. O dom sempre está se desdobrando em trabalho, ação, e realização em benefício de alguém. A finalidade do dom é a realização de alguma obra e ajuda concreta a alguém.

Em quarto lugar, *o propósito divino para os dons*. O apóstolo Paulo afirma: "A manifestação do Espírito é concedida a cada um visando a um fim proveitoso" (12.7). Destaco aqui duas coisas:

a) Os dons são dados a cada membro do corpo. Todos os crentes, salvos por Cristo Jesus, têm pelo menos um dom. A afirmação do apóstolo Paulo é categórica: "A manifestação do Espírito é concedida a cada um". Não existe ninguém convertido sem dons espirituais. Cada membro tem pelo menos um dom.

b) Os dons têm um propósito. Eles são dados visando a um fim proveitoso, ou seja, a edificação da igreja. O benefício não é próprio e pessoal, mas endereçado para a coletividade. O propósito dos dons é a edificação da igreja.

Em quinto lugar, *a variedade dos dons*. O apóstolo diz: "Porque a um é dada, mediante o Espírito, a palavra da sabedoria; e a outro, segundo o mesmo Espírito, a palavra do conhecimento; a outro, no mesmo Espírito, a fé; e a outro, no mesmo Espírito, dons de curar; a outro, operações de milagres; a outro, profecia; a outro, discernimento de espíritos; a um, variedade de línguas; e a outro, capacidade para interpretá-las" (12.8-10).

Paulo oferece cinco listas de dons espirituais: Romanos 12.6-8; 1Coríntios 12.8-10; 1Coríntios 12.28; 1Coríntios 14; Efésios 4.11-13. Não há crente sem dom nem crente com todos os dons (12.29-31). A lista em apreço pode ser sintetizada assim: Dons da palavra ou da pregação; dons de sinais ou de milagres e dons de serviço. Há variedade e diversidade de dons. O Espírito Santo é quem distribui, a fim de que não haja nenhuma falta, necessidade ou carência na Igreja de Deus.

Em sexto lugar, *a soberania do Espírito na distribuição dos dons*. Paulo diz: "Mas um só e o mesmo Espírito realiza todas estas coisas, distribuindo-as, como lhe apraz, a cada um, individualmente" (12.11). Paulo está falando que é o Espírito Santo quem distribui os dons e também quem age eficazmente na vida daquele que exerce o dom. O homem é apenas o instrumento, mas o poder é do Espírito. Assim, não faz sentido falarmos em homens poderosos. Quando uma pessoa tem o dom de milagres, dons de cura, não é a pessoa que tem o poder.

Atualmente se faz propaganda de homens poderosos, homens de poder, mas na verdade Paulo fala que "[...] um só e o mesmo Espírito realiza todas estas coisas". A glória não é para o homem, mas para Deus e Deus não a reparte com ninguém.

O apóstolo Paulo usou quatro verbos-chave que ilustram a soberania de Deus na distribuição dos dons espirituais. O Espírito Santo distribui (12.11), Deus dispõe (12.18), Deus coordena (12.24) e Deus estabelece (12.28).[175] Do começo ao fim Deus está no controle. É Deus quem estabelece o corpo e quem coloca cada membro no corpo e distribui cada dom a cada pessoa conforme Seu propósito e soberana vontade. Do começo ao fim Deus está no controle. É isso que Paulo ensina à igreja.

A igreja é um corpo (12.12-31)

A igreja é comparada a uma família, a um exército, a um templo, a uma noiva. Porém, a figura predileta de Paulo para descrever a igreja é o corpo. Por que Paulo tem predileção por essa figura? Porque ela é uma das mais completas para descrever a igreja. O apóstolo Paulo destaca três grandes verdades, que vamos considerar.

Em primeiro lugar, *a unidade do corpo* (12.12,13). O corpo é uno. Sua principal característica é a unidade. Todos os que creem em Cristo são um, fazem parte do mesmo corpo, da mesma família, do mesmo rebanho. Essa unidade não é organizacional nem denominacional, mas espiritual. Nós confessamos o mesmo Senhor (12.1-3), dependemos do mesmo Deus (12.4-6), ministramos no mesmo corpo (12.7-11), e experimentamos o mesmo batismo (12.12,13).

Peter Wagner cita dois fatores que mantêm a unidade do corpo:[176]

a) O sangue. Pode ser difícil estabelecer a unidade entre meus pés, minhas mãos e meus rins. Contudo, o mesmo sangue alimenta esses membros e todos os outros.

O sangue fornece vida aos membros e se impedirmos o sangue de chegar a alguns deles, esses morrerão rapidamente. O que é que me enxerta e me insere no corpo de Cristo? O que me torna um membro do Seu corpo? É o sangue do Cordeiro! Assim como o sangue é o elemento que unifica o corpo, o sangue de Cristo nos torna um.

Ninguém pode fazer parte da igreja a não ser por meio da expiação, da obra da redenção operada pelo sangue de Jesus Cristo. Ninguém entra na igreja sem primeiro ter se apropriado dos benefícios da morte de Cristo e do Seu sangue derramado.

b) O Espírito. Além do sangue, o que mantém o corpo uno é o espírito. Nunca descobriremos o espírito ou a alma de uma pessoa em algum de seus órgãos, membros ou glândulas. Em certo sentido, o espírito está em todos os membros do corpo. Em relação à igreja, diz o apóstolo Paulo: "Pois, em um só Espírito, todos nós fomos batizados em um corpo" (12.13). O Espírito Santo foi quem enxertou você no corpo. Você foi batizado e introduzido no corpo pelo Espírito. Quem colocou você no corpo foi o Espírito Santo. Ele regenerou você, mudou a sua vida, converteu o seu coração. Um membro do corpo pode ser mais cheio do que outro membro, mas nenhum membro está sem o

Espírito. Ser batizado pelo Espírito significa pertencer ao Corpo de Cristo. Ser cheio do Espírito significa que nosso corpo pertence a Cristo.

Obviamente, essa unidade de que Paulo fala não é denominacional. Não é uma unidade externa, mas mística e espiritual. É por isso que o ecumenismo é um grande equívoco. Qual é a grande bandeira do ecumenismo? É a de que nós temos de acabar com as nossas diferenças e ficar todos debaixo de um mesmo guarda-chuva. Não importa a sua crença. Não importa a sua teologia. Não importa o Deus que você crê. Vamos ficar juntos. Vamos adorar no mesmo altar. Mas esse não é o ensino das Escrituras. Não existe unidade fora da verdade. Não há unidade fora do Espírito Santo.

É impossível ser um com alguém que ainda não nasceu de novo e ainda não foi introduzido no Corpo de Cristo. Essa unidade é para os salvos que estão nas mais diversas denominações cristãs, mas não é uma unidade entre salvos e incrédulos. A unidade da igreja é espiritual. Você é um com qualquer irmão de qualquer denominação, em qualquer lugar do mundo. Essa unidade não é criada na terra, mas no céu; não é feita pelo homem, mas por Deus. Todos aqueles que creem em Cristo, de todos os lugares, de todos os tempos são um. Todos fazem parte da mesma igreja, do mesmo rebanho. Todos são ovelhas de Cristo e noiva do Cordeiro.

Em segundo lugar, *a diversidade do corpo* (12.14-20). O corpo embora uno tem uma grande diversidade de membros (12.14). O que torna o corpo bonito e funcional é o fato de ele ter seus membros harmoniosamente distribuídos e todos trabalhando juntos para o bem comum.

Os membros do corpo são belos quando distribuídos com proporcionalidade. Um nariz que se desenvolve além do normal deforma o rosto. O olho é um órgão lindo e nobre. Ele é o farol do corpo humano. Contudo, já imaginou se você encontrasse um olho de 75 quilos na rua? Você sairia correndo, pois esse olho gigante mais se assemelharia a um monstro.[177] Paulo pergunta: "Se todo o corpo fosse olho, onde estaria o ouvido? (12.17). A beleza do corpo está na sua diversidade e na sua proporcionalidade.

O corpo precisa das diversas funções dos membros para sobreviver (12.15-19). Um membro serve ao outro e todos trabalham em harmonia para o benefício e edificação do corpo. Imagine que você esteja com fome caminhando pela estrada e vê um pé de manga cheio de mangas maduras, mangas vermelhas, mangas bonitas, mangas cheirosas. O seu olho vê a manga. No entanto, não basta o olho ver. Você tem de usar a mão para pegar. Você tem de usar a boca e os dentes para morder e mastigar. Você tem de usar a língua para movimentar. Você tem de usar o esôfago para engolir. Você tem de usar o estômago para triturar. Você tem de usar o fígado para jogar a bílis ali. Você precisa de toda uma máquina funcionando para que aquela manga possa nutrir você e atender à sua necessidade.[178] Assim, também, é a igreja. Ela é um corpo e nós precisamos ajudar uns aos outros.

Se eu cortasse o meu braço e o colocasse numa cadeira ao lado, ele seria meu braço ainda. Só que não valeria nada para o corpo. Esse braço só tem valor se tiver ligado ao corpo. Fora do corpo ele não tem valor. É inútil. Se eu cortasse minha mão e a colocasse numa cadeira, no outro lado da sala, ela ainda seria minha mão, mas não teria mais utilidade porque estaria separada dos outros membros do corpo. Da mesma maneira, o apóstolo Paulo está dizendo, que somos uma unidade. O membro tem valor na medida em que está inserido no corpo e na proporção em que ele trabalha para o bem comum do corpo.

Em terceiro lugar, *a mutualidade do corpo* (12.21-31). Quando Paulo fala da mutualidade do corpo, exorta a igreja sobre cinco questões importantes.

a) O perigo do complexo de inferioridade. Paulo escreve: "Se disser o pé: Porque não sou mão, não sou do corpo; nem por isso deixa de ser do corpo. Se o ouvido disser: Porque não sou olho, não sou do corpo; nem por isso deixa de o ser" (12.15,16).

Quando alguém reclama de não ter este ou aquele dom espiritual, está questionando a sabedoria de Deus. Isso é culpar a Deus de falta de sabedoria. Isso é questionar a unidade do corpo. Nenhum membro da igreja deve se comparar, nem se contrastar com outro membro da igreja. Você é único. Você é singular no corpo.

Deus colocou você no corpo como Lhe aprouve. Exerça a função que Deus lhe deu no corpo. Ficar ressentido por não ter este ou aquele dom espiritual é imaturidade. Devemos exercer nosso papel no corpo com alegria, zelo e fidelidade. Somos únicos e singulares para Deus.

b) O perigo do complexo de superioridade. O apóstolo Paulo afirma:

> Não podem os olhos dizer à mão: Não precisamos de ti; nem ainda a cabeça, aos pés: Não preciso de vós. Pelo contrário, os membros do corpo que parecem ser mais fracos são necessários; e os que nos parecem menos dignos no corpo, a estes damos muito maior honra; também os que em nós não são decorosos, revestimos de especial honra. Mas os nossos membros nobres não têm necessidade disso. Contudo, Deus coordenou o corpo, concedendo muito mais honra àquilo que menos tinha (12.21-24).

A Igreja de Deus não tem espaço para disputa de prestígio. A igreja não é uma feira de vaidades. O apóstolo Paulo pergunta: "Pois quem é que te faz sobressair? E que tens tu que não tenhas recebido? E, se o recebeste, por que te vanglorias, como se o não tiveras recebido?" (4.7). Não há espaço na igreja para a vanglória. Nenhum membro da igreja pode envaidecer-se pelos dons que recebeu.

c) A necessidade da mútua cooperação. Paulo ainda prossegue no seu argumento: "[...] para que não haja divisão no corpo; pelo contrário, cooperem os membros, com igual cuidado, em favor uns dos outros" (12.25). A igreja é como uma família unida; quando você mexe com um, mexe com todos, quando você abençoa a um, abençoa a todos. Na igreja cada um está buscando meios e formas de cooperar, de ajudar, de abençoar, de enlevar, de edificar a todos. O propósito do dom é para que não haja divisão no corpo. Você não está competindo nem disputando com ninguém na igreja, mas cooperando.

Paulo diz que não estamos competindo na igreja nem estamos brigando por um lugar ao sol. Devemos lutar para ajudar-nos uns aos outros para que não haja divisão na igreja. Precisamos cooperar e trabalhar a favor uns dos outros. Os dons são dados não para competição nem para demonstração de uma pretensa espiritualidade. O dom tem como objetivo a mútua cooperação.

A maior prioridade da sua vida é cuidar de seu irmão. É assim que acontece com o corpo. Por exemplo: Você, às vezes, gosta do paladar de uma comida. Porém, por uma deficiência de saúde o médico diz: Esse alimento não é bom para você. Então você abdica. Por que você abdica? Em benefício do corpo. Vamos imaginar que você esteja doente, com a garganta inflamada. Você precisa tomar antibiótico.

O braço que não tem nada a ver com essa inflamação se oferece para tomar a agulhada. Isso significa que um membro está sofrendo pelo outro em benefício de todo o corpo.

d) A necessidade da empatia na alegria e na tristeza. "De maneira que, se um membro sofre, todos sofrem com ele; e, se um deles é honrado, com ele todos se regozijam" (12.26).

A psicologia revela que é mais fácil chorar com os que choram do que se alegrar com os que se alegram. São poucas as pessoas que têm a capacidade de celebrar a vitória do outro. E por que as pessoas têm dificuldade em celebrar a vitória do outro? Porque o mundo delas ainda está centrado no *eu*. No fundo, no fundo, as pessoas ainda estão dizendo, quem deveria ser promovido não era o *outro*, mas *eu*.

Paulo diz que precisamos aprender a ter empatia, a sofrer com os que sofrem e alegrar-se com os que se alegram. Não estamos num campeonato dentro da igreja disputando quem é o mais talentoso, o mais dotado, o mais espiritual. Somos uma família. Somos um corpo. Devemos celebrar as vitórias uns dos outros e chorar as tristezas uns dos outros.

e) A necessidade de compreendermos que não somos completos em nós mesmos e que precisamos uns dos outros. Paulo escreve: "Ora, vós sois corpo de Cristo; e, individualmente, membros desse corpo. A uns estabeleceu Deus na igreja, primeiramente, apóstolos; em segundo lugar, profetas; em terceiro lugar, mestres; depois, operadores de milagres; depois, dons de curar, socorros, governos, variedades de línguas" (12.27,28).

Todos os membros da igreja têm dons, mas ninguém tem todos os dons espirituais. Paulo pergunta: "Porventura, são todos apóstolos? Ou, todos profetas? São todos mestres? Ou, operadores de milagres? Têm todos dons de curar? Falam todos em outras línguas? Interpretam-nas todos?"

(12.29,30). Paulo faz uma saraivada de perguntas retóricas e para todas elas precisamos responder um NÃO sonoro e rotundo. Paulo está dizendo que nós precisamos uns dos outros. Não existe nenhum crente, na igreja, completo em si mesmo. Não somos autossuficientes; dependemos uns dos outros. É assim que a Igreja de Cristo funciona!

Notas do capítulo 12

[172] WAGNER, Peter. *Se não tiver amor.* 1983: p. 85.
[173] PRIOR, David. *A mensagem de 1Coríntios.* 1993: p. 205.
[174] PRIOR, David. *A mensagem de 1Coríntios.* 1993: p. 210.
[175] PRIOR, David. *A mensagem de 1Coríntios.* 1993: p. 209.
[176] WAGNER, Peter. *Se não tiver amor.* 1983: p. 86,87.
[177] WAGNER, Peter. *Se não tiver amor.* 1983: p. 89.
[178] WAGNER, Peter. *Se não tiver amor.* 1983: p. 89.

Capítulo 13

A superioridade do amor em relação aos dons
(1Co 13.1-13)

O capítulo 13 de 1Coríntios é considerado a obra mais grandiosa, mais vigorosa e mais profunda que Paulo escreveu.[179] Paulo fala sobre a superioridade do amor sobre os dons, as excelências magníficas do amor e a perenidade do amor.

Todavia, o que é amor? Muitas pessoas relacionam o amor com a emoção. O coração bate forte, as mãos ficam geladas, perpassa um calafrio pela espinha. Então, as pessoas pensam: Isso é amor!

Outros relacionam o amor com um sentimento romântico e platônico. Limitam o amor a algo puramente sentimental, filosófico, e romântico. Para outros, ainda, o amor é uma atração irresistível ou um impulso passional. Trata-se apenas de uma paixão inflamada e indomável.

A palavra *amor* está profundamente desgastada. John Mackay afirma que uma das principais artimanhas do maligno é esvaziar o conteúdo das palavras. Se existe uma palavra que foi esvaziada, distorcida, e adulterada em seu significado é a palavra amor. Amor tornou-se símbolo de paixão, de sexo, sobretudo, de intercurso sexual fora do casamento. Esse tipo de amor tem trazido ódio, desgraças, divisões, lares arruinados e enfermidades.

É óbvio que quando o apóstolo Paulo fala em amor, usa uma palavra específica, *ágape*. O amor *ágape* é o próprio amor de Deus. É o amor sacrificial, genuíno, puro. É o amor santo, que não busca seus interesses. É o amor que se entrega. É o amor que é mais do que emoção. É atitude, é ação. É amar o indigno. É amar até às últimas consequências. É amar como Cristo amou. Cristo amou a Igreja e a si mesmo se entregou por ela. David Prior diz que *ágape* é o amor pelos totalmente indignos. Provém antes da natureza daquele que ama, que de qualquer mérito do ser amado.[180]

Examinaremos esse capítulo dentro desse contexto. Quando você estuda as cartas do apóstolo Paulo às igrejas de Éfeso, Filipos, Colossos e Tessalônica, observa que ele agradece a Deus pelo amor existente entre aqueles irmãos. Paulo elogia aquelas igrejas pelo amor que tinham. Porém, Paulo não elogia a igreja de Corinto nesse particular. Ao contrário, Paulo elogia a igreja de Corinto pelos dons, mas não pelo amor. Corinto era uma igreja cheia de dons. Não faltava àquela igreja nenhum dom (1.7), entretanto, faltava-lhe a prática do amor.

Na verdade esse era o ponto vulnerável daquela igreja. Era uma igreja trôpega e frágil na prática do amor fraternal.

A igreja de Corinto era imatura e carnal (3.3). Por essa razão, Paulo escreve o capítulo 13, o grande capítulo do amor. Infelizmente, costumamos ler esse capítulo sem considerar o contexto da carta.

O capítulo 13 está entre dois capítulos tratando de dons espirituais. Não foi cochilo do apóstolo Paulo colocar esse texto sobre o amor "sanduichado" entre dois capítulos que tratam de dons espirituais. Paulo está dizendo que todos os dons mais dramáticos e mais maravilhosos que podemos imaginar são inúteis, se não houver amor.[181] Como diz F. F. Bruce: "O exercício mais generoso dos dons espirituais não pode compensar a falta de amor".[182] Não podemos entender a mensagem desse capítulo a não ser que o interpretemos à luz deste contexto.

Paulo está condenando a carnalidade da igreja de Corinto e mostrando que a única saída para uma igreja carnal e imatura é o remédio do amor. Paulo diz que a vida comunitária sem amor não é nada (13.1-3); a seguir, ele descreve o que o amor é, o que o amor não é, e o que o amor faz (13.4-7). Finalmente, Paulo descreve a natureza duradoura e eterna do amor (13.8b-13). Dividiremos esse estudo em três partes distintas: A superioridade do amor, as virtudes do amor e a eternidade do amor.

A superioridade do amor (13.1-3)

O amor é superior a todos os dons extraordinários. Esse é o argumento de Paulo. A igreja de Corinto estava muito orgulhosa dos dons que tinha, especialmente os dons de sinais. Os crentes de Corinto acreditavam que aqueles que possuíam esses dons eram superiores aos demais. Eles chegaram a pensar que os detentores desses dons de sinais, especialmente, o falar em outras línguas, eram crentes de primeira categoria, que haviam alcançado um estágio mais elevado de intimidade com Deus. Então, eles estavam orgulhosos e ensoberbecidos por esses dons da igreja.

Paulo, porém, desmistifica esse equívoco deles, mostrando que o amor é superior aos dons. O amor é melhor do que o dom de línguas (13.1). O amor é melhor do que o dom de profecia e de conhecimento (13.2). O amor é melhor do que o dom de milagres (13.2). O amor é melhor do que o dom da contribuição sacrificial (13.3). O amor é melhor do que o próprio martírio, dar o seu corpo para ser queimado (13.3).

O amor é superior aos dons por duas razões: Pelas suas qualidades e pela sua perenidade. Os dons cessam. Eles são apenas para esta vida. Os dons são apenas para este mundo. Eles são para a igreja militante. Porém, o amor é também para a Igreja triunfante. O amor transcende a História. Ele é eterno.

Paulo menciona cinco dons espirituais que a igreja de Corinto reputava como os mais importantes: línguas, profecia, conhecimento, fé, e contribuição sacrificial (dinheiro e vida). Paulo argumenta com a igreja que esses dons sem amor não têm nenhum valor. As maiores obras de caridade são de nenhum valor sem amor (13.3). O amor é melhor por causa da sua excelência intrínseca e também por causa da sua perpetuidade. Todos os dons, por mais nobres são inúteis, se não houver amor. O exercício mais generoso dos dons espirituais não pode compensar a falta de amor. O exercício desses dons sem o amor não tem nenhum valor para a edificação da igreja. A igreja de Corinto estava cheia de rachaduras, traumas, partidos, grupos, cisões, e divisões pela falta de amor. Dons sem amor não sinalizam maturidade espiritual.

A superioridade do amor em relação aos dons

Na igreja de Corinto havia complexo de inferioridade e complexo de superioridade em relação aos dons espirituais. Havia quem se sentia um zero à esquerda e outros que batiam no peito e se enchiam de empáfia, desprezando os demais. Eles viviam na igreja como se estivessem num campeonato de prestígio.

Em Corinto estava a igreja mais cheia de dons do Novo Testamento, mas também a igreja mais imatura e mais carnal, porque lhe faltava amor. A igreja buscava os dons do Espírito, mas não o fruto do Espírito.

Paulo faz três declarações duras acerca do cristão que não tem amor.[183]

Em primeiro lugar, *sem amor, eu ofendo os outros* (13.1). Paulo já havia ensinado que o amor edifica (8.1). Quando os dons são exercidos em amor, eles edificam a igreja. Mas quando os dons não são usados com amor, magoamos as pessoas. Paulo expõe esse assunto por meio de uma referência indireta aos devotos dos cultos de mistério gregos em Corinto, que adoravam Dionísio (deus da natureza) e Cibele (deusa dos animais selvagens).[184] Observe as três comparações que Paulo faz no final de cada um dos três versículos:

> Ainda que eu fale as línguas dos homens e dos anjos, se não tiver amor, serei como o bronze que soa ou como o címbalo que retine. Ainda que eu tenha o dom de profetizar e conheça todos os mistérios e toda a ciência; ainda que eu tenha tamanha fé, a ponto de transportar montes, se não tiver amor, nada serei. E ainda que eu distribua todos os meus bens entre os pobres e ainda que entregue o meu próprio corpo para ser queimado, se não tiver amor, nada disso me aproveitará (13.1-3).

O que essas figuras "bronze que soa" e "címbalo que retine" significam? "Bronze que soa" e "címbalo que retine" eram instrumentos usados no culto pagão em Corinto, o culto de mistério do deus Dionísio e da deusa Cibele.[185] Eram formas de se convocar os fiéis para adorar esses deuses pagãos. Nas ruas de Corinto ecoava o toque dos gongos barulhentos e dos címbalos estridentes, instrumentos que caracterizavam esses adoradores. Ambos eram utilizados nas religiões de mistério para invocar a deidade, afastar os demônios ou despertar os adoradores. Não eram melodiosos nem produziam harmonia.[186] Era uma batida monótona, chocante, e doída que cansava e incomodava as pessoas. Era como o latido de um cão.

Igualmente desagradável é o uso do dom de falar em línguas sem a motivação controlada pelo amor. Paulo afirma que uma pessoa pode falar a língua dos homens e dos anjos, mas se não houver amor, vai cansar as pessoas, ferindo-as e ofendendo-as. Não importa se as línguas são humanas ou angelicais; sem amor, elas se tornam desagradáveis e rudes. O homem que se deixa levar pelo falar, antes que pelo fazer, vem a ser nada mais que mero som. A melhor linguagem do céu ou da terra, sem amor, é apenas barulho.[187]

Em segundo lugar, *sem amor, eu nada sou* (13.2). Os crentes de Corinto pensavam que aqueles que tinham o dom de profecia, línguas, conhecimento, e fé para realizar milagres eram os crentes "nota dez", pessoas muito importantes. Todavia, Paulo contesta essa ideia e diz que sem amor essas pessoas eram totalmente insignificantes. Sem amor, os crentes que têm os dons mais espetaculares, ganham nota zero e se tornam nulidade. Deus não se deleita num cristão sem amor. Deus não pode usar, para a Sua glória, um cristão sem amor, alerta David Prior.[188]

Em terceiro lugar, *sem amor, eu nada ganho* (13.3). Do conhecimento e dos feitos poderosos, Paulo se volta para os atos de misericórdia e dedicação. Havia uma ideia meritória quando alguém ofertava alguma coisa com sacrifício. Ou quando alguém entregava o próprio corpo para ser queimado. Nas religiões de mistério existia muito esse tipo de sacrifício. Os pais sacrificavam os próprios filhos a Moloque. Outros se entregavam a si mesmos, acreditando que com isso granjeariam a simpatia dos deuses. Ainda hoje há muitos religiosos radicais que se entregam a missões suicidas com a ilusão de que receberão recompensas na vida futura.

Exemplo disso é o acontecido no dia 11 de setembro de 2001, quando quatro pilotos muçulmanos, agindo em nome de Alá, sequestraram aeronaves americanas e fizeram delas armas de ataque contra o povo americano. Duas aeronaves foram lançadas sobre as torres gêmeas do World Trade Center, em Nova York, outra foi jogada sobre o Pentágono em Washington, DC e outra por intervenção dos passageiros, deixou de atingir seu alvo e caiu no Estado da Pennsylvania.

Paulo, já no primeiro século da era cristã, alertava para o fato de que ainda que a pessoa seja capaz de dar todos os seus bens e entregar o próprio corpo para ser queimado, se isso não for inspirado por uma motivação certa, por uma teologia certa, pelo amor, nada disso adiantaria. Sem amor, todo o sacrifício se perde e nada se ganha. O amor é superior aos dons.

As virtudes do amor (13.4-8)

O apóstolo Paulo destaca três verdades sobre o amor, que vamos considerar: O que é o amor? O que não é o amor? E o que o amor faz?

O que é o amor? O amor é paciente e benigno. O que não é o amor? O amor não é ciumento, não se ufana, não se ensoberbece. O amor não se conduz inconveniente, não procura os seus interesses e não se ressente do mal. O amor não se alegra com a injustiça, mas regozija-se com a verdade. O que o amor faz? O amor tudo sofre, tudo crê, tudo espera, tudo suporta; o amor jamais acaba.

O capítulo 13 de 1Coríntios é profundamente apologético. Paulo escreve esse texto para corrigir os problemas que a igreja estava vivenciando. Vamos examinar esses atributos do amor.

Em primeiro lugar, *o amor é paciente* (13.4). O amor paciente tem uma capacidade infinita de suportar.[189] O termo grego *makrothumein* sempre descreve a paciência com pessoas e não com circunstâncias.[190] Trata-se daquela pessoa que tem poder para vingar-se, mas não o faz.[191] A palavra grega *makrothumia* é paciência esticada ao máximo. Num tempo em que os nervos das pessoas estão à flor da pele, o amor paciente é necessidade vital. Há pessoas que têm o pavio curto, e outras que nem têm pavio. As pessoas estão parecendo barris de pólvora: explodem ao sinal de qualquer calor. O amor tem uma infinita capacidade de suportar situações adversas e pessoas hostis. A ideia é a mesma da longanimidade. Quem ama tem um ânimo longo, um ânimo esticado ao máximo. O amor é paciente com as pessoas. Ele tem a capacidade de andar a segunda milha. Quando alguém o fere, ele dá a outra face. Ele não paga ultraje com ultraje.

Em segundo lugar, *o amor é benigno* (13.4). A palavra "benigno" dá a ideia de reagir com bondade aos que nos maltratam.[192] É ser doce para com todos.[193] Agora, como é que a igreja de Corinto se comportava em relação à paciência e à benignidade do amor?

Na igreja de Corinto havia divisões e contendas. Não existia paciência entre os crentes. Ao contrário, eles não se suportavam e havia divisão entre eles. Eles não eram unidos e não tinham a mesma disposição mental. Eles não eram do mesmo parecer. Eles eram indelicados em suas atitudes entre si. E Paulo então diz que a terapia de Deus para corrigir esse problema é o amor. Porque o amor é paciente e também benigno. Alguns crentes da igreja estavam levando os próprios irmãos a juízo perante incrédulos. Eles faziam injustiça uns contra os outros. Eles não apenas brigavam dentro da igreja, mas estavam levando essas querelas para o mundo. O remédio para solucionar esse pecado é o amor. O amor é paciente e é benigno.

Em terceiro lugar, *o amor não arde em ciúmes, não se ufana e não se ensoberbece* (13.4). O amor não se aborrece com o sucesso dos outros.[194] Não é preciso ser um psicólogo para saber disto: Nós temos mais dificuldade de nos alegrarmos com os que se alegram do que chorar com os que choram. Temos uma dificuldade imensa de celebrar as vitórias do outro, de aplaudir o outro e nos alegrarmos com o triunfo e o sucesso do outro.

O amor não se ufana. A palavra "ufanar", nesse texto, significa cheio de vento.[195] Tem gente que parece um balão, cheio de vaidades. É como um poço de vaidades.

"Não se ensoberbece." Havia crentes na igreja de Corinto que estavam cheios de empáfia e vaidade. Havia aqueles que se vangloriavam na presença de Deus (1.29). Havia outros que se vangloriavam em homens (3.21), numa espécie de culto à personalidade. Paulo corrige a igreja dizendo que essa prática é contrária ao amor. O amor não tem ciúmes.

Em quarto lugar, *o amor não se conduz inconvenientemente nem procura seus próprios interesses* (13.5). O amor é a própria antítese do egoísmo.[196] Ele não é egocentralizado, mas outrocentralizado. Ele não vive para si mesmo, mas para servir ao outro. Leon Morris diz que o amor se preocupa em dar-se, e não em firmar-se.[197] Por que temos contendas dentro de casa, no trabalho e na igreja? Porque estamos sempre lutando pelo que é nosso e nunca pelo que é do outro! Só há contenda quando você briga pelos seus interesses, quando o egoísmo está na frente. Mas quando você coloca a causa do outro na frente da sua necessidade não existe contenda.

Em quinto lugar, *o amor não se exaspera e não se ressente do mal* (13.5). O amor não é melindroso. Não está predisposto a ofender-se. O amor está sempre pronto para pensar o melhor das outras pessoas, e não lhes imputa o mal.[198] O amor não é hipersensível. A hipersensibilidade é orgulho. Como se corrige isso? Através do amor que não se exaspera, que não se ressente do mal. Os crentes de Corinto estavam levando uns aos outros aos tribunais seculares diante de juízes não-cristãos (6.5-7). Estavam brigando, fazendo injustiça, criando confusão e levando seus conflitos e tensões para fora da igreja. Eram egoístas e carnais. Só a prática do amor poderia restaurar a vida espiritual daquela igreja.

Em sexto lugar, *o amor não se alegra com a injustiça, mas regozija-se com a verdade* (13.6). Na igreja de Corinto havia práticas tão escandalosas que nem mesmo entre os pagãos se percebia. Pior do que a loucura de um homem deitar-se com a mulher do próprio pai foi a atitude da igreja em relação a esse fato. A igreja não lamentou, não chorou, antes se jactou da situação. Paulo, então, diz que o amor não se conduz inconvenientemente. O amor não pratica a injustiça, mas regozija-se com a verdade.

Em sétimo lugar, *o amor tudo sofre, tudo crê, tudo espera, tudo suporta* (13.7). Paulo passa do que o amor não é para o que o amor faz. Alguns irmãos da igreja de Corinto estavam usando mal a sua liberdade cristã. Por agir sem amor, eles faziam tropeçar os irmãos mais fracos. Agora, Paulo diz para a igreja que o amor tudo sofre. Significa que você abre mão de um direito que tem a favor do seu irmão. A ética cristã não é regida simplesmente pelo conhecimento, mas, sobretudo, pelo amor.

Paulo diz também que o amor tudo crê. A igreja de Corinto estava duvidando do apostolado de Paulo, dando créditos às pessoas mentirosas que se opunham ao seu ministério. Davam crédito à mentira, mesmo contra o seu pai espiritual, o apóstolo Paulo (4.3-5; 9.1-3). A igreja regida pelo amor, porém, crê naquilo que recebeu da parte de Deus. Ela recebe da parte de Deus a verdade e não abre mão da verdade. Ainda que essa verdade sofra ataques de todos os lados. A igreja regida pelo amor está sempre disposta a levar em conta as circunstâncias e ver nos outros o melhor.[199]

Paulo ainda diz que o amor tudo espera. Esse é o olhar prospectivo. A ideia não é a de um otimismo irracional, que deixa de levar em conta a realidade. É antes a recusa em tomar o fracasso como final. Decorrente de *tudo crê*, vem a confiança que olha para a vitória final pela graça de Deus.[200]

Prosseguindo, Paulo diz que o amor tudo suporta. Esse elemento traz a ideia de constância. Leon Morris diz que o verbo *hupomeno* denota não uma aquiescência paciente e resignada, mas uma fortaleza ativa e positiva. É a resistência do soldado que, no calor da batalha, não fraqueja, mas continua vigorosamente na peleja.[201]

Por fim, Paulo afirma: "O amor jamais acaba" (13.8). O amor *ágape* nunca entra em colapso. Ele jamais sofre ruína. As muitas águas não podem apagá-lo (Ct 8.7).

David Prior aduz que, ao concluir esse parágrafo, Paulo trabalha três pontos importantes.[202]

a) O amor e as trevas em nós mesmos (13.4b,5a). Com o uso de cinco negativas, cada uma precedendo um verbo, Paulo diz que o amor simplesmente não faz essas coisas: Ele não se entrega ao ciúme, ao ufanismo ou à arrogância; resiste à tentação de reagir com aspereza ou egoísmo. Esses pecados todos estavam presentes na igreja de Corinto.

b) O amor e as trevas dos outros (13.5b,6). Paulo menciona três maneiras pelas quais as faltas dos outros nos levam à falta de amor: 1) Há pessoas que nos provocam – não podemos permitir que as pessoas determinem o nosso comportamento. 2) Há pessoas que falam e fazem mal contra nós – é crucial reconhecer o perigo de regozijar-se com o fracasso dos outros, e particularmente manter uma lista dos erros cometidos. O amor além de perdoar, esquece; e não mantém um registro das coisas ditas e feitas contra nós. 3) Há um mal intrínseco em nós mesmos – podemos cair na armadilha de nos regozijarmos não com o que é bom e verdadeiro, mas com o que é obscuro e sórdido. Encontramos um falso alívio quando vemos os outros fracassando e caindo.

c) O amor e as aparentes trevas em Deus (13.7). A palavra *tudo*, repetida quatro vezes nesse versículo, torna claro que o amor não é uma qualidade humana, mas um dom do próprio Deus. É apenas o amor de Deus em nós que nos capacita a sofrer, crer, esperar e suportar. Muitas vezes somos esmagados pela pergunta: Por que, Senhor? Mas quando amamos, descansamos no fato de que Deus está no controle. Aconteça o que acontecer, ficamos firmes porque sabemos que Deus está trabalhando para o nosso bem final (Rm 8.28).

A eternidade do amor (13.8-13)

Paulo menciona os três dons que ocupavam o alto da lista de prioridades da igreja de Corinto: línguas, profecia e conhecimento. Depois disso, afirma que o amor é superior a esses dons. Superior porque os dons são passageiros e o amor é eterno (13.10). A afirmação categórica de Paulo é: "O amor jamais acaba; mas, havendo profecias, desaparecerão; havendo línguas, cessarão; havendo ciência, passará..." (13.8). O verbo grego *piptei* significa literalmente "falhar" ou "entrar em colapso". O amor nunca cede às pressões. Ele ultrapassa a morte, chegando à eternidade.[203]

Línguas, profecia e conhecimento. Cada um deles passará a ser irrelevante ou será absorvido na perfeição da eternidade.[204] Esses dons sem amor não têm nenhuma validade. Ainda, os dons por mais importantes que sejam são temporários, mas o amor é eterno.

Paulo ilustra essa verdade geral de duas maneiras diferentes:

Em primeiro lugar, *ele menciona o crescimento desde a infância até a maturidade.* Diz o apóstolo: "Quando eu era menino, falava como menino, sentia como menino, pensava como menino; quando cheguei a ser homem, desisti das coisas próprias de menino" (13.11). Ele compara a infância com a maturidade. É como se a vida terrena fosse a infância. Como se a eternidade fosse a plena maturidade. Quando você chega à plenitude da sua maturidade, passa a conhecer as coisas com clareza.

Em segundo lugar, *ele usa a figura do espelho.* Paulo contrasta o reflexo de uma pessoa no espelho com a visão dela mesma, face a face. "Porque, agora, vemos como em espelho, obscuramente; então, veremos face a face. Agora, conheço em parte; então, conhecerei como também sou conhecido" (13.12).

Na época de Paulo os espelhos eram extremamente embaçados. Eles não eram tão nítidos quanto os de hoje. As pessoas se olhavam no espelho e viam sua imagem turva, embaçada e obscurecida. Paulo utiliza essa figura para dizer que agora nós vemos como que por um espelho embaçado. Por mais que você conheça, ainda não está vendo plenamente. É por isso que Paulo em 2Coríntios 12, diz que quando foi ao terceiro céu, viu e ouviu coisas que não são lícitas de serem relatadas ao homem. Não conseguimos entender agora o esplendor e a glória do céu. O céu está muito além de qualquer descrição que nós possamos fazer.

Paulo ainda afirma que enquanto não virmos a Jesus como Ele é, teremos pouca maturidade. "Agora, conheço em parte; então, conhecerei como também sou conhecido" (13.12b). Conhecido por quem? Conhecido por Deus. Eu pergunto a você: O conhecimento de Deus é parcial? Deus conhece você parcialmente? Não! O conhecimento de Deus é completo. Eu não me conheço completamente. Os gregos diziam: "Conhece-te a ti mesmo". Coitados dos gregos. Até hoje estamos tentando. O homem não se conhece.

Alex Carrel, grande sociólogo, em seu livro, *O homem, esse desconhecido*, destaca o fato de que nós não nos conhecemos. O homem tem muito conhecimento. Ele é capaz de ir à lua, viajar pelo espaço sideral. O homem conhece muitos mistérios da ciência e consegue penetrar nos mistérios do macrocosmo e do microcosmo. O homem é um gigante. Todavia, ao mesmo tempo, ele é um ilustre desconhecido de si mesmo. Porém, quando chegar o fim e estivermos na eternidade, vamos conhecer plenamente, vamos ver Jesus face a face. Então, conheceremos como também somos conhecidos. Enquanto não virmos a Jesus, não veremos com total clareza as coisas de Deus! Nosso conhecimento aqui é limitado, mas então será pleno.

Todos os dons que temos são para esta vida. Mas o amor vai reinar no céu. Paulo argumenta com a igreja que o amor é esse oxigênio que vai existir no céu. Quando os dons desaparecerem e se tornarem obsoletos, o amor vai ser absolutamente necessário, porque o amor é exatamente o oxigênio que vai manter o relacionamento no céu. O que é o céu? O que é a vida eterna? É conhecer a Deus. E quem é Deus? Deus é amor. O céu é viver em amor, em comunhão com Deus e em comunhão uns com os outros.

Paulo, agora, argumenta que dentre as maiores virtudes: a fé, a esperança e o amor, o amor é o maior de todos. "Agora, pois, permanecem a fé, a esperança e o amor, estes três; porém o maior destes é o amor" (13.13). Sem amor não há cristianismo. Você pode ser ortodoxo, mas se não tiver amor, você não é um cristão. O apóstolo João diz que aquele que não ama ainda permanece nas trevas. Quem permanece nas trevas é aquele que ainda não nasceu de novo. Jesus disse que "Nisto conhecerão todos que sois meus discípulos se tiverdes amor uns aos outros" (Jo 13.35). O caminho da maturidade é o amor. O amor é o cumprimento da lei. O amor é o maior de todos os mandamentos. O amor é a apologética final. O amor é o grande remédio para os males da igreja.

William Barclay fala sobre a superioridade do amor: "A fé e a esperança são grandes, mas o amor é ainda maior. A fé sem o amor é fria, e a esperança sem ele é horrenda. O amor é o fogo que incendeia a fé e a luz que torna a esperança segura".[205]

Notas do capítulo 13

[179] Morris, Leon. *1Coríntios: Introdução e comentário*. 1983: p. 145.
[180] Prior, David. *A mensagem de 1Coríntios*. 1993: p. 242.
[181] Prior, David. *A mensagem de 1Coríntios*. 1993: p. 242.
[182] Bruce, F. F. *1 and 2Corinthians*. 1971: p. 124.
[183] Prior, David. *A mensagem de 1Coríntios*. 1993: p. 243-245.
[184] Prior, David. *A mensagem de 1Coríntios*. 1993: p. 243.
[185] Barclay, William. *I y II Corintios*. 1973: p. 129.
[186] Prior, David. *A mensagem de 1Coríntios*. 1993: p. 244.
[187] Morris, Leon. *1Coríntios: Introdução e comentário*. 1983: p. 146.
[188] Prior, David. *A mensagem de 1Coríntios*. 1993: p. 244.
[189] Morris, Leon. *1Coríntios: Introdução e comentário*. 1983: p. 148.
[190] Morris, Leon. *1Coríntios: Introdução e comentário*. 1983: p. 148.
[191] Barclay, William. *I y II Corintios*. 1973: p. 131.
[192] Morris, Leon. *1Coríntios: Introdução e comentário*. 1983: p. 148.
[193] Barclay, William. *I y II Corintios*. 1973: p. 132.
[194] Morris, Leon. *1Coríntios: Introdução e comentário*. 1983: p. 148.
[195] Morris, Leon. *1Coríntios: Introdução e comentário*. 1983: p. 148.
[196] Morris, Leon. *1Coríntios: Introdução e comentário*. 1983: p. 148.
[197] Morris, Leon. *1Coríntios: Introdução e comentário*. 1983: p. 148.
[198] Morris, Leon. *1Coríntios: Introdução e comentário*. 1983: p. 148.
[199] Morris, Leon. *1Coríntios: Introdução e comentário*. 1983: p. 149.
[200] Morris, Leon. *1Coríntios: Introdução e comentário:* 1983: p. 149.
[201] Morris, Leon. *1Coríntios: Introdução e comentário*. 1983: p. 149.
[202] Prior, David. *A mensagem de 1Coríntios*. 1993: p. 246-249.
[203] Prior, David. *A mensagem de 1Coríntios*. 1993: p. 249.
[204] Prior, David. *A mensagem de 1Coríntios*. 1993: p. 249.
[205] Barclay, William. *I y II Corintios*. 1973: p. 137.

Capítulo 14

Variedade de línguas e profecias na igreja
(1Co 14.1-40)

O CULTO TEM TRÊS ASPECTOS: Deus é adorado, o povo de Deus é edificado e os incrédulos são convencidos de seus pecados. Se formos à igreja para adorar com o propósito de demonstrarmos a nossa espiritualidade, estaremos laborando em erro. O culto é para a edificação e não para exibição. Mas a igreja de Corinto estava transformando o culto num palco de exibição em vez de um canal para edificação.

Nesse capítulo, Paulo conclui a seção sobre os dons espirituais. Os dons são contemporâneos e necessários para a edificação da igreja. É preciso esclarecer, entretanto, que não temos apóstolos e profetas hoje, como os do Antigo e Novo Testamentos. Aqueles eram instrumentos da revelação divina. Atualmente, não existem revelações novas dadas por Deus à Igreja. Toda a revelação de Deus está encerrada nas Escrituras. A Bíblia tem uma capa ulterior. Toda mensagem entregue à igreja deve ser submetida à doutrina autorizada dos apóstolos e profetas originais, conforme consta do cânon das Escrituras.[206]

Com respeito aos dons precisamos nos acautelar sobre o perigo da polarização. Há aqueles que têm caráter sem carisma e os que têm carisma sem caráter. Na igreja de Corinto havia dons do Espírito, mas não o fruto do Espírito. Eles tinham carisma, mas não caráter. Há outras igrejas que vão para o outro extremo: têm caráter, mas não carisma. Proclamam o fruto do Espírito, mas negam os dons do Espírito.

Há igrejas que se posicionam com credulidade infantil, aceitando qualquer fenômeno na igreja como ação do Espírito e há aquelas que se entregam ao racionalismo cético; completamente fechadas à manifestação do Espírito. Enquanto as primeiras se tornam faltos de discernimento, as outras cometem o pecado de apagar o Espírito. Os cessacionistas dizem que os dons eram para o tempo dos apóstolos; os místicos, todavia, atribuem tudo que acontece na igreja ao Espírito Santo.

Paulo basicamente se concentra em dois dons espirituais nesse capítulo: Variedade de línguas e profecia.

O dom de variedade de línguas

Vamos destacar dez pontos importantes acerca do dom de variedade de línguas.

Em primeiro lugar, *Paulo mostra a necessidade de seguir o fruto do Espírito, que é o amor*. "Segui o amor e procurai, com zelo, os dons espirituais, mas principalmente que profetizeis" (14.1). A primeira coisa que Paulo fala sobre o dom de variedade de línguas é que aquele que fala em outras línguas fala a Deus e não aos homens. Ele não é um dom público, mas íntimo, particular, e pessoal. O dom de variedade de línguas é um dom para a sua intimidade com Deus.

Juan Carlos Ortiz afirma que o dom de variedade de línguas é o dom de pijama. Variedade de línguas não se assemelha à profecia, mas à oração e adoração. Você não se dirige às pessoas, mas a Deus. O exercício desse dom não é exibição nem evidência do batismo com o Espírito Santo. Sem o princípio regulador do amor, esse dom não passa de barulho sem sentido e sem propósito.

Em segundo lugar, *quem fala em outra língua não é entendido, porque fala em mistério*. "Pois quem fala em outra língua não fala a homens, senão a Deus, visto que ninguém o entende, e em espírito fala mistérios" (14.2). Ninguém o entende; nem ele mesmo. A língua é algo que acontece no âmbito espiritual e não no racional.

O apóstolo Paulo esclarece: "Pelo que, o que fala em outra língua deve orar para que a possa interpretar. Porque, se eu orar em outra língua, o meu espírito ora de fato, mas a minha mente fica infrutífera" (14.13). A própria pessoa que fala em outra língua não entende o que está falando. A mente dela não é edificada, pois não sabe o significado de suas palavras. Se essa pessoa não entende o que fala, muito menos, as outras pessoas entenderão. Ela está falando em mistério. David Prior orienta que o falar em outras línguas não envolve a mente (14.14), dirige-se apenas a Deus e não a outros seres humanos (14.2), reconhecendo-se que é para a "edificação" do próprio indivíduo (14.4), sendo também ininteligível, porque tal pessoa em espírito fala mistérios (14.2).[207]

Em terceiro lugar, *quem fala em outra língua edifica-se a si mesmo e não à igreja*. Paulo diz: "O que fala em outra língua a si mesmo se edifica, mas o que profetiza edifica a igreja" (14.4). Esse dom é íntimo e particular. Ele não visa à edificação da igreja, mas a sua intimidade com Deus. Seu propósito não é a edificação da igreja, mas a autoedificação. É por essa razão somente que esse dom é inferior aos demais dons. Todos os outros dons alistados na Bíblia são dons para a edificação da igreja; esse é o único dado para autoedificação.

Em quarto lugar, *quem fala em outra língua não se torna entendido, por isso não edifica a igreja* (14.5-11). Paulo apresenta três ilustrações a respeito do que ele fala nesses versículos. A primeira é quanto aos instrumentos musicais (14.7). Se uma pessoa assentar-se para tocar piano e não conhecer as partituras musicais arrancará do piano apenas barulho e música desagradável aos ouvidos. A segunda ilustração é a da trombeta (14.8). Se a pessoa der um sonido incerto ninguém se preparará para a batalha. Haverá confusão no meio do arraial dos soldados e não preparação para a batalha. A terceira ilustração que Paulo usa é de uma conversa interpessoal (14.9-11). Imagine você, um brasileiro, conversando com um japonês. Vocês não conhecem a língua um do outro. Por conseguinte, não haverá entendimento nem compreensão nessa possível conversa. Assim, Paulo diz que se você falar em outra língua, não poderá edificar a igreja, pois sua fala será incompreensível para as outras pessoas. A edificação passa pelo entendimento.

Em quinto lugar, *quem fala em outra língua não entende o que fala* (14.13-15). Não podemos ser despojados do nosso entendimento na adoração. Nosso culto precisa ser racional (Rm 12.2). A sua mente exerce um papel fundamental na adoração. Paulo nunca defendeu um culto catártico, de êxtase emocional. O culto aceitável a Deus é um culto racional e lógico, em que é preciso unir os três elementos básicos da nossa vida: razão, emoção e vontade. O crente precisa usar sua mente em cinco áreas: na oração (14.15), nos cânticos (14.16), nas ações de graça (14.17), na instrução (14.19) e no juízo (14.20).

Em sexto lugar, *quem fala em outra língua não pode edificar os outros*. "E, se tu bendisseres apenas em espírito, como dirá o indouto o amém depois da tua ação de graças? Visto que não entende o que dizes; porque tu, de fato, dás bem as graças, mas o outro não é edificado" (14.16,17). A pessoa que está falando em outra língua agradece a Deus, porém, quem está do seu lado não poderá dizer amém, por não entender o que está sendo falado. E se não entende não pode ser edificado.

Em sétimo lugar, *a variedade de línguas não é para pregação*. Esse é um dos pontos mais complexos na igreja contemporânea. Paulo dá seu testemunho: "Dou graças a Deus, porque falo em outras línguas mais do que todos vós. Contudo, prefiro falar na igreja cinco palavras com o meu entendimento, para instruir outros, a falar dez mil palavras em outra língua" (14.18,19). Por que o dom de variedade de línguas não é o instrumento usado para a pregação? É porque quem fala em outra língua fala a Deus e não aos homens. Mesmo que haja interpretação, a natureza do dom não é alterada. Ou seja, quando há interpretação, interpreta-se a oração e não a pregação. Portanto, quando uma pessoa começa a falar em outra língua, e o intérprete começa a trazer uma mensagem de Deus para os ouvintes está laborando em erro.

A interpretação não muda a essência do dom. Mesmo com a interpretação, variedade de língua é palavra do homem para Deus e não palavra de Deus para o homem. É comum vermos em alguns segmentos evangélicos, a prática desse suposto dom, como segue: "Meu servo [...]" e começa a falar a mensagem de Deus. Onde está o erro nessa prática? Temos dois erros graves aqui. Primeiro: transformou línguas em profecia. Variedade de línguas é sempre palavra do homem para Deus e nunca palavra de Deus para o homem. Segundo: não há na Bíblia nenhuma profecia dada na primeira pessoa, como "meu servo". Toda profecia bíblica é dada na terceira pessoa: "Assim diz o Senhor".

Por que é errado dizer "meu servo"? Porque isso implica em dizer que a pessoa que está entregando a mensagem é uma incorporação do próprio Deus. A pessoa que está ouvindo é serva de quem? De Deus ou do profeta que está falando? O profeta está falando em nome de Deus ou o profeta é Deus? O profeta não pode assumir o lugar de Deus, antes deve dizer: "Assim diz o Senhor". Quem fala é apenas o instrumento da mensagem e não sua fonte. Eu não posso me dirigir a outra pessoa, dizendo: "Meu servo!" Mesmo que haja interpretação, o dom de variedade de línguas é uma palavra dirigida a Deus e não à igreja. É oração e não pregação. Por que, então, há edificação quando há interpretação? É porque eu posso ser edificado com a oração de outra pessoa! Quando alguém ora na igreja somos edificados através da oração daquela pessoa. Mas em momento algum a oração se torna pregação.

Em oitavo lugar, *o uso errado do dom de variedade de línguas escandaliza os incrédulos*. Paulo diz: "Se, pois, toda a igreja se reunir no mesmo lugar, e todos se puserem a falar em outras línguas, no caso de entrarem indoutos ou incrédulos, não dirão, porventura, que estais loucos?" (14.23). Paulo referenda a legitimidade do dom de línguas, mas diz que ele precisa ser usado na igreja com critério.

Há parâmetros claros para o funcionamento do dom. O primeiro parâmetro que Paulo diz é que os crentes não podem falar em outras línguas ao mesmo tempo. Essa prática pode levar o indouto que entra no templo a pensar que os crentes estão loucos. Essa prática não contribuiria para o entendimento dos incrédulos nem para a edificação dos crentes.

Em nono lugar, *o uso do dom de variedade de línguas no culto público precisa ser com ordem*. O apóstolo Paulo orienta: "No caso de alguém falar em outra língua, que não sejam mais do que dois ou quando muito três, e isto sucessivamente, e haja quem interprete. Mas, não havendo intérprete, fique calado na igreja, falando consigo mesmo e com Deus" (14.27,28). Paulo está dizendo que se houver intérprete pode falar, mas, no máximo três pessoas, e uma pessoa depois da outra. É preciso existir ordem no culto público.

O culto não pode ser uma babel de confusão. Se as pessoas falam ao mesmo tempo, o entendimento é prejudicado e a edificação se torna impossível.

Em décimo lugar, *o dom de variedade de línguas não deve ser proibido*. "Portanto, meus irmãos, procurai com zelo o dom de profetizar e não proibais o falar em outras línguas" (14.39). É muito importante dizer isso. Há crentes que jogam a criança fora com a água da bacia. Por causa dos excessos e equívocos cometidos no uso desse dom, muitos negam sua importância e o rejeitam. Porém, foi o Espírito Santo quem deu esse dom à igreja e tudo que o Espírito Santo dá é coisa boa. Portanto, não temos o direito de rejeitar nem de falar mal daquilo que é dádiva do Espírito Santo. O fato de uma pessoa usar o dom de forma errada não deve nos levar para o outro extremo, o de proibi-lo.

A igreja de Corinto usou de forma errada a Santa Ceia; contudo, Paulo não proibiu a igreja de celebrar a Santa Ceia. O importante é corrigir a prática e não proibi-la. Paulo diz que falar em línguas em particular tem o seu valor de autoedificação (14.2,3,28). Se Deus lhe deu esse dom, usufrua-o para a sua edificação. Se Deus não lhe deu, não tenha complexo de inferioridade.

Erros relacionados ao uso do dom de variedade de línguas

O apóstolo Paulo elenca vários erros relacionados ao uso do dom de variedade de línguas. Embora, alguns desses erros já tenham sido tratados neste capítulo, vamos reforçar esses pontos para maior esclarecimento.

Em primeiro lugar, *dar mais valor a esse dom do que aos outros*. Paulo orienta a igreja como segue: "Eu quisera que vós todos falásseis em outras línguas; muito mais, porém, que profetizásseis; pois quem profetiza é superior ao que fala em outras línguas, salvo se as interpretar, para que a igreja receba edificação" (14.5). A igreja de Corinto acreditava que falar em línguas era o suprassumo.

Atualmente, se ensina em muitas igrejas que o crente que não fala em outras línguas não é espiritual, não está cheio do Espírito; ao contrário, é um crente de segunda categoria, que ainda não foi batizado com o Espírito Santo. Isso é ignorar as Escrituras e uma negação do ensino de Paulo.

Em segundo lugar, *pensar que o dom de línguas é uma prova de espiritualidade abundante* (1.7; 3.3; 13.1). Nenhum dom, seja ele qual for, é prova de espiritualidade. Não se mede espiritualidade pelos dons. Mede-se espiritualidade pelo fruto do Espírito (Gl 5.22,23). A igreja de Corinto tinha todos os dons, mas era imatura espiritualmente.

Em terceiro lugar, *pensar que esse dom é o selo e a evidência do batismo com o Espírito Santo* (12.13). Nenhum dom pode ser o selo do batismo do Espírito Santo. Porque todo salvo é batizado no corpo de Cristo pelo Espírito. E o dom espiritual é distribuído pelo Espírito conforme lhe apraz. Nenhum crente tem todos os dons (12.28-30). Do contrário não seríamos um corpo nem precisaríamos servir uns aos outros e suprir as necessidades uns dos outros.

Em quarto lugar, *pensar que todos os crentes devem ter esse dom* (12.30). Esse equívoco tem sido cometido em muitas igrejas contemporâneas. Há crentes imaturos que quase têm sentimento de culpa por não terem recebido esse dom. Há igrejas que chegam a induzir as pessoas a falar em outras línguas, ensinando alguns cacoetes para a pessoa enrolar a língua e emitir sons estranhos. Isso é imaturidade. Isso é uma conspiração contra o ensino das Escrituras.

Em quinto lugar, *pensar que todos podem falar em línguas ao mesmo tempo em culto público* (14.27). Essa prática é condenada por Paulo. Ela traz confusão e não edificação. Hoje as igrejas estão transformando o culto num ambiente místico, em que as pessoas buscam se sentir bem em vez de buscarem entendimento. O culto está se tornando sensório em vez de racional. A prática da glossolália coletiva em culto público está em total desacordo com o ensino da Palavra de Deus.

Em sexto lugar, *pensar que se pode falar em outras línguas em estado de êxtase* (14.32). Os cultos extáticos eram muito comuns nas religiões de mistério. Essa prática foi importada pela igreja de Corinto e assim, as pessoas se sentiam arrebatadas em espírito e começavam a falar em outras línguas de forma descontrolada. Alguns chegavam a entrar em tal estado de êxtase e descontrole que clamavam *Anátema Jesus!* Paulo diz que o espírito do profeta está sujeito ao profeta. Quem fala em outras línguas está no pleno domínio e controle da sua vontade. Ele fala quando quer e se cala quando quer. O dom deve ser exercido com domínio próprio e não em estado de êxtase.

Em sétimo lugar, *pensar que podiam falar em outras línguas no culto público sem interpretação* (14.2,5,9,11,13,16,27,28,40). Paulo diz que se não há intérprete, a pessoa deve ficar calada na igreja. No culto deve existir ordem e decência. O culto é racional. Ele apela ao entendimento. Ele precisa ser consistente e coerente. Entremear na oração frases em outra língua (sem interpretação) não é sinal de maturidade, mas de desobediência ao ensino das Escrituras.

Em oitavo lugar, *pensar que a oração em línguas é superior à oração na língua pátria* (14.13-15). É muito comum ouvir pregadores afirmar que quem ora em línguas ora num nível superior de intimidade com Deus. Há aqueles que defendem que a oração em línguas alcança horizontes mais amplos e sobe às regiões mais altas no campo espiritual. A Bíblia em lugar algum ensina isso; ao contrário. Paulo diz: "[...] orarei com a mente; cantarei com o espírito" (14.15). Paulo diz que quem ora em línguas, deve pedir a Deus para que possa também interpretar. Quando você ora em línguas e pode entender o que está falando, aí sim, está alcançando entendimento.

O dom de profecia

Destacamos alguns pontos importantes para nossa reflexão.

Em primeiro lugar, *o que é dom de profecia?* É muito importante entender esse dom. Temos de fazer uma distinção entre o ofício de profeta no Antigo e Novo Testamentos com o dom de profecia. O que temos hoje é dom de profecia e não ofício de profeta. Como já dissemos, atualmente não temos mais nenhum profeta e nenhum apóstolo no sentido bíblico. Os profetas e apóstolos recebiam uma revelação nova e inspirada da parte de Deus para fazer parte do cânon das Escrituras. O cânon das Escrituras está fechado. Deus não revela mais nada novo à Sua Igreja à parte do que já está na Sua Palavra. Tudo o que Deus quis revelar para a Sua igreja está na Sua Palavra. Não podemos acrescentar nem tirar mais nada do que está escrito. Paulo chega a dizer que "[...] ainda que nós ou mesmo um anjo vindo do céu vos pregue evangelho que vá além do que vos temos pregado, seja anátema" (Gl 1.8).

Então, o que é dom de profecia? É a explanação, a exposição, e a explicação fiel da Palavra de Deus conforme está nas Escrituras. Paulo diz que se alguém profetiza seja segundo a proporção da fé (Rm 12.6). O que é a proporção da fé? É o conteúdo das Escrituras! Se você profetiza, você tem de profetizar de acordo com o conteúdo das Escrituras. O apóstolo Pedro esclarece: "Se alguém fala, fale de acordo com os oráculos de Deus" (1Pe 4.11). Quem profetiza precisa se manter dentro dessas balizas da Palavra de Deus.

O que é pregar de acordo com os oráculos de Deus? É pregar exatamente o que está na Palavra de Deus. Paulo diz a Timóteo: "[...] prega a Palavra" (2Tm 4.2). A palavra é todo o conteúdo da pregação. O que é profecia? É a pregação da Palavra de Deus. Atente que profecia não é uma função ou posição que uma pessoa ocupa. Paulo diz que ele gostaria que todos na igreja profetizassem. Por quê? É só o pastor que prega a Palavra? É só o pastor que tem condições de compreender as Escrituras e transmiti-las? Absolutamente não! A Palavra está ao alcance de todo aquele que foi salvo por Jesus. Assim, todas as vezes que você lê a Bíblia, a interpreta fielmente e a proclama com fidelidade, você está profetizando.

Hoje, não há mais profetas no sentido daqueles profetas primeiros, que se tornaram o fundamento da igreja (Ef 2.20). Deus não revela mais algo novo. Não há uma segunda edição da Bíblia. O cânon da Escritura já está fechado. Todo ensino na igreja deve ser submetido à doutrina autorizada dos apóstolos e profetas (1Co 14.37,38).

É bem conhecida a expressão de Billy Graham: "Hoje, Deus não revela mais verdades novas; a Bíblia tem uma capa definitiva". Dom de profecia é expor a verdade revelada de Deus conforme está registrada nas Sagradas Escrituras (Gl 1.8,9) e não trazer mensagem nova da parte de Deus.

Em segundo lugar, *o dom de profecia é segundo a proporção da fé.* Como já consideramos, essa fé é o conteúdo das Escrituras (Rm 12.6; 1Pe 4.10,11; Jd 3). O dom de profecia precisa estar subordinado à autoridade apostólica (14.37).

Em terceiro lugar, *erros quanto ao exercício do dom de profecia.* O dom de profecia não é extático (14.29,31-33). Ele não é proclamado em estado de êxtase. "Tratando-se de profetas, falem apenas dois ou três, e os outros julguem" (14.29). Paulo ainda continua: "Porque todos podereis profetizar, um após outro, para todos aprenderem e serem consolados. Os espíritos dos profetas estão sujeitos aos próprios profetas; porque Deus não é de confusão, e sim de paz. Como em todas as igrejas dos santos..." (14.31-33). A profecia não pode ser anunciada em estado de êxtase nem a mensagem é entregue na primeira pessoa. O profeta não fala "meu servo", mas "assim diz o Senhor".

Em quarto lugar, *o dom de profecia precisa ser provado*. O dom de profecia não está acima do julgamento da congregação. Paulo orienta os crentes a serem ouvintes criteriosos. Ele diz: "[...] e os outros julguem" (14.29). O que é julgar? Porventura, significa que você deve ir para a igreja com o pé atrás, com um espírito crítico? Não! Que aspectos, então, precisamos julgar?

a) A mensagem glorifica a Deus? O apóstolo Pedro ordena: "Servi uns aos outros, cada um conforme o dom que recebeu, como bons despenseiros da multiforme graça de Deus. Se alguém fala, fale de acordo com os oráculos de Deus; se alguém serve, faça-o na força que Deus supre, para que, em todas as coisas, seja Deus glorificado, por meio de Jesus Cristo, a quem pertence a glória e o domínio pelos séculos dos séculos. Amém!" (1Pe 4.10,11). Você precisa questionar se a mensagem está sendo um instrumento para a glorificação de Deus ou para a exaltação do pregador. Se Deus não está sendo glorificado, então, essa profecia não é verdadeira.

b) A mensagem está de acordo com as Escrituras? O apóstolo Pedro escreveu: "Se alguém fala, fale de acordo com os oráculos de Deus" (1Pe 4.11). Nós não podemos ser ouvintes sem discernimento espiritual. Paulo elogiou a igreja de Bereia, que examinava as Escrituras para ver se o que ele estava falando era de fato a verdade (At 17.11). Cabe aos membros da igreja ouvir o pregador com a Bíblia aberta, examinando as Escrituras para saber se de fato o pregador está ensinando de acordo com a Palavra de Deus.

c) A mensagem edifica a igreja? (1Co 14.3,4,5,12,17,26). A profecia tem como finalidade a edificação da igreja. O apóstolo Paulo é claro: "Mas o que profetiza fala aos homens, edificando, exortando e consolando" (14.3).

d) O profeta se submete ao julgamento dos outros? (1Co 14.29). O pregador se submete ao julgamento dos outros? Ele é humilde para aprender com os outros?

e) O profeta está no controle de si mesmo? (1Co 14.32). Um pregador deve subir ao púlpito na dependência do Espírito, mas jamais sem domínio próprio. Êxtase não é sinal de direção do Espírito; ao contrário, é ausência de domínio próprio, que é fruto do Espírito (Gl 5.23).

Em quinto lugar, *os propósitos do dom de profecia* (14.3,4). O profeta fala aos homens para a edificação da igreja. Paulo emprega três palavras no versículo 3: Edificando, exortando e consolando. Esses são os mesmos propósitos das Escrituras. "Toda Escritura é inspirada por Deus e útil para o ensino, para repreensão, para correção, para educação na justiça, para que o homem de Deus seja perfeito e perfeitamente habilitado para toda boa obra" (2Tm 3.16,17). Na medida em que você expõe as Escrituras, as pessoas são edificadas, exortadas e consoladas. É isso o que Paulo está ensinando.

A profecia também produz convencimento de pecado. Paulo diz: "Porém, se todos profetizarem, e entrar algum incrédulo ou indouto, é ele por todos convencido e por todos julgado; tornam-se-lhe manifestos os segredos do coração, e, assim, prostrando-se com a face em terra, adorará a Deus, testemunhando que Deus está, de fato, no meio de vós" (14.24,25).

Quando a Palavra de Deus é exposta com fidelidade, ela mesma vai penetrando no coração das pessoas como espada de dois gumes, iluminando as regiões sombrias da alma, como luz bendita. A pessoa, então, fica perplexa, pensando: Será que esse pregador conhece a minha vida? Será que alguém contou para ele o que eu estou passando? O que acontece é que o Espírito Santo de Deus aplica a verdade de Deus à necessidade dessa pessoa e o coração dela é descoberto. Assim, esse ouvinte é confrontado com a verdade de Deus e convencido da parte de Deus. Sua conclusão inequívoca é que de fato Deus está no meio da sua igreja. Esse é o propósito da profecia!

Warren Wiersbe diz que podemos concluir esse capítulo sintetizando-o em três verdades básicas: Edificação (14.1-5,26b), entendimento (14.6-25) e ordem (14.26-40).[208]

a) Edificação (14.1-5). Paulo diz que o propósito dos dons é a edificação da igreja. Quem fala em outra língua edifica a si mesmo, enquanto quem profetiza edifica a igreja. Paulo corrige os equívocos da igreja de Corinto que dava mais valor ao dom de variedade de línguas do que ao de profecia; mais valor à edificação pessoal do que à edificação da igreja, mostrando que a profecia é superior às línguas, pois aquela edifica a igreja, enquanto quem fala em línguas edifica apenas a si mesmo.

b) Entendimento (14.6-25). Paulo passa agora a falar sobre a questão do entendimento espiritual. No culto público é preciso ter discernimento. Você precisa sair do culto público e poder dizer: Eu entendi. A minha mente foi clareada.

c) Ordem (14.26-40). No culto da igreja de Corinto não existia ordem. Há duas coisas fundamentais que precisam sempre estar juntas no culto público: seja tudo feito para edificação (14.26b), e também tudo seja feito com decência e ordem (14.40). Deve haver ordem no culto. Alegria e gozo na presença de Deus não são a mesma coisa que êxtase. O culto que agrada a Deus não é extático, mas um culto em que a sua mente está em plena atividade, suas emoções estão sendo alcançadas, e sua vontade é desafiada. Paulo dá várias orientações de ordem à igreja.

1. Tanto o falar quanto o interpretar no culto público precisa ser feito com ordem (14.27-33). Onde o Espírito de Deus está agindo, há autocontrole. Êxtase é evidência de que o culto não está sendo dirigido pelo Espírito Santo.

2. As mulheres não podiam quebrar a ordem do culto público (14.34,35). As mulheres oravam e profetizavam na igreja (11.5), mas no caso aqui as mulheres estavam importando suas práticas das religiões de mistério e conversando durante o culto ou interrompendo, em estado de êxtase, aqueles que pregavam.

3. Paulo alerta os crentes sobre os perigos de novas revelações que chegam à igreja além da Palavra de Deus (14.36-40). Esse era um grande perigo que ocorria na igreja de Corinto e é um grande perigo ainda hoje. A igreja de Corinto questionava a autoridade apostólica de Paulo. Eles julgavam que não precisavam de um pastor, pois achavam que Deus falava direto com eles.

Então, Paulo os orienta, dizendo: "Porventura, a palavra de Deus se originou no meio de vós ou veio ela exclusivamente para vós outros? Se alguém se considera profeta ou espiritual, reconheça ser mandamento do Senhor o que vos escrevo" (14.36,37). Paulo está dizendo que se alguém se julga profeta tem de se submeter à autoridade apostólica. Um profeta verdadeiro se coloca debaixo da instrução e da autoridade das Escrituras.

Quando alguém questiona a autoridade das Escrituras, dizendo que Deus fala direto com ele, isso é uma prova de que se trata de um falso profeta. A autoridade do genuíno profeta é se colocar sob a autoridade apostólica. Diz Paulo: "E, se alguém o ignorar, será ignorado" (14.38). Uma das marcas do verdadeiro profeta é a sua obediência ao ensino apostólico.

O artigo V da Confissão Reformada da França, adotada em 1559, expressa bem essa autoridade da Escritura: "Não é lícito aos homens, nem mesmo aos anjos, fazerem, nas Santas Escrituras, qualquer acréscimo, diminuição ou mudança. Por conseguinte, nem a antiguidade, nem os costumes, nem a multidão, nem a sabedoria humana, nem os juramentos, nem as sentenças, nem editos, nem os decretos, nem os concílios, nem as visões, nem os milagres se devem contrapor as Santas Escrituras; mas, ao contrário, por elas é que todas as coisas se devem examinar, regular e reformar".

Notas do capítulo 14

[206] PRIOR, David. *A mensagem de 1Coríntios*. 1993: p. 252.
[207] PRIOR, David. *A mensagem de 1Coríntios*. 1993: p. 255.
[208] WIERSBE, Warren W. *Comentário bíblico expositivo*. Vol. 5. 2006: p. 801-807.

Capítulo 15

A suprema importância da ressurreição de Cristo
(1Co 15.1-58)

A RESSURREIÇÃO DE CRISTO é o maior milagre da História ou é o maior embuste. Cristo venceu a morte, temos provas disso, porém, se Cristo não ressuscitou, somos um bando de pessoas enganadas. Jesus saiu do túmulo, ou então, uma mentira tem transformado o mundo. Com a ressurreição de Cristo, o cristianismo se mantém em pé ou cai.

A cruz sem a ressurreição é símbolo de fracasso e não de vitória. Se Cristo não tivesse ressuscitado, Ele não poderia ser Salvador. Se Cristo não tivesse ressuscitado, Ele seria o maior embusteiro da História. Se Cristo não ressuscitou um engano salvou o mundo. E. M. Bounds corretamente afirma: "A ressurreição de

Cristo é a pedra fundamental da arquitetura de Deus, é o coroamento do sistema bíblico, o milagre dos milagres. A ressurreição salva do escárnio a crucificação e imprime à cruz glória indizível".[209]

Em nenhum lugar na Bíblia essa doutrina é tratada de maneira tão profunda, exaustiva e completa quanto nesse capítulo. Paulo sintetiza o evangelho em três fatos essenciais: Cristo morreu pelos nossos pecados; Ele foi sepultado e Ele ressuscitou dentre os mortos como diz as Escrituras (15.3,4).

A igreja de Corinto começou a abandonar a sua fé e a substituir a teologia pela filosofia grega. A filosofia grega acreditava na imortalidade da alma, mas não na ressurreição do corpo. Ela acreditava na vida futura, mas não na ressurreição. Os gregos acreditavam no dualismo filosófico. Para eles o espírito era essencialmente bom, mas a matéria essencialmente má. Para os gregos, o corpo era um claustro, uma prisão da alma. Nada havia de bom no corpo. Então os gregos se inclinavam para o ascetismo ou para o hedonismo. Eles adotavam o enclausuramento ou a licenciosidade.

Quando Paulo pregou sobre a ressurreição na cidade grega de Atenas, o povo escarneceu de Paulo (At 17.32). Para os gregos a ressurreição era algo intolerável e absurdo. Para muitos a ressurreição era algo incrível (At 26.8). A doutrina da ressurreição era uma coisa execrável e abominável para a mentalidade grega. Os saduceus, os teólogos liberais de Jerusalém, influenciados pela filosofia grega, não acreditavam na ressurreição do corpo. Paulo, durante sua prisão em Jerusalém, disse ao sinédrio judeu que estava sendo julgado por causa da doutrina da ressurreição dos mortos. "[...] hoje sou eu julgado por vós acerca da ressurreição dos mortos" (At 23.6; 24.21).

Peter Wagner afirma que Paulo destaca três aspectos fundamentais da doutrina da ressurreição: A ressurreição no passado, como um fato histórico (15.1-11); a ressurreição no presente, como um artigo de fé (15.12-19) e a ressurreição no futuro, como uma esperança bendita (15.20-57).[210] Faremos a análise desse texto com algumas perguntas.

Os mortos ressuscitam?

O apóstolo Paulo menciona três provas da ressurreição de Cristo. Se você perguntasse para um grego se os mortos ressuscitam, ele responderia com um "não" rotundo e peremptório. Entretanto, Paulo diz à igreja de Corinto que os mortos ressuscitam. Na verdade, a ressurreição é a mais rica joia do evangelho.[211] E Paulo oferece três provas dessa verdade incontroversa.

Em primeiro lugar, *a salvação dos coríntios* (15.1,2). Um Salvador morto não poderia salvar ninguém. Se Cristo não ressuscitou, Ele não tem nenhuma credencial para salvar. Um redentor morto é impotente e nada pode fazer para redimir o pecador. Paul Beasley-Murray esclarece: "A salvação é um processo presente, com suas raízes no passado e sua consumação somente no futuro".[212]

Em segundo lugar, *as Escrituras do Antigo Testamento* (15.3,4). Cristo morreu pelos nossos pecados como diz a Escritura. Sua morte não foi um acidente nem Sua ressurreição uma surpresa. Tudo já estava profetizado. Jesus ressuscitou conforme dizem as Escrituras. A ressurreição de Cristo foi um acontecimento histórico, profetizado pelo próprio Deus.

Em terceiro lugar, *Cristo foi visto por várias testemunhas* (15.5-11). A ressurreição de Cristo foi um fato histórico incontroverso, com várias provas incontestáveis. Paulo diz que Jesus Cristo ressurreto foi visto por várias testemunhas, muitas das quais ainda estavam vivas. Foi visto por Pedro, por Tiago e pelos doze. Foi visto por mais de quinhentos irmãos de uma só vez. E muitos deles ainda estavam vivos. Se Paulo estivesse falando uma inverdade, obviamente seria contestado e cairia no ridículo. E depois Paulo disse: Cristo foi visto também por mim, o último dos apóstolos.

Essas são as provas históricas da ressurreição de Cristo. A ressurreição não é um fato científico. Porque fato científico é aquele que você pode levar para um laboratório e reproduzi-lo quantas vezes quiser. A ressurreição é uma prova judicial. Não tem como repetir essa prova. Todavia, ela tem evidências incontestáveis (Lc 1.3). Mas as provas da ressurreição de Cristo não são apenas provas históricas e judiciais, mas também provas morais, emocionais e existenciais. Isso pode ser verificado através da transformação na vida dos discípulos. Aqueles homens ficaram trancados com medo antes da ressurreição, mas depois que Cristo se levantou dentre os mortos, esses mesmos homens se tornaram audaciosos, ousados, e corajosos. Antes eles estavam trancados por medo; agora, eles são presos sem medo algum.

Os céticos têm atacado essa doutrina magna dizendo que Cristo não chegou a morrer, ou que os discípulos furtaram o Seu corpo, ou que os discípulos foram no túmulo errado. Porém, a verdade inconteste permanece em pé e toda a investida contra a doutrina da ressurreição de Cristo se cobre de pó.

É possível crer na ressurreição de Cristo e negar a ressurreição dos mortos? (15.12-19)

Vamos destacar alguns pontos para a nossa reflexão:

Em primeiro lugar, *o argumento lógico de Paulo é que se não há ressurreição de mortos, Cristo não ressuscitou*. "E, se não há ressurreição de mortos, então, Cristo não ressuscitou" (15.13). Seria possível desvincular a ressurreição de Cristo da ressurreição dos mortos? Absolutamente não! Negar a ressurreição dos mortos é negar a ressurreição de Cristo.

Por que Paulo faz essa pergunta? Porque na igreja de Corinto as pessoas estavam defendendo a veracidade da ressurreição de Cristo, mas negando a possibilidade da ressurreição dos mortos. Toda a argumentação de Paulo é que se não há ressurreição de mortos, então Cristo não ressuscitou. Essa é a lógica de Paulo: Se os mortos não ressuscitam, então Cristo não ressuscitou. E se Cristo não ressuscitou, isso faz Dele um mentiroso. Isso faz dos apóstolos enganadores. Isso faz da Bíblia uma fábula e da salvação uma farsa. A lógica de Paulo é irresistível.

Em segundo lugar, *negar a ressurreição de Cristo é despir a mensagem cristã de sete pontos essenciais.* Se não há ressurreição, então, diz Paulo:

a) Cristo não ressuscitou. "E, se não há ressurreição de mortos, então, Cristo não ressuscitou [...] Porque, se os mortos não ressuscitam, também Cristo não ressuscitou" (15.13,16). Se Cristo não ressuscitou estamos seguindo um Cristo morto e impotente.

b) É vã a nossa pregação. "E, se Cristo não ressuscitou, é vã a nossa pregação..." (15.14). Se Cristo não ressuscitou a prática da pregação é perda de tempo. Ouvir uma mensagem cristã é algo desprovido de propósito. Se Cristo não ressuscitou a fé evangélica é vazia de sentido, de conteúdo e de qualquer proveito.

c) É vã a vossa fé (15.14). Se Cristo não ressuscitou nossa fé está baseada numa mentira, num engodo. Se Cristo não ressuscitou estamos fundamentando a nossa crença em algo vazio.

d) Somos tidos por falsas testemunhas de Deus. Paulo diz: "[...] e somos tidos por falsas testemunhas de Deus, porque temos asseverado contra Deus que ele ressuscitou a Cristo, ao qual ele não ressuscitou, se é certo que os mortos não ressuscitam" (15.15). Se Cristo não ressuscitou estamos dizendo que Deus fez algo que Ele não fez.

e) Permaneceis nos vossos pecados. Paulo é enfático: "E, se Cristo não ressuscitou, é vã a vossa fé, e ainda permaneceis nos vossos pecados" (15.17). Se Cristo não ressuscitou a Sua morte não foi vicária e por isso ainda estamos perdidos. Se Cristo não ressuscitou os efeitos da Sua morte foram nulos. A ressurreição de Cristo é a evidência de que o sacrifício que Ele fez a favor dos pecadores foi aceito por Deus. É a ressurreição que autentica o sacrifício perfeito e cabal de Cristo na cruz.

f) Os que dormiram em Cristo pereceram. Paulo é categórico: "E ainda mais: os que dormiram em Cristo pereceram" (15.18). Se Cristo não ressuscitou não há esperança de bem-aventurança eterna. Se Cristo não ressuscitou, então a morte tem a última palavra. Concordo com E. M. Bounds quando diz: "A ressurreição de Cristo não só tira o véu de terror e escuridão de sobre o túmulo, mas também varre o abismo que nos separa de nossos mortos queridos".[213]

g) Somos os mais infelizes de todos os homens. Paulo conclui: "Se a nossa esperança em Cristo se limita apenas a esta vida, somos os mais infelizes de todos os homens" (15.19). Se Cristo não ressuscitou somos um bando de pessoas enganadas. Se Cristo não ressuscitou o hedonismo está com a razão. Se Cristo não ressuscitou, quem está vivendo sem freios e sem absolutos está com a razão. Se Cristo não ressuscitou, então, comamos e bebamos, porque amanhã morreremos. Então, não tem céu, nem inferno nem eternidade.

A conclusão inequívoca de Paulo é: "Mas, de fato, Cristo ressuscitou dentre os mortos, sendo ele as primícias dos que dormem" (15.20). Esta foi a segunda pergunta que fizeram: É possível crer na ressurreição de Cristo sem crer na ressurreição dos mortos? Paulo responde: Absolutamente, não! Não é possível crer numa verdade sem crer na outra. A ressurreição de Cristo é a garantia da nossa ressurreição. Se Cristo ressuscitou, nós também ressuscitaremos.

William Barclay diz que a ressurreição nos prova quatro grandes fatos que podem mudar totalmente a perspectiva que o homem tem da vida neste mundo e no mundo vindouro.[214]

1) A ressurreição prova que *a verdade é mais forte que a mentira*. Jesus é a verdade e os homens quiseram matá-Lo exatamente porque Ele falava a verdade (Jo 8.40). Se os inimigos de Cristo tivessem conseguido eliminá-Lo, a mentira teria prevalecido sobre a verdade. Porém, Cristo ressuscitou e hasteou para sempre a bandeira da verdade. A ressurreição é a garantia final da indestrutibilidade da verdade! E. M. Bounds de forma brilhante afirma: "A ressurreição de Cristo foi o grito de liberdade sobre o domínio dos mortos e a vitória que levou a morte em cadeias".[215]

2) A ressurreição prova que *o bem é mais forte que o mal*. Certa feita Jesus dirigiu-se aos Seus inimigos, dizendo que o diabo era o pai deles (Jo 8.44). As forças que crucificaram Jesus pertenciam ao mal, e se não houvesse ressurreição, o mal teria prevalecido.

3) A ressurreição prova que *o amor é mais forte que o ódio*. Jesus é o amor de Deus encarnado. Todavia, aqueles

que O crucificaram estavam tomados de um ódio virulento. Esse ódio chegou ao extremo de chamar Jesus de endemoninhado e afirmar que Ele agia pelo poder do maioral dos demônios. Se a ressurreição não tivesse acontecido, o ódio teria triunfado sobre o amor.

4) A ressurreição prova que *a vida é mais forte que a morte*. Jesus é a vida. Sua vida não lhe foi tirada, Ele espontaneamente a deu. Se Sua vida tivesse sido tirada Dele e se Ele não tivesse ressuscitado, a morte teria a última palavra.

Como os mortos ressuscitam? (15.35-50)

Diante da pergunta: Como os mortos ressuscitam, Paulo ilustra usando três figuras.

Em primeiro lugar, *a figura da semente* (15.35-38,42-48). Como os mortos ressuscitarão? A primeira figura que Paulo usa para responder a essa pergunta é a figura da semente. "Mas alguém dirá: Como ressuscitam os mortos? E em que corpo vêm? Insensato! O que semeias não nasce, se primeiro não morrer; e, quando semeias, não semeias o corpo que há de ser, mas o simples grão, como de trigo ou de qualquer outra semente. Mas Deus lhe dá corpo como lhe aprouve dar e a cada uma das sementes, o seu corpo apropriado" (15.35-38).

A partir dos versículos 42 ao 48, Paulo fala acerca da semente. Ele diz que o corpo morto é uma semente: "Pois assim também é a ressurreição dos mortos. Semeia-se o corpo na corrupção..." O sepultamento de uma pessoa é uma semeadura. O que nasce da semente é da mesma natureza. Paulo emprega uma simples figura para nos ensinar a continuidade do corpo. Não é outro corpo que vai ressuscitar. Quando você planta uma semente de manga, você não espera encontrar um abacateiro. Se você semeia trigo, não espera colher cevada.

Quanto à ressurreição, há continuidade e também descontinuidade. O corpo ressurreto não é o mesmo, com as mesmas características do corpo que foi semeado. Ele é infinitamente superior. Assim como o bulbo de uma flor é feio, mas depois desabrocha uma bela flor, assim também é o corpo da ressurreição. A semente semeada morre, mas dela nasce uma planta linda e viçosa. Vamos manter nossa identidade no corpo da ressurreição.

Paulo cita quatro características do corpo ressurreto.

a) Semeia-se corpo corruptível e ressuscita-se corpo incorruptível (15.42). Esse corpo corruptível fica cansado, fraco e doente. Uns perdem cabelo, outros veem os cabelos ficando brancos. Alguém já disse que cada fio de cabelo branco que surge em nossa cabeça é a morte nos chamando para um duelo. Nossa face fica enrugada, nossos braços flácidos, nossas pernas bambas. O vigor se desvanece, a beleza exterior vai desaparecendo. Na verdade, nosso corpo está sujeito à fraqueza e à corrupção do tempo. O corpo da ressurreição, porém, jamais ficará cansado, envelhecido, ou doente.

b) Semeia-se corpo em desonra e ressuscita-se corpo glorioso (15.42). Há corpos deformados, mutilados, enfraquecidos, doentes, porém, o apóstolo Paulo diz que o corpo que vai ressuscitar é um corpo glorioso. Esse corpo vai brilhar como o sol no seu fulgor (Dn 12.2). Será um corpo semelhante ao corpo da glória de Cristo (Fp 3.21).

c) Semeia-se corpo em fraqueza e ressuscita-se corpo de poder (15.43). Quando Jesus ressuscitou, Ele entrava numa sala fechada sem abrir a porta. Ele saía daqui e aparecia acolá num estalar de dedos. Cristo entrava em lugares trancados e aparecia em lugares distantes em questão de segundos. O corpo da ressurreição não estará mais limitado às leis da natureza. A Bíblia diz que nós vamos ter um corpo semelhante ao corpo da glória de Jesus Cristo (Fp 3.21).

d) Semeia-se corpo natural, ressuscita-se corpo espiritual (15.44). Corpo espiritual não é corpo etéreo. O corpo de Jesus, embora espiritual, era tangível. Ele podia aparecer e desaparecer, mas alguém podia tocar Nele. Ele mostrou Suas mãos com as marcas dos cravos. Ele não precisava de alimento, mas podia se alimentar. O espírito não tem carne e ossos como tem o corpo da ressurreição. O corpo da ressurreição é espiritual no sentido de que não tem mais o conflito entre o desejo carnal e o desejo espiritual. Reina supremo o espírito nesse corpo. Não há mais guerra existencial dentro dele.

Em segundo lugar, *a figura da carne*. Paulo afirma: "Nem toda carne é a mesma; porém uma é a carne dos homens, outra, a dos animais, outra, a das aves, e outra, a dos peixes" (15.39). Paulo não está sugerindo que haverá ressurreição de animais, aves e peixes. Ele ensina que se Deus foi capaz de fazer o homem, os animais, as aves e os peixes, dando a cada um deles um tipo de carne, e um tipo de corpo diferenciado, não poderia Deus dar-nos um corpo diferente na ressurreição? O argumento de Paulo é que se Deus é capaz de fazer diferentes tipos de corpos para os homens, para os animais, aves e peixes, por que não seria capaz de fazer diferentes tipos de corpos para nós na ressurreição? Assim como há diferentes tipos de carne, há também diferentes tipos de corpos da ressurreição.

Em terceiro lugar, *a figura dos corpos celestiais*. O apóstolo diz: "Também há corpos celestiais e corpos terrestres; e, sem dúvida, uma é a glória dos celestiais, e outra, a dos terrestres. Uma é a glória do sol, outra, a glória da lua, e outra, a das estrelas; porque até entre estrela e estrela há diferenças de esplendor" (15.40,41). Existem diferenças nos corpos celestes: sol, lua e estrelas. Uma estrela brilha mais; outra brilha menos. Todavia, estrelas são estrelas. Embora todos os corpos dos salvos na ressurreição estarão glorificados, nem todos os corpos terão o mesmo fulgor (Dn 12.2). Assim como há diferentes estrelas em fulgor, assim também os corpos dos salvos vão diferir em glória uns dos outros. Todos os vasos estarão cheios no céu, embora haverá vasos maiores que outros. Essa é a questão bíblica dos galardões!

Quais são as implicações da ressurreição dos mortos?

Warren Wiersbe comentando esse texto identifica quatro áreas da experiência cristã que são atingidas em função da ressurreição do corpo: O evangelismo (15.29), o sofrimento (15.30-32), a separação do pecado (15.33,34) e a morte (15.49-58).[216]

Em primeiro lugar, *o evangelismo*. O apóstolo Paulo afirma: "Doutra maneira, que farão os que se batizam por causa dos mortos? Se, absolutamente, os mortos não ressuscitam, por que se batizam por causa deles?" (15.29). Paulo não defende o batismo a favor dos mortos. Havia uma prática herética entre os coríntios de se batizarem a favor de pessoas que já haviam morrido, para que essas pessoas fossem salvas. Paulo cita essa prática herética deles para ressaltar que ela não teria sentido se não houvesse ressurreição. Paulo pergunta: Se vocês não creem na ressurreição dos mortos, por que adotam essa teologia do batismo pelos mortos? Paulo não está aprovando a prática do batismo pelos mortos, ele apenas a cita para reafirmar sua tese. A prática do batismo pelos mortos era herética por três razões:

a) Porque a salvação é uma questão pessoal. Ninguém pode ajudar uma pessoa alcançar a salvação depois da morte. O batismo pelos mortos ou as missas rezadas a favor de pessoas que já morreram não têm nenhum efeito, pois a salvação é pessoal.

b) Porque o tempo para se receber a salvação é nesta vida e não na vida além-túmulo. Com a morte cessam as oportunidades. Não se pode alterar o destino de uma pessoa que morreu. Depois da morte não há mais a possibilidade do arrependimento. Depois da morte vem o juízo (Hb 9.27).

c) Porque o batismo não é uma condição absoluta para a salvação. Eles pensavam isto: Se uma pessoa não for batizada estará perdida. Porém, o batismo não é condição indispensável para alguém ser salvo. O ladrão na cruz arrependido não foi batizado. Mesmo assim, Jesus disse que ele estaria com ele no paraíso (Lc 23.43). Paulo explica que a crença na ressurreição tem uma implicação profunda na questão da evangelização.

Nós deveríamos ter muito mais paixão pela obra evangelística por crermos na doutrina da ressurreição. Se no dia final uns vão ressuscitar para a ressurreição da vida e outros para a ressurreição do juízo (Jo 5.28,29); se os homens caminham para a bem-aventurança eterna ou para a condenação eterna; se nós cremos que a morte não é o fim e que não existe aniquilamento do ímpio, mas penalidade eterna para os que rejeitam a graça de Deus, então, isto deve nos levar a um compromisso solene com a evangelização. Nós choramos quando os nossos irmãos morrem, mas devemos de igual modo chorar por aqueles que estão vivos e que precisam se arrepender. A ressurreição do corpo tanto para a vida quanto para o juízo deve nos levar ao evangelismo.

Em segundo lugar, *o sofrimento*. O apóstolo Paulo afirma: "E por que também nós nos expomos a perigos a toda hora? Dia após dia, morro! Eu vos protesto, irmãos, pela glória que tenho em vós outros, em Cristo Jesus, nosso Senhor. Se, como homem, lutei em Éfeso com feras, que me aproveita isso? Se os mortos não ressuscitam, comamos e bebamos, que amanhã morreremos" (15.30-32).

Paulo argumenta: Se não tem ressurreição, juízo final, e eternidade, para que vou ficar sofrendo por amor do evangelho? Seria masoquismo! Isso seria sofrer inutilmente! Por que suportar sofrimento e perigos se a morte é o fim de todas as coisas? Se não há ressurreição, juízo final, céu e inferno, então, o hedonismo está certo e os cristãos equivocados (15.32). Todavia, Paulo está dizendo que vale a pena sofrer se cremos na ressurreição. Os nossos sofrimentos no corpo terão reflexo na eternidade (2Co 5.10; 2Co 4.17,18).

O apóstolo Paulo é enfático: "[...] a nossa leve e momentânea tribulação produz para nós eterno peso de glória, acima de toda comparação" (2Co 4.17); "Porque para mim tenho por certo que os sofrimentos do tempo presente não podem ser comparados com a glória a ser revelada" (Rm 8.18).

Em terceiro lugar, *a separação do pecado* (15.33,34). A crença na ressurreição dos mortos nos leva a fugir do pecado e a usar os nossos corpos como templos do Espírito de tal maneira que Deus seja glorificado. Paulo diz: "Não vos enganeis: as más conversações corrompem os bons costumes. Tornai-vos à sobriedade, como é justo, e não pequeis; porque alguns ainda não têm conhecimento de Deus; isto, digo, para vergonha vossa" (15.33,34). Se você crê na ressurreição, no juízo final, nas penalidades eternas, na bem-aventurança eterna, então, você tem de se separar do pecado. Isso implica numa mudança de postura moral. Você não pode ter uma teologia e outra prática. Você não pode confessar uma verdade e viver de maneira contrária a essa mesma verdade.

Em quarto lugar, *a morte* (15.49-57). A morte passa a ter outra perspectiva para aquele que crê na ressurreição. A morte já não é mais sinal de desespero. A morte não é o fim. Ela não tem a última palavra. O apóstolo afirma: "Eis que vos digo um mistério: nem todos dormiremos, mas transformados seremos todos, num momento, num abrir e fechar d'olhos, ao ressoar da última trombeta. A trombeta soará, os mortos ressuscitarão incorruptíveis, e nós seremos transformados" (15.51,52). A morte não é mais um quarto fechado, sem janela como pensava Jean Paul Sartre. A morte é um quarto de janelas abertas para o trono de Deus. Quando Jesus voltar em majestade e glória, receberemos um corpo novo semelhante ao corpo da Sua glória.

Quando os mortos hão de ressuscitar? (15.20-24,51-57)

Quatro verdades são destacadas aqui:

Em primeiro lugar, *quando essa ressurreição dos mortos acontecerá?* A Bíblia diz que será na segunda vinda de Cristo (15.23,51,52). Haverá uma única ressurreição. Uns ressuscitarão para a ressurreição da vida e outros para a ressurreição do juízo. Ao ressoar da última trombeta, os mortos ressuscitarão, uns para a ressurreição da vida e outros para a ressurreição do juízo (Jo 5.28,29). A ressurreição de Cristo abriu o caminho para os que dormem. Isso é uma garantia de que todos os que estão em Cristo receberão também um corpo de glória semelhante ao Dele.

Em segundo lugar, *os mortos em Cristo são bem-aventurados.* Existem três razões para dizermos que uma pessoa que morre em Cristo é bem-aventurada:

a) Aquele que morre em Cristo descansa das suas fadigas. É por isso que a Bíblia chama a morte de um sono. Atente que não é sono da alma. A doutrina chamada de o "sono da alma" é herética. A alma não dorme. Quem dorme é o corpo. Enquanto o corpo dorme, a alma entra imediatamente na glória.

b) A Bíblia diz que quando Jesus voltar, a alma ou o espírito que está na glória com Jesus voltará com Ele entre as nuvens. Esse será um cortejo glorioso. A trombeta de Deus soará. Os coros angelicais cobrirão os céus. Todos os remidos desde Abel virão em glória com Jesus nesse grande e extraordinário cortejo.

c) Quando Jesus voltar, os mortos em Cristo vão ressuscitar antes da transformação dos vivos. Que encontro glorioso! Nosso corpo de glória se unirá ao espírito que virá com Cristo nas nuvens e assim estaremos para sempre com o Senhor (1Ts 4.14).

Em terceiro lugar, *a ressurreição será um evento repentino*. O apóstolo Paulo escreve: "[...] num momento, num abrir e fechar d'olhos, ao ressoar da última trombeta. A trombeta soará, os mortos ressuscitarão incorruptíveis, e nós seremos transformados" (15.52). "Momento" é a palavra grega *átomo*, de onde vem a palavra em português "átomo". Essa palavra era empregada para o dardejar da cauda de um peixe, para o faiscar de uma estrela e para o piscar de um olho. Será dessa forma, num momento, que os mortos em Cristo ressuscitarão.

Em quarto lugar, *na segunda vinda de Cristo, quando os mortos hão de ressurgir, a morte será finalmente tragada pela vitória* (15.54-57). Paulo termina esse capítulo dando um brado de vitória. Ele pergunta: "Onde está, ó morte, a tua vitória? Onde está, ó morte, o teu aguilhão?" (15.55).

Agora, ele afirma: "Tragada foi a morte pela vitória [...] Graças a Deus, que nos dá a vitória por intermédio de nosso Senhor Jesus Cristo" (15.54,57). A morte, o último inimigo a ser vencido, será lançada no lago de fogo (Ap 20.14). Então, nós reinaremos com Cristo para sempre com corpos incorruptíveis e imortais. E. M. Bounds coloca esse auspicioso fato assim:

> A ressurreição de Cristo destrona a tirania da morte, destrói seu terror e vence seu domínio, mantém anjos guardando nosso túmulo, semeia esperança e imortalidade na ruína. Sua ressurreição abre para nós um caminho através do sombrio domínio da morte; através dela a corrupção se veste de incorruptibilidade e a mortalidade se reveste de imortalidade. A morte é tragada, nossos lábios moribundos cantam a canção da vitória, e o momento da morte transforma-se no momento da coroação.[217]

Há quatro aplicações práticas, que merecem ser destacadas na conclusão desse glorioso capítulo.

- A ressurreição de Cristo é a doutrina central da fé cristã. Não seguimos um Cristo preso na cruz, retido no túmulo, mas o Cristo vivo e todo-poderoso.
- A ressurreição de Cristo é a garantia de que Sua obra expiatória a nosso favor foi plenamente eficaz e aceita pelo Pai. Ele morreu pelos nossos pecados e ressuscitou para a nossa justificação.
- A ressurreição de Cristo nos prova que a morte não tem a última palavra. O aguilhão da morte foi tirado. Cessou o poder da morte. A morte foi vencida. A morte que hoje arranca lágrimas dos nossos olhos já foi vencida por Jesus. Não haverá mais a morte que nos tem feito chorar.

- A ressurreição de Cristo nos mostra que a vida não é um simples viver nem a morte é um simples morrer. Se Cristo ressuscitou, também nós vamos ressuscitar. E se nós vamos ressuscitar, importa-nos trabalhar para Deus. A nossa obra no Senhor não é em vão. Portanto, devemos trabalhar com ardor na expansão do Reino de Deus (15.58). Que Deus nos ajude a viver de forma coerente com a fé que temos na ressurreição dos mortos.

NOTAS DO CAPÍTULO 15

[209] BOUNDS, E. M. *A glória da ressurreição.* Editora Vida. Miami, FL. 1980: p. 27.
[210] WAGNER, Peter. *Se não tiver amor.* 1983: p. 106-108.
[211] BOUNDS, E. M. *A glória da ressurreição.* 1980: p. 56.
[212] BEASLEY-MURRAY, Paul. *The message of the resurrection.* Inter-Varsity Press. Downer Groves, IL. 2000: p. 122.
[213] BOUNDS, E. M. *A glória da ressurreição.* 1980: p. 29.
[214] BARCLAY, William. *I y II Corintios.* 1973: p. 158,159.
[215] BOUNDS, E. M. *A glória da ressurreição.* 1980: p. 27.
[216] WIERSBE, Warren W. *Comentário bíblico expositivo.* Vol. 5. 2006: p. 810,811.
[217] BOUNDS, E. M. *A glória da ressurreição.* 1980: p. 30.

Capítulo 16

Como usar sabiamente a mordomia cristã
(1Co 16.1-24)

Alguém já perguntou se Paulo tomou um cafezinho no intervalo entre os capítulos 15 e 16.²¹⁸ Ele termina o capítulo 15 nas alturas excelsas da revelação de Deus, falando-nos sobre a ressurreição de Cristo, a ressurreição dos remidos, a segunda vinda de Cristo, a vitória retumbante sobre a morte, a transformação dos remidos e a consumação de todas as coisas. Após descrever essas verdades gloriosas, como que num anticlímax, Paulo conclui sua carta falando de dinheiro.

Ele desce do céu para a terra, sai do campo sobrenatural e espiritual para o natural e material. Segundo a homilética, a ciência da preparação e pregação de sermões, o último argumento de um sermão deve ser o mais forte. O sermão deve caminhar para um clímax.

Será que Paulo abandonou os preceitos da homilética? Será que a conclusão dessa carta é mesmo um anticlímax? Na verdade, nós somos cidadãos de dois mundos. Ao mesmo tempo em que somos cidadãos do céu, somos também cidadãos da terra. O anticlímax é apenas aparente. O que Paulo trata aqui é tão sagrado, tão precioso, como qualquer assunto da teologia cristã.

A responsabilidade social da igreja não pode ser desassociada da sua teologia do mundo porvir. A nossa teologia acerca das coisas futuras não é escapismo da nossa responsabilidade com as coisas do aqui e do agora.

De acordo com Warren Wiersbe, Paulo fala nesse capítulo sobre três aspectos da mordomia cristã: dinheiro, oportunidades e pessoas.[219]

A mordomia do dinheiro – A preocupação com os pobres (16.1-4)

Chamo a sua atenção para alguns aspectos.

Em primeiro lugar, *o compromisso de Paulo com a ação social* (16.1-4). Paulo não fala aqui de dízimo, mas de uma oferta que ele estava levantando entre as igrejas da Macedônia, da Galácia e da Acaia para os irmãos da igreja de Jerusalém, que estavam tendo dificuldades. Paulo não está fazendo uma campanha para aumentar a arrecadação da igreja, mas um levantamento de recursos para suprir uma necessidade emergente de irmãos na fé que passavam por uma grave e avassaladora crise econômica. É um socorro a pessoas necessitadas de Jerusalém. O princípio de Paulo é que os cristãos devem doar, do ponto de vista financeiro, para outras pessoas.

Em segundo lugar, *o problema em Jerusalém* (16.1-4). O que estava acontecendo em Jerusalém? A região da Judeia, onde estava Jerusalém, tinha sofrido uma grande fome (At 11.27,28), que empobreceu muitas pessoas.

Houve uma profecia por intermédio do profeta Ágabo, que haveria uma grande fome em Jerusalém (At 11.28). E de fato essa fome veio nos dias do imperador Cláudio. Não sabemos exatamente, se através de uma seca ou catástrofe natural. O certo é que a região da Judeia e Jerusalém enfrentou um grave problema econômico.

Alguns intérpretes da Bíblia, como Agostinho, sugeriram que essa crise econômica foi o resultado da política adotada pelos irmãos de venderem suas propriedades e dividir os recursos entre as pessoas necessitadas. Assim, a pobreza teria se democratizado e alastrado.

O problema da pobreza da igreja de Jerusalém se agravou ainda mais com o martírio de Estêvão. Depois da morte de Estêvão todos os crentes, exceto os apóstolos, precisaram sair de Jerusalém (At 8.1). Começou uma implacável perseguição aos cristãos e eles tiveram de deixar suas propriedades e casas e fugir da Judeia.

A igreja de Antioquia já havia enviado uma ajuda financeira para os pobres da igreja de Jerusalém (At 11.29,30). Oito anos antes de escrever essa carta Paulo já assumira um compromisso público com os apóstolos Pedro [Cefas], Tiago e João, líderes da igreja de Jerusalém, de que ele iria para os gentios e de que além de realizar o seu ministério entre eles também cuidaria dos pobres. Eis o relato de Paulo: "[...] e, quando conheceram a graça que me foi dada, Tiago, Cefas e João, que eram reputados colunas, me estenderam, a mim e a Barnabé, a destra de comunhão, a fim de que nós fôssemos para os gentios, e eles, para a circuncisão;

recomendando-nos somente que nos lembrássemos dos pobres, o que também me esforcei por fazer..." (Gl 2.9,10).

Quando Paulo recebeu a delegação de concentrar o seu ministério no mundo gentílico, ele aceitou, de igual maneira, o desiderato de concentrar a sua atenção no atendimento aos pobres. Para Paulo missões e ação social caminhavam de mãos dadas. Sempre que a igreja pensa só em evangelização e não faz ação social contraria o projeto de Deus. Sempre que a igreja pensa apenas em ação social e esquece da evangelização também está fora dos planos de Deus. Paulo pregava e também assistia aos pobres.

Paulo escreveu 2Coríntios mais ou menos um ano depois de 1Coríntios. Ele dá testemunho de que esse projeto de levantamento de ofertas para a igreja pobre de Jerusalém havia sido um sucesso (2Co 8.2-4). Dois anos depois, quando ele fez um apelo à igreja de Roma, ele incluiu Corinto (Acaia) como um bom exemplo (Rm 15.26). Paulo entendia que as igrejas gentílicas deveriam abençoar financeiramente a igreja de Jerusalém pelos benefícios espirituais recebidos dela (Rm 15.25-27). Paulo ainda exortou a igreja de Roma, dando um testemunho do sucesso que fora o levantamento de ofertas na Macedônia. E veja o princípio espiritual que Paulo ensina: "Porque aprouve à Macedônia e à Acaia levantar uma coleta em benefício dos pobres dentre os santos que vivem em Jerusalém. Isto lhes pareceu bem, e mesmo lhes são devedores; porque, se os gentios têm sido participantes dos valores espirituais dos judeus, devem também servi-los com bens materiais" (Rm 15.26,27).

Na Macedônia ficavam as igrejas de Filipos, Tessalônica e Bereia. Corinto situava-se na região da Acaia. Paulo dá testemunho para a igreja de Roma que a igreja de Corinto respondera positivamente ao desafio de ofertar para os crentes pobres da Judeia. Paulo diz que a igreja gentílica era devedora da igreja de Jerusalém. A igreja gentílica havia recebido benefícios espirituais e agora deveria retribuir com benefícios materiais.

G. J. Wenham diz que normalmente os judeus da dispersão enviavam dotes para seus irmãos judeus em Jerusalém, mas o fato de as igrejas gentílicas enviarem ofertas para os cristãos judeus mostrava a natureza do evangelho que quebra as grossas barreiras raciais.[220]

Em terceiro lugar, *os princípios básicos para contribuir* (16.1-4). Paulo destaca alguns princípios que devem reger a nossa contribuição.

a) O cristão deve doar para pessoas que não fazem parte da sua igreja (16.1). Não estou dizendo com isto que o cristão não deve doar para a igreja local. A igreja precisa aprender a doar também para além das próprias fronteiras. Não é fácil sensibilizar-se financeiramente por alguém que você nunca viu. Há um dito popular que diz que aquilo que os olhos não veem o coração não sente. Essa teologia não é bíblica. Paulo ensina que a igreja precisa contribuir para pessoas que estão fora do alcance dos seus olhos.

A igreja não vive só para si mesma. Egoísmo financeiro é um sinal de mundanismo e carnalidade. Uma igreja missionária é uma igreja viva, do ponto de vista da evangelização e solidária, do ponto de vista da ação social. Quais são os círculos de prioridades na contribuição? Devemos cuidar primeiro dos membros da nossa casa (1Tm 5.8). Depois devemos fazer o bem a todos, "[...] mas principalmente aos da família da fé" (Gl 6.10). A igreja não pode ser como o mar Morto, que só recebe. Ela precisa aprender a distribuir um pouco daquilo que Deus lhe dá.

b) Divulgue as necessidades. A primeira orientação é que as necessidades devem ser divulgadas de maneira clara e precisa. Paulo não tem constrangimento algum em contar para os coríntios que ele precisava de dinheiro e por que ele precisava desse dinheiro. Paulo não é apenas direto, mas também autoritário: "[...] como ordenei às igrejas da Galácia" (16.1). Paulo deu uma ordem às igrejas da Galácia e gostaria que a igreja de Corinto seguisse os mesmos princípios.

Pedir dinheiro de uma forma ética, bíblica, e correta, para motivos corretos é tão moral quanto você cuidar de sua família. Fazer doações para causas cristãs é uma obrigação cristã como ir à igreja, orar ou ser fiel à esposa. Pastores que ficam sem jeito, com medo, com muita preocupação de pedir dinheiro à igreja, ou falar de dinheiro à igreja para causas justas, não agem em consonância com a Bíblia. Jesus diz: "Mais bem-aventurado é dar que receber" (At 20.35). Uma igreja que tem recursos financeiros tem também responsabilidade de ajudar os pobres.

c) Doar é um ato de adoração. Paulo normatiza a contribuição, ensinando à igreja o seguinte: "[...] Cada um de vós ponha de parte, em casa, conforme a sua prosperidade, e vá juntando, para que se não façam coletas quando eu for" (16.2). O ato de ofertar é um ato cúltico. É um ato de adoração. É por isso que ele recomenda vincular essa oferta ao primeiro dia da semana. No dia de domingo quando a igreja se reúne para adorar e para cultuar, cada membro da igreja deveria ir ao culto preparado para contribuir, para atender à necessidade dos santos pobres. Doar é um ato de adoração ao Salvador ressurreto. Devemos fazê-lo com espontaneidade e alegria. É triste quando os crentes ofertam apenas como dever e não como um sacrifício agradável a

Deus. Paulo apresenta o próprio testemunho à igreja de Filipos: "Recebi tudo e tenho abundância; estou suprido, desde que Epafrodito me passou às mãos o que me veio de vossa parte como aroma suave, como sacrifício aceitável e aprazível a Deus" (Fp 4.18).

d) Incentive a contribuição sistemática. O apóstolo Paulo ensina: "[...] cada um de vós ponha de parte, em casa..." (16.2). Paulo propôs planos funcionais para que a igreja de Corinto fosse mais efetiva na contribuição. "Pôr de parte em casa" significa separar regularmente o dinheiro para a oferta. Se não formos sistemáticos e regulares na contribuição, nunca vamos contribuir. Se esperarmos sobrar para contribuir, possivelmente não ofertaremos. Se fôssemos tão sistemáticos na contribuição, quanto nos nossos investimentos, a obra de Deus prosperaria muito mais.

e) A contribuição deve ser proporcional. O apóstolo Paulo esclarece: "[...] conforme a sua prosperidade..." (16.2). Paulo mostra duas coisas: Não é para sobrecarregar uns nem deixar outros sem responsabilidade. Ninguém está isento de contribuir. A contribuição deve ser justa. Quem ganha mais deve contribuir mais. Quem ganha menos deve contribuir menos. Dentro da proporcionalidade todos estão contribuindo de igual modo. Um cristão de coração aberto não pode manter a mão fechada. A contribuição é uma graça e não um peso. Se nós apreciamos a graça de Deus a nós, deveremos ter alegria em expressar a graça por intermédio de nós, pela oferta generosa aos outros.

f) A contribuição deve ser privilégio de todos. Paulo prossegue: "[...] cada um de vós..." (16.2). Todas as pessoas podem e devem contribuir. Paulo esperava que cada membro da igreja participasse da oferta, tanto os ricos quanto os pobres. Os crentes da Macedônia chegaram a rogar insistentemente a graça de participar da contribuição aos santos (2Co 8.4). O que é graça? Graça é um dom imerecido de Deus. É Deus quem nos dá o privilégio imerecido de cooperarmos com a Sua obra.

g) O dinheiro deve ser administrado com transparência. O apóstolo conclui: "E, quando tiver chegado, enviarei, com cartas, para levarem as vossas dádivas a Jerusalém, aqueles que aprovardes. Se convier que eu também vá, eles irão comigo" (16.3,4). Paulo envia com cartas o dinheiro levantado à Judeia. Paulo tinha um comitê financeiro responsável para conduzir essa oferta levantada à igreja de Jerusalém (16.3,4; 2Co 8.16-24). Muitos obreiros perdem a credibilidade do seu testemunho pela falta de transparência em lidar com o dinheiro.

Oportunidades – A mordomia do tempo (16.5-9)

Paulo destaca dois pontos importantes.

Em primeiro lugar, *a necessidade do sábio uso do tempo* (16.5-9). O apóstolo Paulo recomenda: "Portanto, vede prudentemente como andais, não como néscios, e, sim, como sábios, remindo o tempo, porque os dias são maus" (Ef 5.15,16). Paulo era tão cuidadoso no uso do tempo quanto o era no uso do dinheiro. Não use o tempo à toa. Desperdiçar tempo é jogar fora as oportunidades que Deus coloca diante de nós. Não podemos usar mal o tempo nem perder as oportunidades.

Paulo informa à igreja de Corinto sobre os planos de sua futura viagem para visitar a igreja. Ele tem planos, projetos, e agenda. Ele quer cumprir essa agenda. "Porque não quero, agora, ver-vos apenas de passagem, pois espero permanecer convosco algum tempo, se o Senhor o permitir" (16.7). Paulo é um exemplo. Ao mesmo tempo em que ele tem seus planos, reconhece que esses planos somente serão realizados se Deus permitir.

Há dois extremos que precisamos evitar: Não fazer planos ou fazer planos sem submetê-los à direção de Deus. "O coração do homem pode fazer planos, mas a resposta certa dos lábios vem do Senhor" (Pv 16.1). Todo o plano deve estar debaixo da direção de Deus (Tg 4.13-17).

Em segundo lugar, *a necessidade de aproveitar as oportunidades e entrar pelas portas que Deus abre*. O apóstolo diz: "Ficarei, porém, em Éfeso até ao Pentecostes; porque uma porta grande e oportuna para o trabalho se me abriu; e há muitos adversários" (16.8,9).

Duas coisas tremendas estão aqui lado a lado: Oportunidade e dificuldade. Aparentemente essas duas coisas não combinam. Somos levados a crer em nossos dias que oportunidade é símbolo de facilidade e não de dificuldade. Paulo vê as oportunidades como "uma porta grande e oportuna", mas também vê as dificuldades "e há muitos adversários".

Precisamos como Igreja de Deus estar muito apercebidos dessa verdade ensinada por Paulo. Embora Paulo estivesse em perigo em Éfeso (1Co 15.32), ele estava determinado a permanecer ali, enquanto essa porta estivesse aberta. Paulo enfrentou três focos de oposição em Éfeso.

- Paulo enfrentou oposição das forças espirituais do ocultismo. Éfeso era uma cidade profundamente marcada pelo ocultismo e pela feitiçaria. Quando as pessoas se converteram, elas vieram a público e queimaram seus livros de magia e de ocultismo (At 19.19).

- Paulo enfrentou a oposição da associação de ourives liderada por Demétrio. A evangelização desarticulou o mercado de imagens da deusa Diana. Houve um rebuliço na cidade (At 19.23-40).

- Paulo enfrentou a oposição da hierarquia judia (At 19.8,9). Os judaizantes de Éfeso se opuseram a Paulo. Ao mesmo tempo em que Paulo foi encurralado pela oposição dos judaizantes, também diz que uma grande porta se lhe abriu. O fato de Deus abrir as portas não significa que vamos ter passagem fácil. O fato de Deus abrir caminhos não significa que vamos ter uma jornada tranquila. Oportunidades de Deus são oportunidades com dificuldades, oportunidades com adversários. Em vez de ficarmos reclamando dos obstáculos, deveríamos usar as oportunidades e deixar os resultados com o Senhor. A lição que Paulo ensina é clara: a presença de oposição não indica que nos desviamos da vontade de Deus.

Pessoas – A mordomia dos relacionamentos (16.10-24)

Dois pontos merecem destaque no ensino de Paulo.

Em primeiro lugar, *Paulo valoriza as pessoas* (16.10-24). Paulo não era apenas um ganhador de almas, mas também um fazedor de amigos.[221] Paulo era um encorajador. Ele tinha a capacidade de mobilizar as pessoas para se envolverem na obra e no Reino de Deus. Vamos parar para fazer um *check-up* da nossa vida. Quem sou eu? Eu sou um fazedor de amigos? Você atrai as pessoas para perto de você? As pessoas gostam de conversar com você? Você conquista as pessoas? Ao conversar com você, as pessoas se sentem mais estimuladas a se envolver na obra de Deus?

Dinheiro e oportunidades não têm nenhum valor sem as pessoas. O maior patrimônio que uma igreja tem não é o seu prédio nem seu orçamento. O maior patrimônio que a igreja tem são as pessoas.[222] Paulo entendia isso. E Paulo valorizava as pessoas. Jesus investiu todo o Seu ministério em pessoas. Se as pessoas estiverem preparadas, mobilizadas, motivadas, não vai faltar dinheiro. A matéria-prima da igreja é gente.

Paulo valoriza, elogia e destaca o trabalho das pessoas. Ele nomina as pessoas, as elogia e as encoraja. Que coisa fantástica! Você tem o hábito de valorizar o trabalho das pessoas? Você tem o hábito de elogiar as pessoas pelo trabalho que elas realizam? Você tem o hábito de encorajar as pessoas? Muitos pensam que quando as pessoas acertam não estão fazendo mais do que a obrigação. Se algo sai errado, então vem a crítica, mas se sai certo, não existe palavra alguma de encorajamento. Paulo sabia da importância do elogio. Um elogio faz um bem tremendo! Uma palavra de encorajamento é um bálsamo para a alma. Paulo nos ensina esse princípio. Temos de aprender esse princípio da Palavra de Deus de encorajar, estimular, e abençoar as pessoas.

Em segundo lugar, *Paulo nomina as pessoas* (16.10,11,15-19). Vejamos a palavra de Paulo: "E, se Timóteo for, vede que esteja sem receio entre vós, porque trabalha na obra do Senhor, como também eu; ninguém, pois, o despreze. Mas encaminhai-o em paz, para que venha ter comigo, visto que o espero com os irmãos" (16.10,11). Paulo prossegue: "E agora, irmãos, eu vos peço o seguinte (sabeis que a casa de Estéfanas são as primícias da Acaia e que se consagraram ao serviço dos santos): que também vos sujeiteis a esses tais, como também a todo aquele que é cooperador e obreiro" (16.15,16). Paulo continua: "Alegro-me com a vinda de Estéfanas, e de Fortunato, e de Acaico; porque estes supriram o que da vossa parte faltava. Porque trouxeram refrigério ao meu espírito e ao vosso. Reconhecei, pois, a homens como estes. As igrejas da Ásia vos saúdam. No Senhor, muito vos saúdam Áquila e Priscila e, bem assim, a igreja que está na casa deles" (16.17-19).

Áquila e Priscila eram pessoas extraordinárias (16.19,20). Esse casal foi grandemente usado por Deus em três grandes centros urbanos: Roma, Éfeso e Corinto. Eles tinham uma peculiaridade: dedicaram não apenas sua vida a Deus, mas também o lar. Eles abriram a porta do lar para a pregação do evangelho. Em cada local que esse casal estava, havia uma igreja de Deus na casa deles. Que abnegação! Esse casal foi grandemente usado por Deus e Paulo faz questão de elogiar isso.

Paulo faz uma advertência aos falsos crentes: "Se alguém não ama o Senhor, seja anátema. Maranata!" (16.22). O apóstolo termina sua carta invocando a graça do Senhor Jesus sobre a igreja: "A graça do Senhor Jesus seja convosco!" (16.23). Talvez essa seja a carta mais difícil que Paulo escreveu. A ferida feita pelo amigo é uma ferida que traz cura. Após exortar duramente essa igreja, Paulo diz: "O meu amor seja com todos vós, em Cristo Jesus" (16.24).

Notas do capítulo 16

[218] WAGNER, Peter. *Se não tiver amor.* 1983: p. 111.
[219] WIERSBE, Warren W. *Comentário bíblico expositivo.* Vol. 5. 2006: p. 814.
[220] WENHAM, G. J. *New Bible commentary.* 1994: p. 1185.
[221] WIERSBE, Warren W. *Comentário bíblico expositivo.* Vol. 5. 2006: p. 817.
[222] WIERSBE, Warren W. *Comentário bíblico expositivo.* Vol. 5. 2006: p. 817.

Sua opinião é importante para nós.
Por gentileza, envie-nos seus comentários pelo e-mail:

editorial@hagnos.com.br

Visite nosso site:

www.hagnos.com.br